Geheimnisvolle Pfade
Schwarzwald

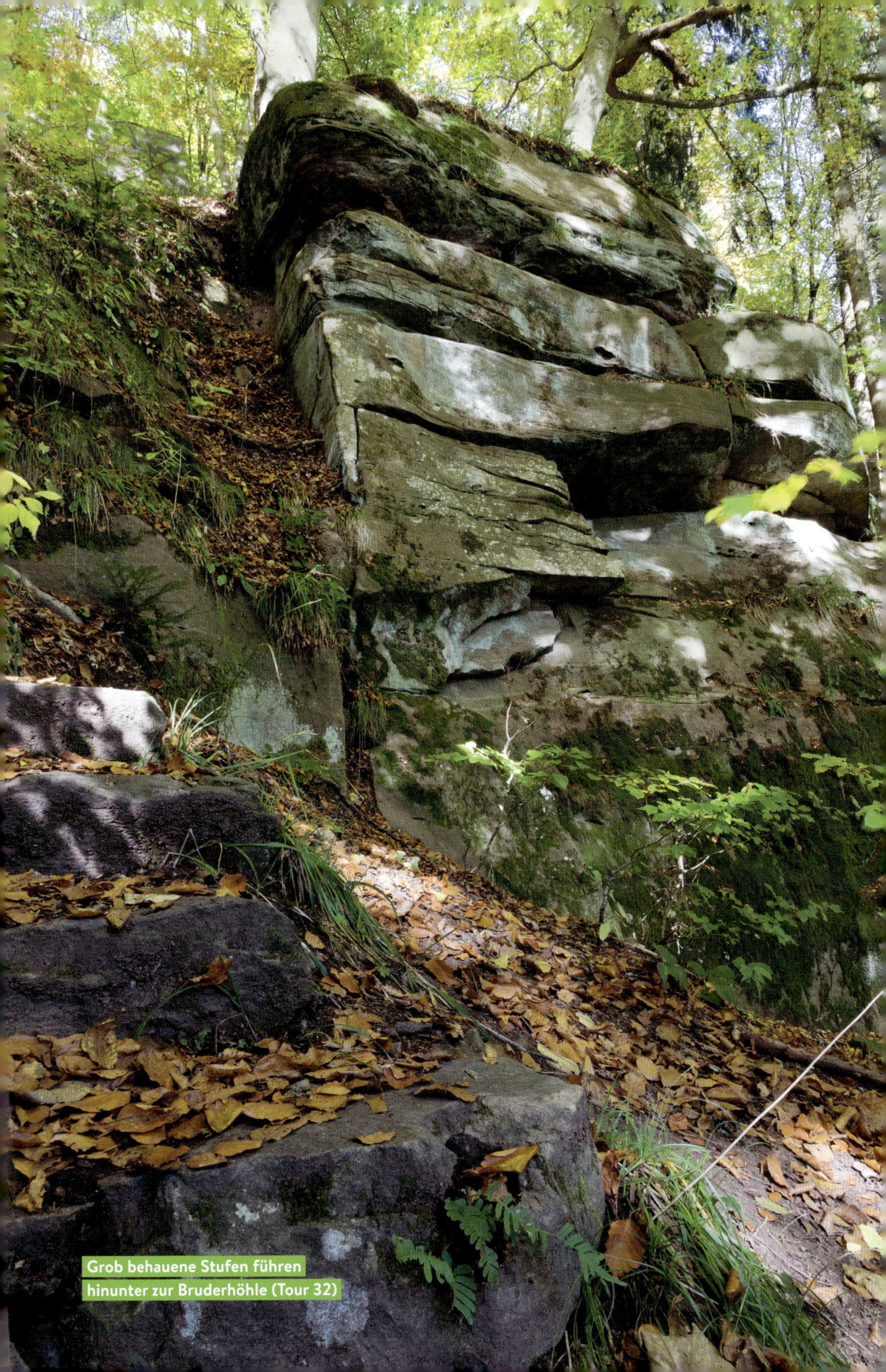

Grob behauene Stufen führen hinunter zur Bruderhöhle (Tour 32)

Lars und Annette Freudenthal

Geheimnisvolle Pfade
SCHWARZWALD

35 Wanderungen auf den Spuren von Mythen und Sagen

BRUCKMANN

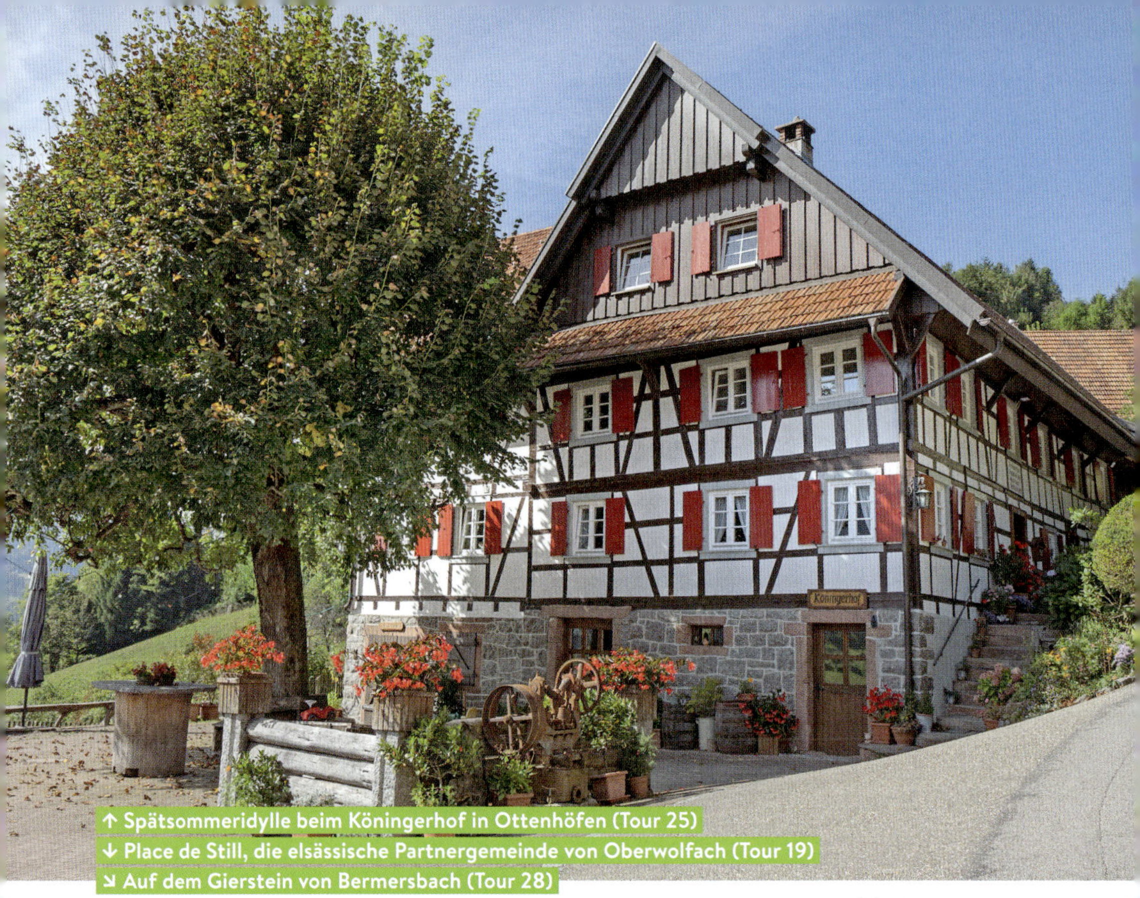

↑ Spätsommeridylle beim Köningerhof in Ottenhöfen (Tour 25)
↓ Place de Still, die elsässische Partnergemeinde von Oberwolfach (Tour 19)
↘ Auf dem Gierstein von Bermersbach (Tour 28)

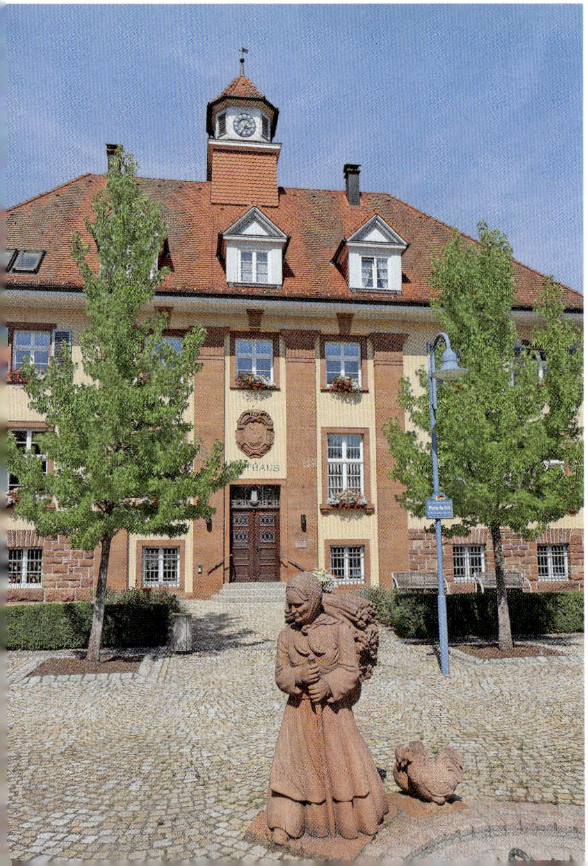

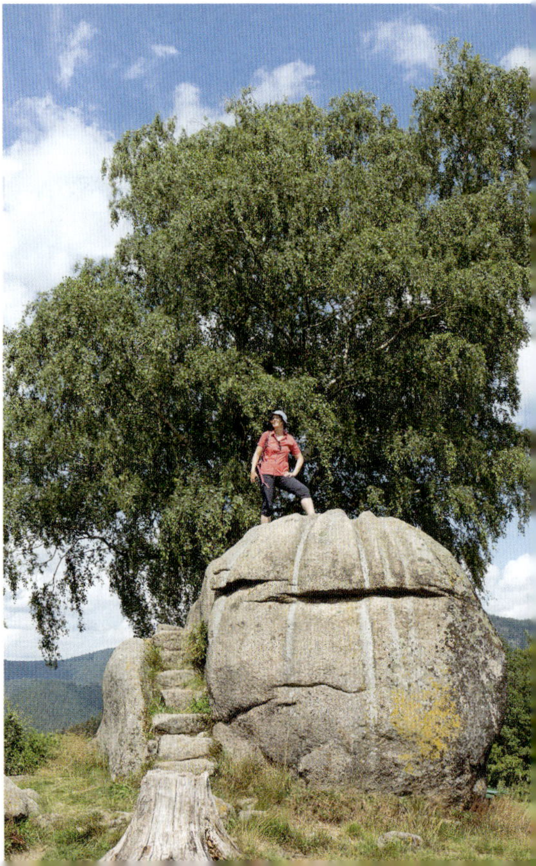

INHALT

DIE TOUREN

SÜD- UND HOCHSCHWARZWALD

MITTLERER SCHWARZWALD

NORDSCHWARZWALD

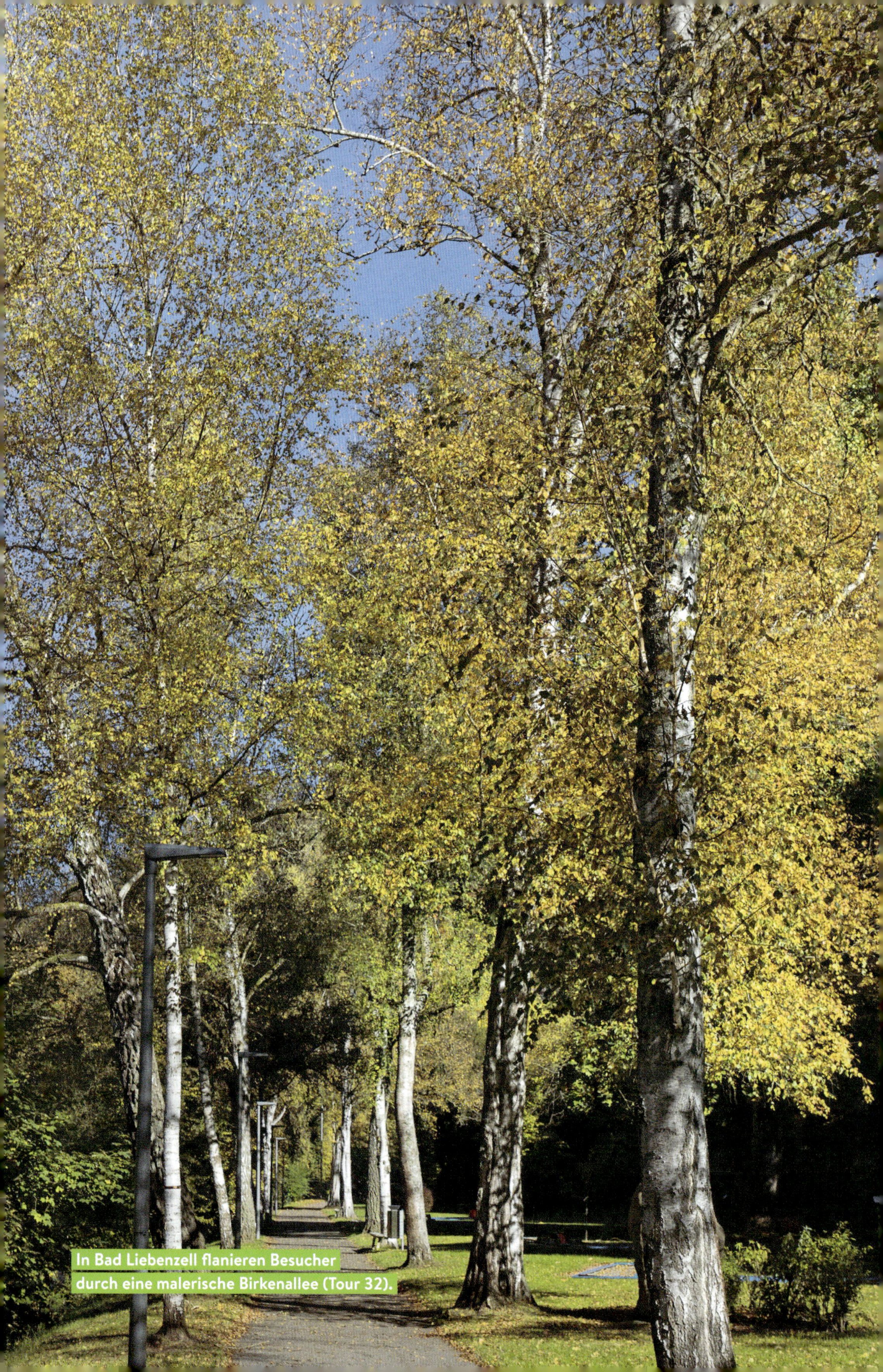

In Bad Liebenzell flanieren Besucher durch eine malerische Birkenallee (Tour 32).

Vorwort

LANGE ZEIT MIEDEN DIE MENSCHEN DEN SCHWARZWALD. Die dunklen Stämme der Weißtannen – der früher vorherrschenden Baumart – wilde Felsschluchten sowie auch die unergründlichen Kar- und Moorseen machten das größte und höchste deutsche Mittelgebirge zu einem gefürchteten Ort. Mit Ausnahme der Ränder und dem Kinzigtal erfolgte erst ab dem 10. Jahrhundert eine dauerhafte Besiedlung. Diese ging oft mit dem Betrieb von Köhlereien und Glashütten einher, welche immer tiefer in den Schwarzwald vordrangen. Auf den entstehenden Rodungsinseln betrieben die Menschen Ackerbau und Viehzucht. Die schwere Arbeit und das von Entbehrungen geprägte Leben fern jedweder Zivilisation bildeten den Nährboden für Legenden, Sagen und so manch eine Schauergeschichte.

In vielen dieser Geschichten steckt der Wunsch nach einem leichteren Schicksal und einem Leben im Wohlstand. So stoßen wir an vielen Orten im Schwarzwald auf verborgene Schätze. Einige offenbaren sich einem glücklichen Finder. Fast genauso oft platzt der Traum vom plötzlichen Reichtum und die Helden stehen erneut mit leeren Händen da. An anderen Stellen eilen fabelhafte Wesen den Menschen zu Hilfe, erweist sich eine Quelle als Wunder bewirkend, oder es erscheinen Heilige, um Trost und Mut zu spenden. Letzteres begründet manch eine Wallfahrt wie zur Jakobuskapelle bei Wolfach oder zur Laubwaldkapelle oberhalb von Schonach.

Zuletzt sind es die Geheimnisse der Natur selbst, welche die Fantasie beflügeln. So dachte man früher, dass die dunklen Karseen alle unterirdisch miteinander in Verbindung stünden. Markante Felsformationen wie der Kutzenstein zwischen dem Acher- und dem Renchtal wurden auf das Wirken des Teufels zurückgeführt. Letzterer soll den einfachen Menschen übrigens so manch einen Streich gespielt haben. Viele dieser Schauermärchen sollen einen davor warnen, den Pfad der Tugend leichtfertig zu verlassen. Andere dienten wohl dem Schutz einer früheren Kultstätte der Kelten und Alemannen. So war der Sohlberg einst dem Sonnengott Sol geweiht. Zusammen mit den heute oft sagenumwobenen Burgruinen bietet uns der Schwarzwald ein Füllhorn an geheimnisvollen Pfaden, die nur darauf warten, entdeckt zu werden.

Viel Freude wünschen Ihnen

Annette und Lars Freudenthal

Willkommen im Schwarzwald

Der Schwarzwald ist eine über Jahrhunderte immer wieder veränderte Landschaft. Gönnen Sie sich die Zeit und Sie finden im größten Mittelgebirge Deutschlands ein Füllhorn voller Naturschätze und kultureller Zeugnisse.

Naturparks Mitte/Nord und Südschwarzwald

Der Naturpark Schwarzwald Mitte/Nord ist seit seiner Vergrößerung im Jahr 2021 mit 420 000 Hektar der größte Naturpark Deutschlands. Bis dahin war es der direkt angrenzende Naturpark Südschwarzwald mit 394 000 Hektar. Beide Gebiete werden durch ihren Waldreichtum gekennzeichnet. Auf den baumfreien Hochlagen im Norden, den Grinden, sowie auf den Gipfeln und Felskanzeln im Hoch- und Südschwarzwald eröffnen sich herrliche Aussichten über die Täler zu den benachbarten Mittelgebirgen und den Alpen.

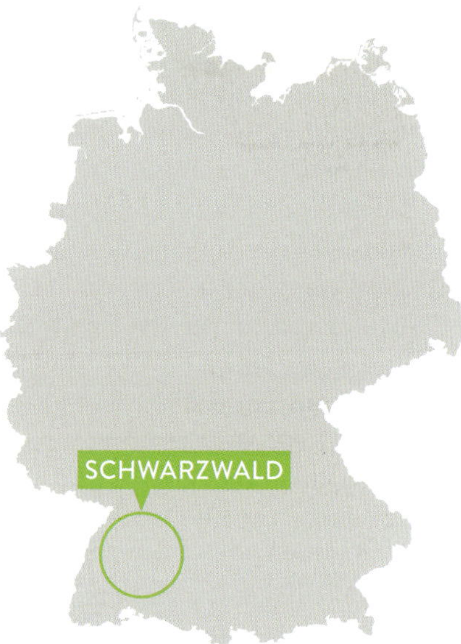

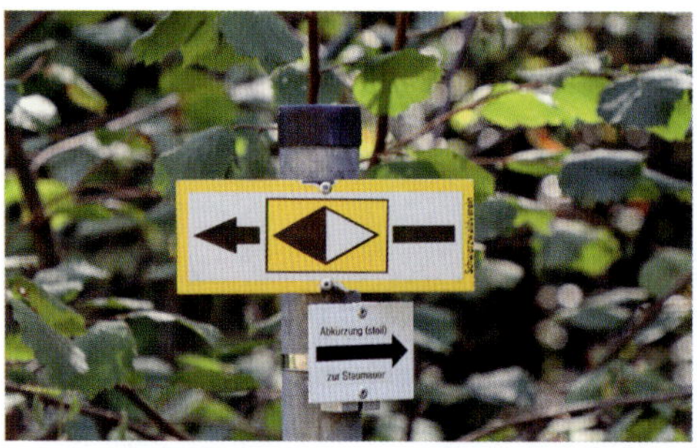

Wandern im Schwarzwald

Bis über die Ränder vom Schwarzwald hinaus leitet uns ein engmaschig beschildertes Wegenetz mit farbigen Rauten sicher von A nach B. Auf diese Weise sind rund 24 000 Kilometer Wege und Pfade richtungsweisend gekennzeichnet.

Wasserfälle

Die Triberger Wasserfälle der Gutach ziehen Tausende Besucher in ihren Bann. Im Süden bietet die Hängebrücke an den Todtnauer Wasserfällen einen spektakulären Blick aus 120 Metern Höhe.

12 Flüsse

Im Schwarzwald entspringt ein Dutzend Flüsse mit einer Länge von über 50 Kilometern. Dazu kommen mit der Brigach und Breg die beiden Quellflüsse der Donau.

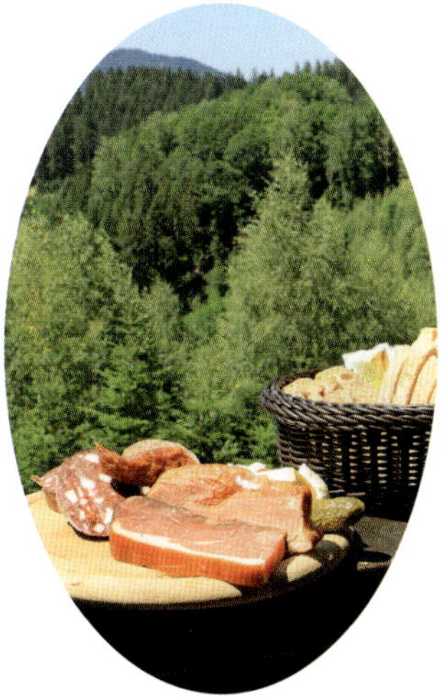

Einkehr mit Genuss

Schwarzwälder Kirschtorte und Schinken sind weltberühmt. Daneben verwöhnen etliche badische und schwäbische Gerichte wie Bibeleskäs und Maultauschen unseren Gaumen.

Vorreiter im Tourismus

1930 nahm die Schauinslandbahn als weltweit erste Umlaufbahn den Betrieb auf. In 20 Minuten schweben die Kabinen von der Talstation bei Horben hoch auf den Freiburger Hausberg. Auf der 3600 Meter langen Strecke wird ein Höhenunterschied von 746 Metern überwunden. Bereits im Februar 1908 revolutionierte bei Schollach der erste Skilift der Welt den Wintersport.

285 Kilometer

Auf einer Länge von circa 285 Kilometern verbindet der Westweg die Goldene Pforte bei Pforzheim über zahlreiche Höhen des Mittelgebirges hinweg bis zum Ziel in Basel. Der Westweg wurde im Jahr 1900 als erster Fernwanderweg in Deutschland eröffnet und seitdem in seinem Verlauf immer wieder angepasst.

Freilichtmuseum Vogtsbauernhof

Rund um den bereits 1612 bestehenden Vogtsbauernhof vermitteln heute fünf weitere typische und komplett eingerichtete Schwarzwaldhöfe spannende Einblicke in das Leben früherer Jahrhunderte. Das sieben Hektar große Gelände beherbergt außerdem eine alte Hofkapelle, Speicher und Wirtschaftsgebäude wie ein Back- und Brennhaus, Mühlen, Sägen und eine Hammerschmiede. In Workshops können alte Handwerkskenntnisse gelernt werden. Mehr Infos unter www.vogtsbauernhof.de.

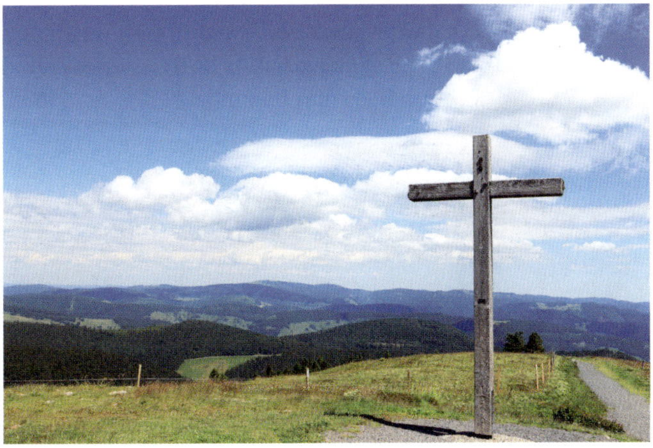

Gipfel
im Schwarzwald

Der Feldberg im Hochschwarzwald ist mit 1493 Metern die höchste Erhebung. Im Norden ist es mit 1163 Metern die Hornisgrinde.

Bruckmann-Tourenfinder

Für jeden Tag die richtige Tour

			km	Hm	Std.							
1	Bärenfels und Erdmannshöhle	🔴	12,2	550	3.30	(✓)	✓	✓	✓		✓	✓
2	Auf die Hohe Möhr	🔴	11,3	600	3.30	(✓)		✓			✓	✓
3	Gersbacher Schanzenweg	🔵	9,6	310	3.00	✓	✓	✓	✓	✓		✓
4	Banater-Schicksalsweg	🔴	6,4	250	2.00		✓	✓		✓		✓
5	Teufelsküche der Hauensteiner Alb	🔴	10,0	400	3.30	(✓)	✓				✓	(✓)
6	Dachsberger Bergbauwanderweg	🔴	9,8	350	3.00/ 3.30	✓	✓	✓		✓		✓
7	Kloster St. Trudpert / Teufelsgrund	🔵	13,6	480	4.00/ 4.30	✓	✓	✓	✓	✓		✓
8	Auf dem Belchensteig	⚫	15,0	680	5.00/ 6.00	✓		✓		✓		✓
9	Alte Wege im Wiedener Tal	🔴	15,8	500	5.00	✓	(✓)	✓		✓		✓
10	Felsenweg von Oberried	🔴	12,0	580/ 400	3.30	(✓)	✓				✓	✓
11	Kreuze über dem Linachtal	🔴	13,2	460	3.30		✓	✓			✓	
12	Kandeltour im ZweiTälerLand	◐	7,2	240	2.15	✓	✓	✓		✓		(✓)
13	Silbersteig-Rundweg 2	🔴	12,0	450	3.30		✓	✓	✓		✓	✓
14	Eichbergturm und Hochburg	🔴	17,7	450	5.00/ 6.00	✓		✓	✓	✓	✓	✓
15	St. Gallus-Rundweg Heimbach	🔴	14,8	420	4.30		✓	✓	✓	✓		✓

Nr.	Tour		km	Hm	Std.							
16	Von Schonach zur Laubwaldkapelle	🔴	11,5	430	3.30	(✓)	✓	✓		✓		✓
17	Zur Hohenschramberg und Schilteck	🔴	8,7	450	2.30/ 3.00		✓	✓	✓		✓	✓
18	Historische Runde ab Wolfach	🔴	12,5	440	4.00		✓	✓	✓	✓		✓
19	Benau-Rundweg bei Oberwolfach	🔴	14,5	510	4.30	✓	✓	✓			✓	✓
20	Heimatpfad Kniebis	🔵	10,0	200	3.00/ 3.30	(✓)	✓	✓		✓		✓
21	Ellbachsee und Rosshimmel-wasserfall	◐	10,0	300	3.00/ 3.30		✓	✓			✓	(✓)
22	Lautenbacher Hexensteig	🔴	15,1	700	5.00/ 6.00	✓		✓	(✓)	✓		✓
23	Von Oberkirch zur Schauenburg	🔴	11,0	500	3.30/ 4.00	✓	✓	✓	✓	✓	✓	✓
24	In den Waldulmer Weinbergen	🔵	9,6	250	2.30	✓	✓	✓	✓	✓		(✓)
25	Ottenhöfener Mühlenweg	🔴	13,5	400	4.00	✓	✓	✓	(✓)	✓		✓
26	Von Sasbachwalden zum Brigittenschloss	🔴	10,6	650	3.30/ 4.00	(✓)		✓		✓	✓	✓
27	Auf die Yburg	🔴	12,1	400	3.30/ 4.00	✓	✓	✓	(✓)	✓		✓
28	Giersteine über dem Murgtal	🔵	6,4	300	2.30		✓	✓	✓	✓		✓
29	Sagenweg von Gausbach	🔵	3,9	130	1.30		✓	✓	✓	✓		✓
30	Gernsbacher Sagenweg	🔵	6,0	300	2.00	✓	✓	✓	✓		✓	✓
31	Xanderklinge und Waldeck	◐	10,5	300	3.30/ 4.00	(✓)	(✓)	✓	✓		✓	(✓)
32	Von Hirsau nach Bad Liebenzell	🔴	18,0	600	5.00/ 6.00	✓	(✓)	✓	✓		✓	✓
33	Bernstein und Mahlbergturm	🔴	13,1	500	4.30	✓	✓	✓	✓	✓	✓	✓

Unser Nachhaltigkeitskodex

Die Welt birgt viele Wunder, Abenteuer und spektakuläre Aussichten, die wir gerne erkunden möchten. Doch sie ist auch leicht aus dem Gleichgewicht zu bringen. Hier ein paar Tipps, wie wir unsere Welt nachhaltig entdecken können:

- **Die Hauptsaison meiden:** Wenn wir nicht gerade auf die Ferienzeiten angewiesen sind, können wir der Umwelt einen großen Gefallen tun, indem wir in der Nebensaison verreisen. Damit tragen wir zu einer gleichmäßigeren Auslastung der Umwelt und der Infrastruktur bei und der Urlaub wird dazu auch noch wesentlich entspannter.
- **Auf umweltschonende Verkehrsmittel setzen:** Wo es möglich ist, reisen wir mit öffentlichen Verkehrsmitteln an. Das reduziert nicht nur die Luftverschmutzung, sondern schont auch unsere Nerven. Falls das nicht geht, helfen verschiedenste Plattformen dabei, den CO_2-Ausstoß auszugleichen, vor allem, wenn das gewünschte Reiseziel nur mit dem Flugzeug zu erreichen ist.
- **Nur dort parken und campen, wo es erlaubt ist:** Selbst, wenn wir uns noch so vorbildlich verhalten und unseren Aufenthaltsort so hinterlassen, wie wir ihn vorgefunden haben, stören wir den Lebensraum von Wildtieren und hinterlassen Spuren und Gerüche. Auch Lagerfeuer entzünden wir ausschließlich an den dafür vorgesehenen Stellen und achten dabei auf Waldbrandstufen und Naturschutzgebiete.
- **Ressourcen gewissenhaft nutzen:** Manche Umweltressourcen sind bereits knapp, endlich sind auf jeden Fall alle. Um sie zu schonen, sollten wir sparsam mit ihnen umgehen, gerade in Gegenden, in denen zum Beispiel Wasser oder Strom nicht im Überfluss vorhanden sind.
- **Ein guter Gast sein:** Nachhaltig unsere Umgebung zu erkunden bedeutet auch, der hiesigen Flora und Fauna mit Respekt zu begegnen. Pflanzen sollten auf keinen Fall gepflückt werden, aber sie stehen uns bestimmt gerne Modell für das eine oder andere Foto. Das Gleiche gilt für wilde Tiere: Wir füttern sie nicht, halten Abstand und beobachten sie aus der Ferne.
- **Auf den Wegen bleiben:** Wer die vorgegebenen Wege verlässt, dringt nicht nur in die Rückzugsräume heimischer Arten ein, sondern trägt auch dazu bei, dass sich neue Wege bilden, was zur Erosion des Bodens führt.
- **Abfall wieder mitnehmen:** Plastikverpackungen jeglicher Art, Dosen, Flaschen und Papiertaschentücher (es dauert Jahre, bis sich ein einzelnes Taschentuch vollständig abgebaut hat!) gehören nicht in die Natur, sondern artgerecht entsorgt. Am besten gleich eine wiederverwendbare Brotdose oder Trinkflasche mitnehmen.
- **Lokal kaufen:** Dadurch lernen wir Land und Leute besser kennen und unterstützen die regionale Wirtschaft, außerdem sind regionale Produkte meist auch preisgünstiger und qualitativ hochwertiger.

Nachhaltig draußen unterwegs zu sein, bedeutet auch ein **respektvolles Miteinander** – das sollte stets ein Motto in der Natur sein. Es tut nicht weh, sich gegenseitig zu grüßen und sich entgegenkommend zu verhalten. So haben Wanderer auf schmalen Wegen stets Vorrang, bei Gegenverkehr gilt in steilem Gelände immer: Wer absteigt, hält an. So lassen sich die Schönheit und Vielfalt der Natur gemeinsam genießen.

INFO

PIKTOGRAMME ERLEICHTERN DEN ÜBERBLICK

Länge · Höhenunterschied · Gehzeit

- Einkehr
- kindergeeignet
- Sehenswürdigkeit
- wintergeeignet
- viel Sonne
- schattiger Weg
- ÖPNV

ANFORDERUNGEN

Die Wanderungen sind nach eigener Einschätzung der Schwierigkeiten von Wegbeschaffenheit, Entfernung, Orientierung, Höhenunterschied und Gefahrenlage eingeteilt.

● LEICHT

Eher kurze Spaziergänge und Runden, die keine oder kaum Trittsicherheit erfordern und nur wenige Steigungen beinhalten

● MITTEL

Touren mit längeren Auf- und Abstiegen und/oder längere Runden, die eine gewisse Kondition und Trittsicherheit erfordern.

● SCHWER

Diese Wanderungen setzen Kondition und Trittsicherheit voraus. Hier geht es ordentlich bergauf und bergab. Durch die von uns beschriebenen Abkürzungen lassen sich diese Touren jedoch zum Teil deutlich entschärfen. Geübte Wanderer stehen somit auch hier vor keinen allzu großen Aufgaben.

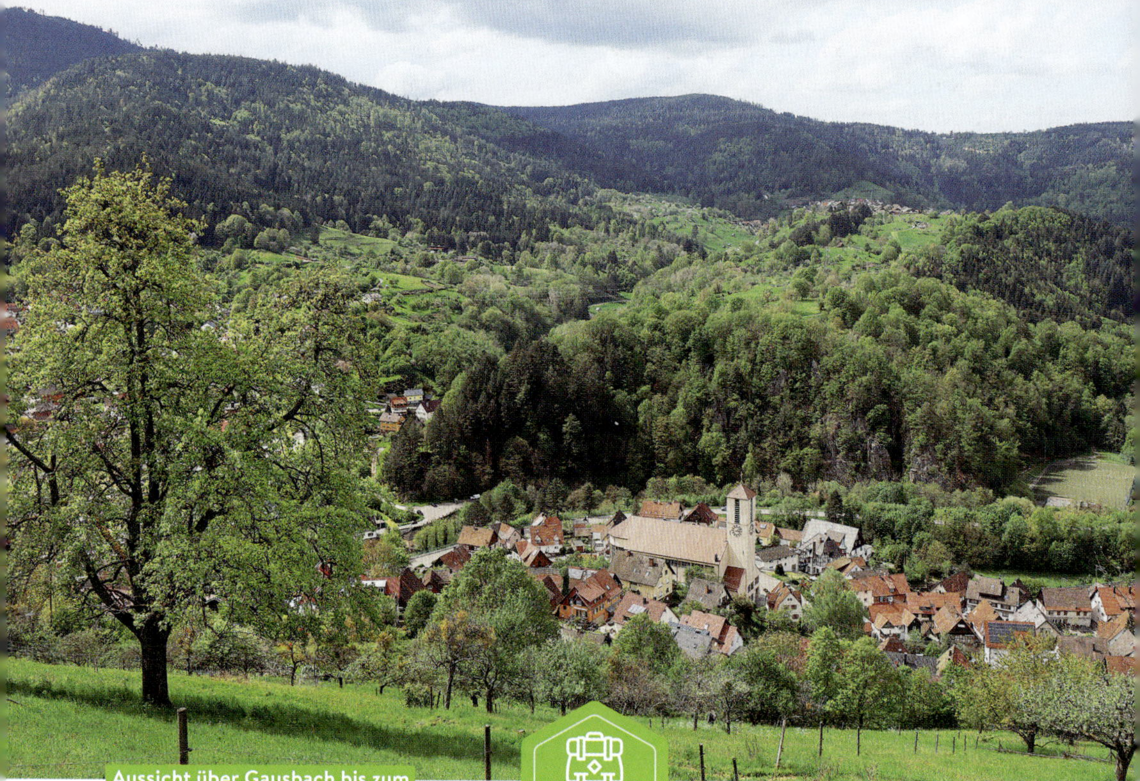

Aussicht über Gausbach bis zum Höhenort Bermersbach (Tour 16)

GUT GERÜSTET BESSER ANS ZIEL

Ein Ziel der »Geheimnisvollen Pfade Schwarzwald« ist es, am Ende der einzelnen Touren zufrieden auf die vergangenen Stunden und das Geleistete zurückzublicken. Dies gelingt am besten, wenn man sich – und seine Mitwanderer – richtig einschätzt.

Als Mittelgebirge wird der Schwarzwald gerne unterschätzt. Doch auch hier gilt: feste Wander- oder Trekkingschuhe sind ein Muss für sicheres Wandern. Halbschuhe, Turnschuhe oder ähnliche Treter bieten zu wenig Halt, wirken sich negativ auf die Fußgesundheit aus und sind oft der Auslöser von vermeidbaren Unfällen. Wanderstöcke hingegen begünstigen eine aufrechte Körperhaltung und schonen die

Gelenke. Ebenfalls von Vorteil ist bequeme Wanderkleidung aus Funktionsmaterial, das schnell trocknet und sich leicht trägt.

VERANTWORTUNG UND SELBST-EINSCHÄTZUNG

Alle in diesem Wanderführer beschriebenen Touren orientieren sich an dem Wegenetz des Schwarzwaldvereins, in wenigen Ausnahmen ergänzt durch örtliche Wanderwege. Denn während wir als Wanderer von den Wegweisern und der Pflege der offiziellen Wanderwege profitieren, findet das Wild abseits der Wanderstrecken wichtige Rückzugsräume, in denen sich nur selten Menschen verirren. Als verantwortungsbewusste Wanderer rennen wir nicht blindlings durch die Landschaft (oder darüber hinweg), sondern nehmen auch auf andere, schwächere Rücksicht.

Da die Tourismusverbände im Schwarzwald stets neue Themenwege und Wandersteige sowie auch sogenannte Premiumwanderwege und Genießerpfade kreieren, kann die vorgefundene Beschilderung von der Beschreibung im Buch abweichen. Dies kann auch Einfluss auf die Farbe der zwischen den Wegweisern angebrachten Rauten haben. In so einem Fall ist es meistens besser, der neuen Wegmarkierung zu folgen, da sie einen sicher ans Ziel führt. Auf der anderen Seite können Felsstürze und Hangrutsche sowie umgestürzte Bäume und Wegabbrüche eine Umleitung erfordern. Wer sich alleine ins Gelände begibt, sollte sich dessen bewusst sein und im Zweifelsfall lieber umkehren. Das liegt zwar nicht in der Natur des Menschen. Aber da wir nicht immer zusammen im Schwarzwald unterwegs sind, können wir Ihnen versichern: Das machen auch Wanderbuchautoren so.

Die längeren Touren wie die Runde über den Eichberg zur Hochburg, die Wanderung von Hirsau nach Bad Liebenzell oder der Belchensteig sollten daher erst in Angriff genommen werden, wenn eine gewisse Grundkondition und Erfahrung im Gelände vorhanden ist.

Zugang zur Ruine Yburg (Tour 27)

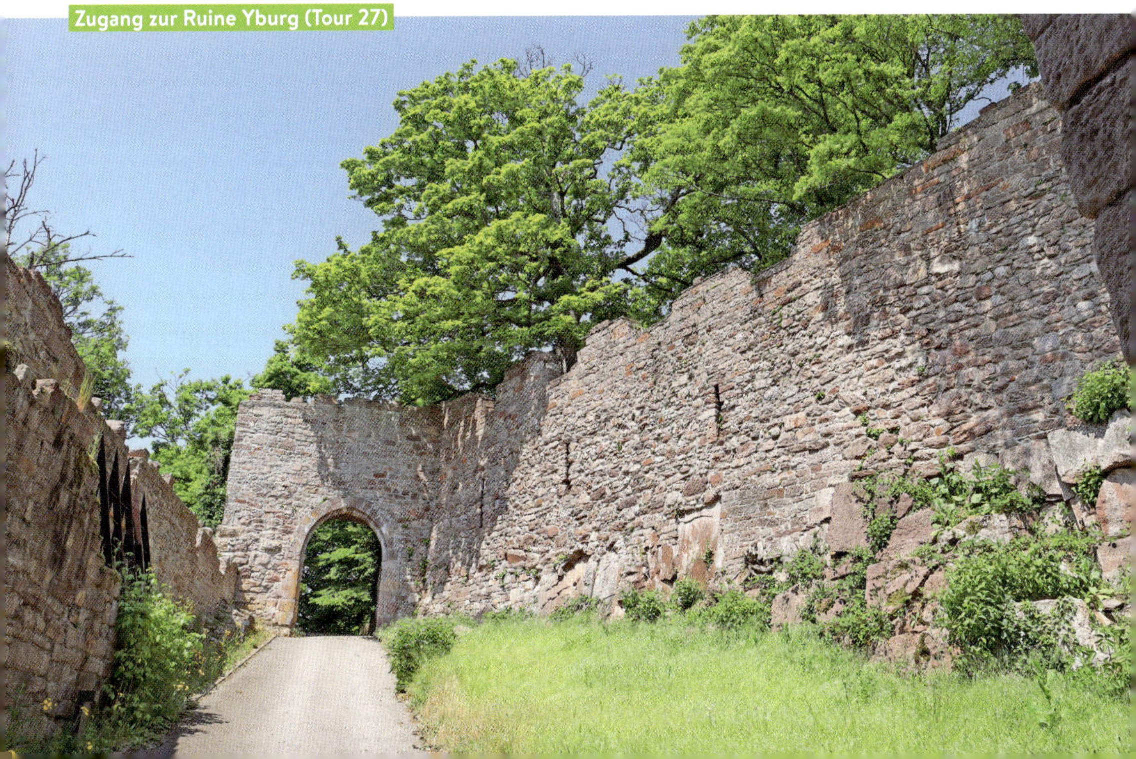

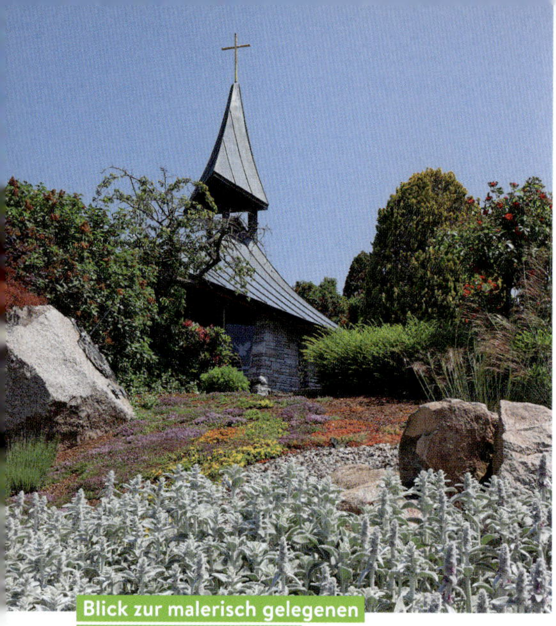

Blick zur malerisch gelegenen Josefskapelle (Tour 27)

Hierzu zählt auch, das Wetter richtig einschätzen zu können. Denn gerade an heißen Sommertagen bilden sich über den Hochlagen im Schwarzwald gerne Gewitterwolken, die oft schon nachmittags mit Platzregen und Hagel sowie Blitz und Donner niedergehen. Ein leichter Regenschutz sollte deshalb immer dabei sein. Ebenfalls hilfreich ist es, die Entwicklung von Regenwolken im Internet zu beobachten. Im Zweifelsfall sollte man sich auch nicht davor scheuen, eine Tour – falls möglich – abzubrechen beziehungsweise nach dem Unwetter fortzusetzen.

ANFAHRT

Viele Wanderziele sind im Schwarzwald mit öffentlichen Verkehrsmitteln zu erreichen. Mit der KONUS-Gästekarte (Kostenlose Nutzung des ÖPNV im Schwarzwald) haben Sie freie Fahrt in allen neun Verkehrsverbünden der Ferienregion. Wer mit dem Auto anreist und ein Navi nutzt, kann die im Infokasten der einzelnen Touren angegebenen Koordinaten eingeben. Diese führen ihn punktgenau zum Ausgangspunkt der Wanderung beziehungsweise zur nächstgelegenen Parkmöglichkeit.

GEHZEITEN UND HÖHENANGABEN

Die genannten Zeiten sind die durchschnittliche reine Gehzeit. Weil es bei vielen der Touren einiges zu entdecken gibt, ist auch die Zeit, in der man sich umsieht und die Landschaft auf sich wirken lässt beeinhaltet. Pausen oder eine längere Einkehr sind jedoch nicht enthalten. Rechnen Sie auch Zeit für unvorhergesehene Änderungen ein, sodass Sie bei Abstechern, kürzerem Verlaufen oder einem gesperrten Weg (z. B. wegen Holzfällarbeiten) rechtzeitig zurück am Ausgangspunkt sind. Unsere Höhenangaben beinhalten die tatsächlich zu leistenden Höhenmeter. Kleine Kuppen und Senken mit nur geringem Höhenunterschied haben wir ausgelassen. So stehen Sie nicht plötzlich vor einem großen Zwischenanstieg, der nirgends erwähnt wird.

INTERNETADRESSEN

www.naturpark-suedschwarzwald.de
Umfassende Informationen zu den Aufgaben und Besonderheiten des größten Naturparks in Deutschland

www.schwarzwaldverein.de
Gemeinsamer Auftritt der Ortsgruppen des Schwarzwaldvereins

www.schwarzwald-tourismus.info
Offizielle Seite der Schwarzwald Tourismus GmbH mit Tipps und Infos zu über 250 Ferienorten

www.wanderfuehrer-schwarzwald.de
Unsere eigene Seite mit all unseren bisher erschienenen Wanderführern über den Schwarzwald, die Schwäbische Alb, das Allgäu sowie auch das Elsass mit den Vogesen.

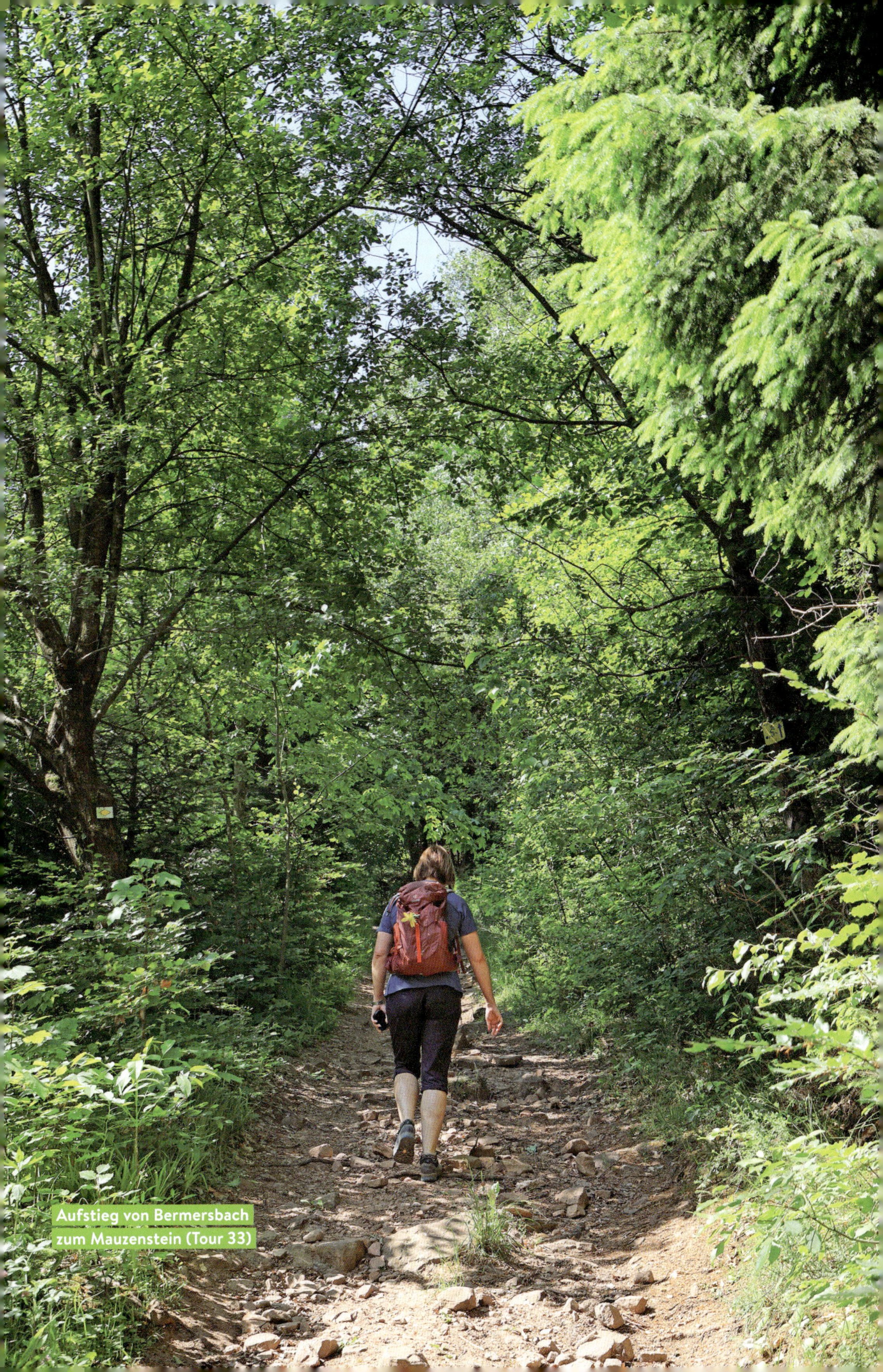

Aufstieg von Bermersbach
zum Mauzenstein (Tour 33)

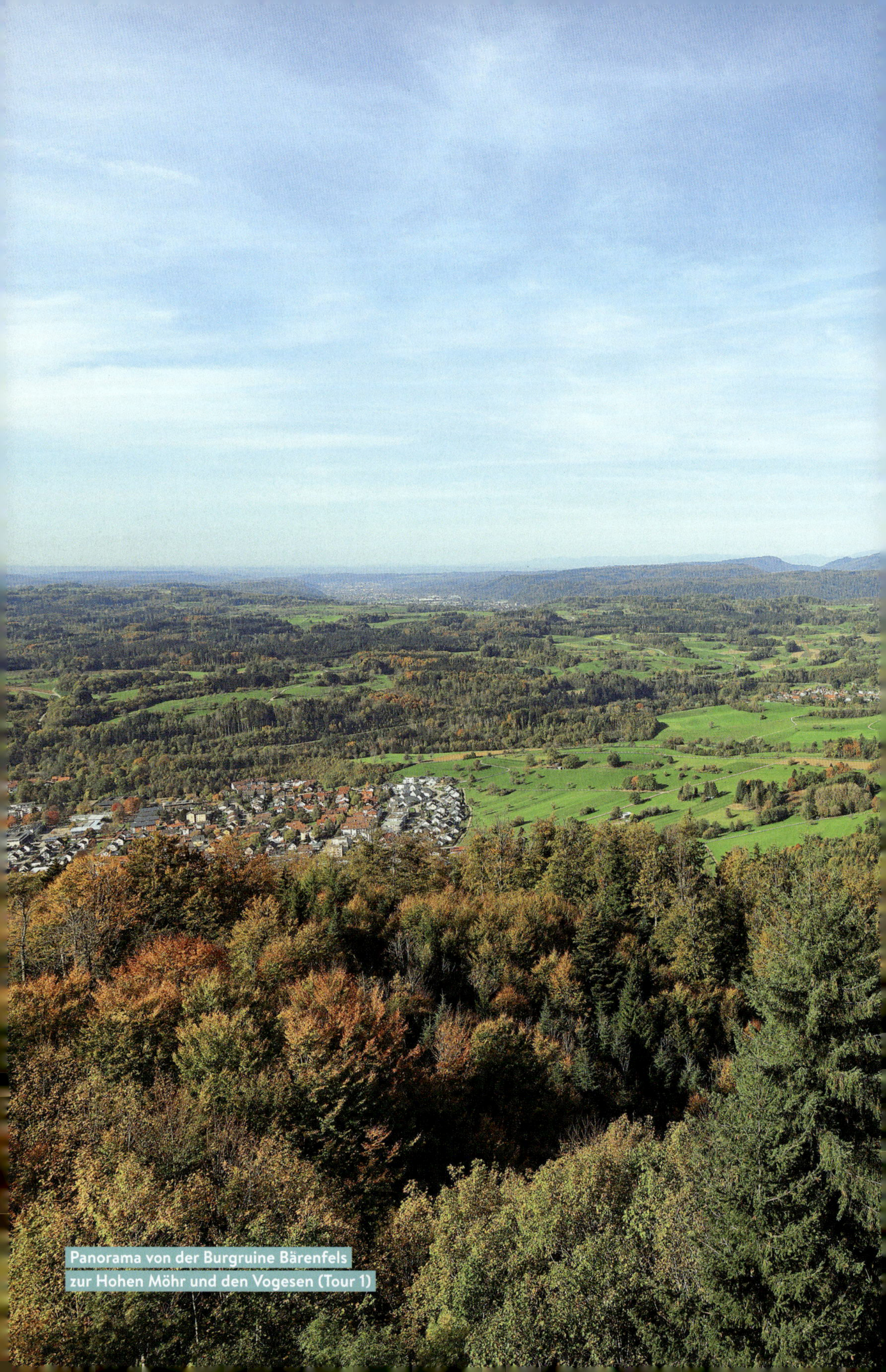

Panorama von der Burgruine Bärenfels
zur Hohen Möhr und den Vogesen (Tour 1)

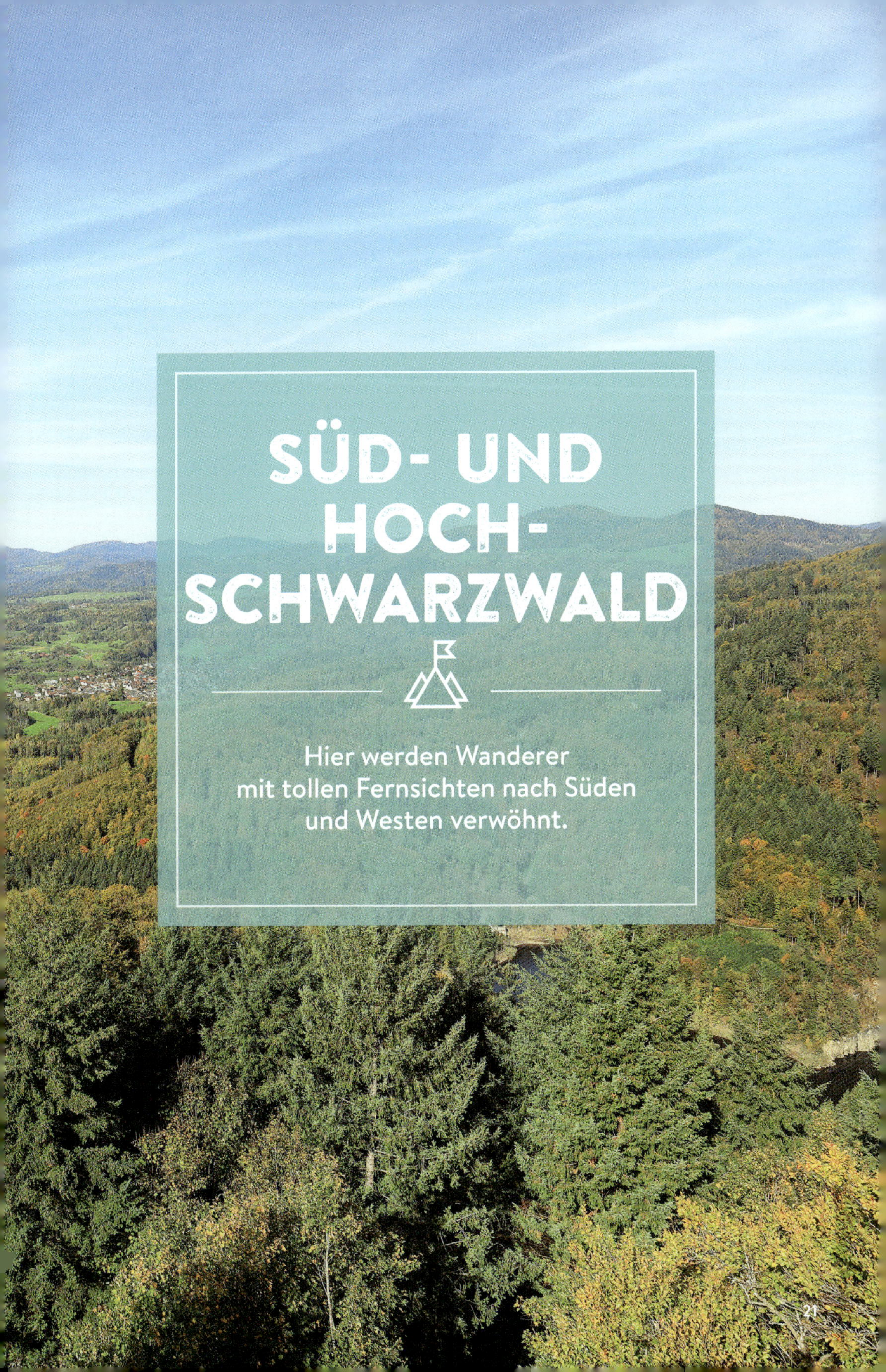

SÜD- UND HOCH-SCHWARZWALD

Hier werden Wanderer
mit tollen Fernsichten nach Süden
und Westen verwöhnt.

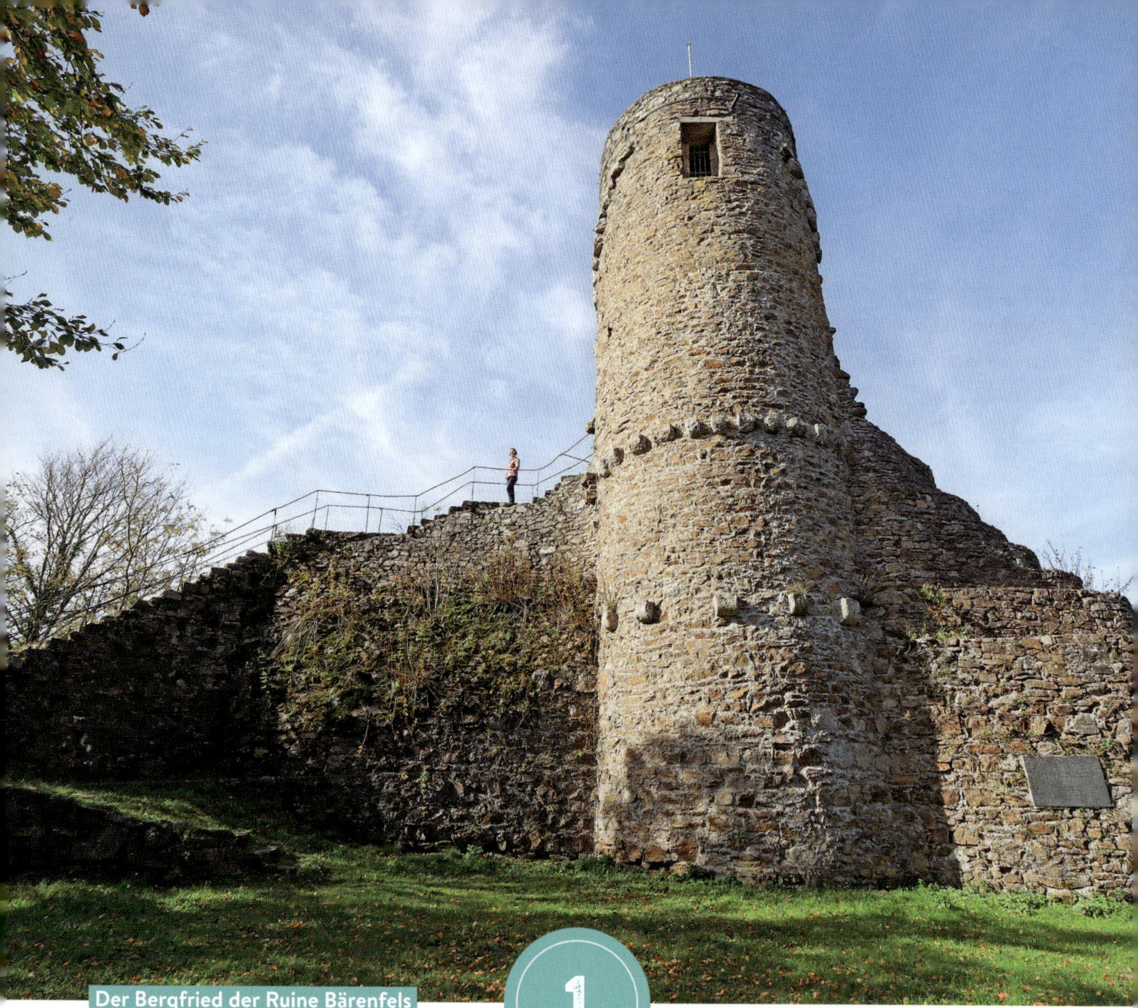

Der Bergfried der Ruine Bärenfels ist über die Schildmauer zugänglich.

1

ZWEI-TÄLER-RUNDE AB WEHR

Bärenfels und Erdmannshöhle

Bei Hasel prägt das Wechselspiel von Wasser und Kalkstein den Untergrund. Wer genau hinsieht, bemerkt die Veränderungen auch an der Oberfläche. Im ersten Teil der Runde eröffnet uns die Burgruine Bärenfels einen sagenhaften Ausblick über das Wehratal bis zu den Schweizer Alpen.

KLÖSTERLICHE VERGANGENHEIT Unser erster geheimnisvoller Pfad startet beim **A Hallen- und Freibad von Wehr**. Ab dort passieren wir das Hotel Klosterhof und nehmen links den Schlenker zur **1 St.-Wolfgangskapelle** mit. Der schlichte Bau zeugt vom Frauenkloster Klingenthal, das 1256 von Walther von Klingen gestiftet wurde. Ob es sich bei der Kapelle um den Rest oder Nachbau der alten Klosterkirche handelt, ist nicht überliefert. Es wird jedoch angenommen, dass die Kapelle schon vor dem Wegzug der Nonnen im Jahr 1274 nach Kleinbasel bestand, da das Kloster – und in deren Folge der Stand Basel – auch danach noch für deren Unterhalt sorgte. Auf der Wiese vor der Kapelle werden die Fundamente des ehemaligen Klosters vermutet.

AUFSTIEG ZUR BURG BÄRENFELS Ab der Kapelle folgen wir dem Zwei-Burgen-Weg vor an die Todtmooser Straße, halten uns kurz links und überqueren die Straße zum Fischmattweg hin. An den wenigen Häusern vorbei biegen wir links zum Parkplatz Forsthaus ab und folgen dem Zwei-Burgen-Weg zur **2 Riesenebene**. Geradeaus besteht dort eine Verbindung zum Schlossgraben. Wir indes biegen scharf rechts ab und folgen dem Zwei-Burgen-Weg und der gelben Raute weiter bergan – die ersten beiden Abzweige zu anderen Forstwegen auslassend – bis zur **3 Burg Bärenfels**. Sehenswert ist der 16 Meter hohe Bergfried. Der Zugang erfolgt über

Tipp

BURG BÄRENFELS

Die auch als Berenfels oder Steinegg bekannte Höhenburg wird nach neueren Forschungen auf das frühe 14. Jahrhundert datiert und diente der Kontrolle des Wehratals. Am 18. Oktober 1356 fiel die Burg Bärenfels dem großen Basler Erdbeben zum Opfer. Danach gelangte die Burg über das Kloster Klingenthal in den Besitz der Ritter von Bärenfels, verlor aber an Bedeutung. Weitere Zerstörungen gehen auf vorbeiziehende Truppen während des Dreißigjährigen Kriegs zurück. Im Jahr 1860 wurde die Ruine gesichert und öffentlich zugänglich gemacht.

↓ Aussicht über das Wehrabecken

↘ Der Hotzenwaldquerweg führt uns auf stillen Wegen nach Hasel.

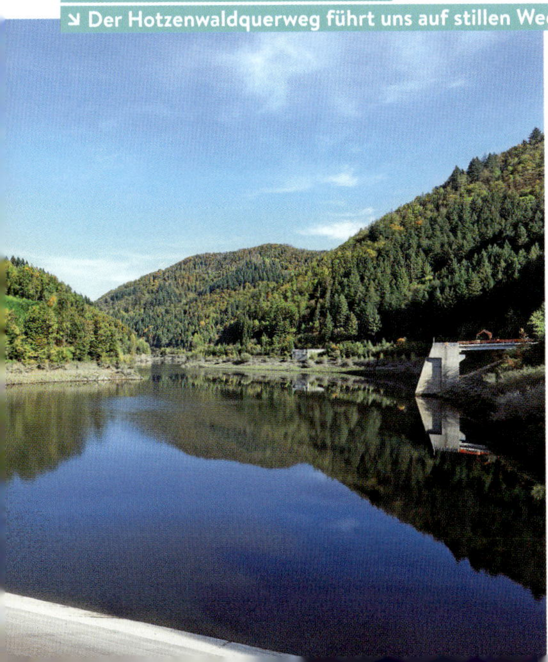

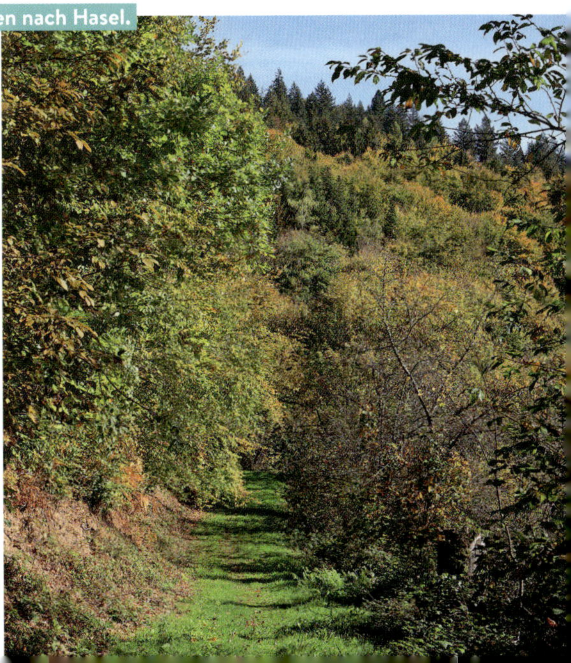

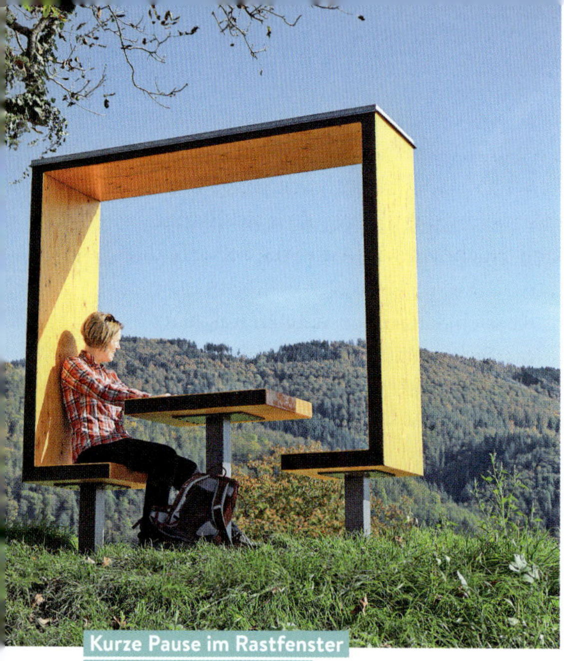

Kurze Pause im Rastfenster oberhalb des Wehratals

die gesicherte Schildmauer auf einer Höhe von neun Metern. Bei günstiger Witterung eröffnet uns die Turmplattform eine imposante Aussicht über das Wehratal zur Hohen Möhr, nach Westen zu den Vogesen und über den Dinkelberg hinweg zum Jura. Bei idealen Bedingungen reihen sich im Süden die Gipfel der Berner Alpen aneinander. Laut der Panoramatafel ist im Süden außerdem der Belchen zu sehen. Gemeint ist damit der Belchenflue, der mit dem Schwarzwälder und dem Elsässer Belchen ein rechtwinkliges Dreieck bildet.

Tipp

ERDMANNSHÖHLE HASEL

Die Tropfsteinhöhle von Hasel wurde bislang auf einer Länge von 2185 Metern vermessen, wobei der Schauteil 360 Meter lang ist. Es wird angenommen, dass sich das Höhlensystem bis zur Tschamberhöhle bei Beuggen am Hochrhein fortsetzt. Benannt ist die Erdmannshöhle nach den Erdmännchen und Erdweibchen, die mehreren Sagen zufolge hier einst gelebt haben sollen. Die Höhle kann jeweils von Ostern bis zum Ende der Herbstferien besichtigt werden. Im Innern sind neben einigen bizarren Figuren auch Riesentropfsteine zu bestaunen (www.gemeinde-hasel.de).

JO-JO DURCH DAS WEHRATAL Nach dem Burgbesuch trennen sich beim Wegweiser Am Bärenfels die Wege. Während der Zwei-Burgen-Weg geradeaus Kurs auf die Stein-egghöfe nimmt, biegen wir links zum Wehra-Stausee ab. Der Abstieg erfolgt auf wechselnden, mit gelber Raute gekennzeichneten Pfaden über die Schindelhalde und den Schlossgraben bis ans untere Ende des Schindelgrabens. Dort überqueren wir die Landstraße und spazieren über die **4 Wehra-Staumauer**. Mehrere Verbotsschilder im Umfeld machen klar: Das Becken dient rein wirtschaftlichen Interessen. Über die Staumauer verläuft die Schlussetappe des Schluchtensteigs, wenn auch in entgegengesetzter Richtung. Ab dem Ende der Staumauer folgen wir diesem auf dem Stollisgrabenweg bis zu einer scharfen Rechtskurve. Vor Ort haben wir die Wahl: Wer einen flacheren Aufstieg favorisiert, kann dem Schluchtensteig bis zur Einmündung des Stollisgrabenwegs in den Jockisebeneweg folgen und erst dort links abbiegen. Andernfalls wechseln wir bereits am Anfang der Kurve auf den Steilpfad hoch zum **5 Wegweiser Strolchisgraben**.

ERDMANNSHÖHLE IN HASEL Nach wenigen Metern links auf dem Mettlerhofweg biegen wir beim Wegweiser Nasser Graben rechts nach Hasel ab und halten uns 250 Meter bei der Gabelung links. Damit folgen wir diesem Abschnitt der schwarz-weißen Raute des Hotzenwaldquerwegs durch den Wald ins Tal der Hasel. Im gleichnamigen Ort biegen wir beim Wegweiser Mittelbergstraße links in die Klingentalstraße ab. Mit der gelben Raute sowie – da schöner zu laufen – durch die Hofstraße gelangen wir zur **6 Erdmannshöhle**. Die Höhle befindet sich am Übergang vom Dinkelberg zum Südschwarzwald und sie gilt als eine der ältesten Tropfsteinhöhlen Deutschlands.

SPURENSUCHE AM HÄTTELBERG Für den Rückweg nutzen wir die Verbindung vom Besucherparkplatz hoch zur Wehrer Straße (rechts) auf den Hättelberg. Auf dem nächsten Kilometer informieren mehrere Tafeln über die Wirkung von Wasser auf das Kalkgestein. So gewinnen wir einen Eindruck von der Landschaft oberhalb der Erdmannshöhle und queren eine Talung ohne sichtbaren Bach. Nachdem wir beim Wegweiser Stalden links abgebogen sind, kommen wir zu einem als Aussichtsfenster gestalteten Rastplatz **7 Rastfenster** mit Sicht über Wehr und das untere Wehratal. Anschließend biegen wir beim Zelgrain nochmals rechts ab. Der letzte Abschnitt führt an einem Baumlehrpfad und einem Christuskreuz vorbei sowie mit der gelben Raute hinunter an die Wehra, welche wir nahe unseres Ausgangspunktes beim **E Hallen- und Freibad** überqueren.

INFO

TOURENCHARAKTER

Auf den ersten 2,5 km ist ein Großteil der Höhenmeter zu leisten. Der Aufstieg zur Burg ist mit Geländern beidseitig gesichert. Nach dem Wehrabecken ist ein guter Orientierungssinn von Vorteil.

AUSGANGS-/ENDPUNKT

Freibad Wehr
GPS 47.6377, 7.9100

ANFAHRT

ÖPNV: Ab dem Bahnhof Wehr-Brennet mit der Linie 7320 zur Bushaltestelle Schwimmbad, Wehr. Der Zugang erfolgt über die Todtmooser Straße.
Auto: Von der B 518 Wehr-Brennet-Schopfheim bei Wehr Nord abfahren. In Wehr der Beschilderung Richtig Todtmoos folgen, nahe dem Ortsrand links zum Schwimmbad abbiegen.

EINKEHR

Kiosk während der Öffnungszeiten der Erdmannshöhle

Mittel	12,2 km	550 Hm	3.30 Std.

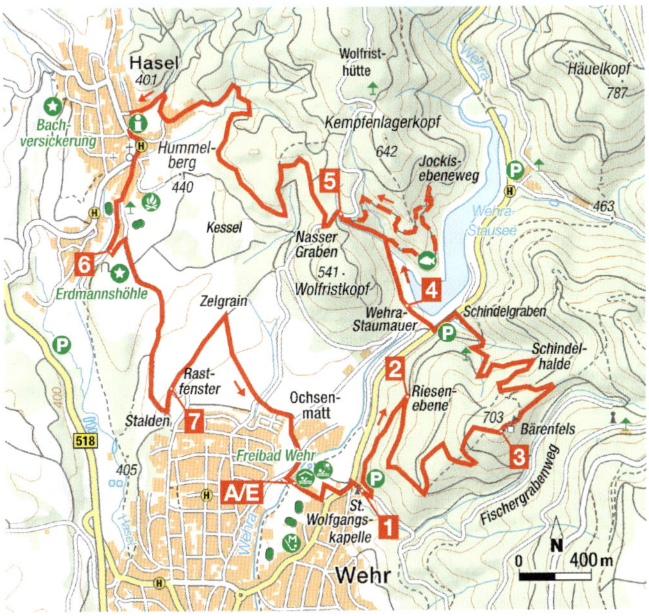

INFORMATIONEN

Touristinfo Wehr,
Tel. 07762/80 86 01,
www.schwarzwald-tourismus.info

AUF DIE HOHE MÖHR

Aufstieg ab dem Wiesental

Die Hohe Möhr bildet mit ihrem Aussichtsturm und dem benachbarten Stahlfachwerkturm eine bedeutende Landmarke über dem Wiesental. Als Kuriosum trägt der knapp 1000 Meter hohe Berg eine eigene Hausnummer. Doch auch für die ruhigen Wälder und die Rundumsicht vom Turm lohnt sich diese Tour.

2

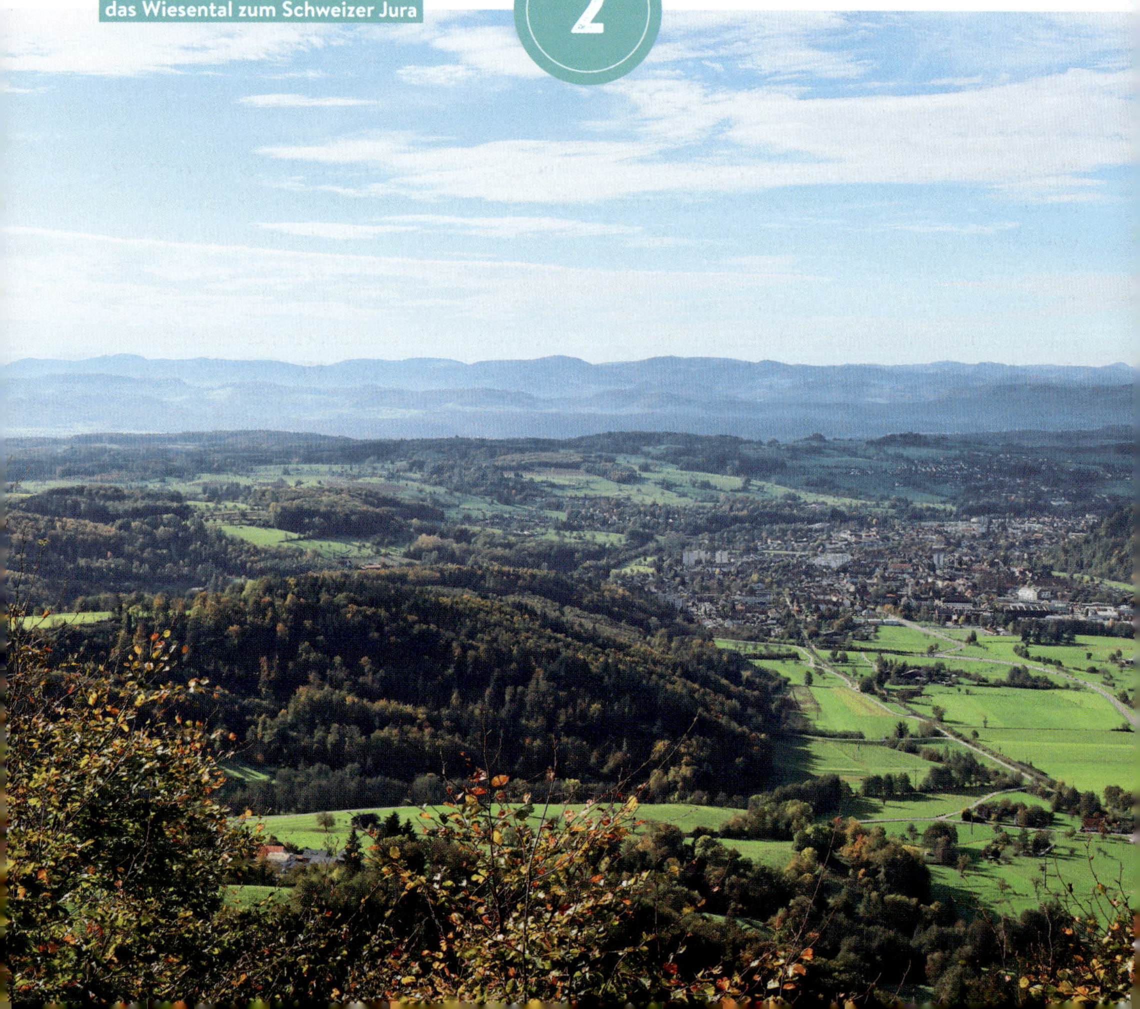

Aussicht über Schopfheim und das Wiesental zum Schweizer Jura

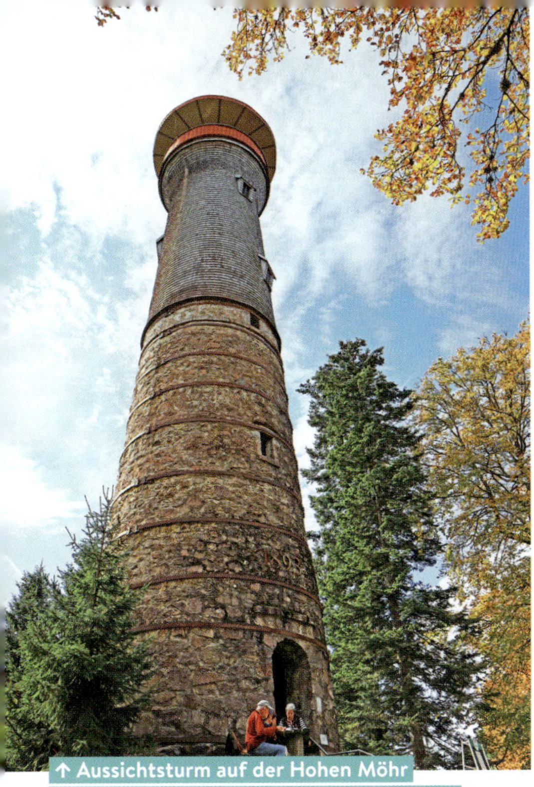

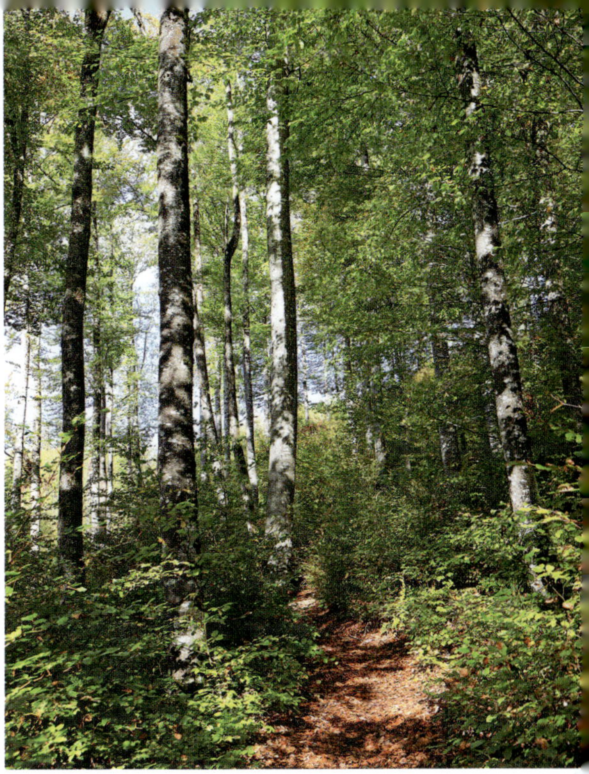

↑ Aussichtsturm auf der Hohen Möhr
↗ Schmale Pfade führen auf den Blaßberg.

IN DER HAUPTSACHE BERGAUF Vom **A Bahnhof Hausen-Raitbach** aus gesehen laufen wir ein paar Schritte in Richtung Zell und nutzen den einfachen Bahnübergang. Beim Wegweiser biegen wir links, dann 150 Meter weiter rechts ab. Sobald die letzten Häuser hinter uns liegen, nehmen wir auf dem breiten Alzenbühlweg die Linkskurve. Wo sich die anschließende Rechtskurve verschärft, kürzt der mit gelber Raute markierte Wanderweg auf einem Pfad ab. Wenn man den Einstieg verpasst, ist dies nicht weiter tragisch. Nach der nächsten Wegschlaufe treffen beide Varianten bei Atzenbach wieder zusammen. Gleich darauf ist die Beschilderung undeutlich. Um auf dem rechten Weg zu bleiben, lassen wir bei der T-Kreuzung den rechts abzweigenden Wirtschaftsweg aus, um dann ebenfalls rechts auf den ausgewaschenen Pfad einzubiegen. Im Anstieg sehen wir links die nächste Raute. Am oberen Ende des Pfads orientieren wir uns rechts, um in der folgenden Rechtskurve links auf den nächsten ansteigenden Weg zu wechseln. Diesen nutzen wir bis zu einer Kuppe, wo wir nach rund 100 Metern links auf einen schmaleren Pfad wechseln. Auch hier ist eine gelbe Raute erst dann deutlich zu sehen, nachdem wir bereits abgebogen sind. Am Pfadende geht es schließlich rechts über eine Lichtung zum Wegweiser **1 Blaßberg**. Bei guten Bedingungen ergibt sich eine Sichtachse zum Berner Oberland mit dem Dreigestirn Eiger, Mönch und Jungfrau.

ÜBER DIE HEBELHÖHE AUF DIE HOHE MÖHR Am Rand der Lichtung kreuzen wir den Wanderweg von Raitbach nach Zell ins Wiesental. Wir tauchen also erneut in den Wald ein, wo wir der gelben Raute weiter bergan bis zu einem Brunnen folgen. Erneut biegen wir zuerst rechts und dann bei der nächsten Kreuzung links ab. Mit einer auf dem nächsten Abschnitt deutlicheren

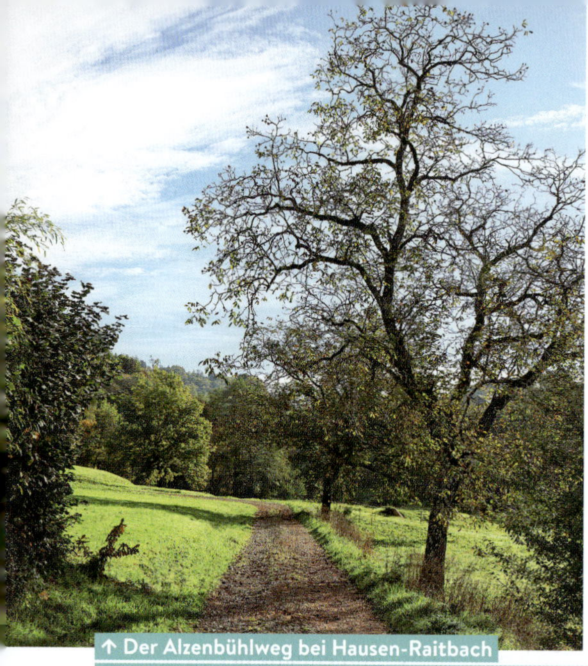

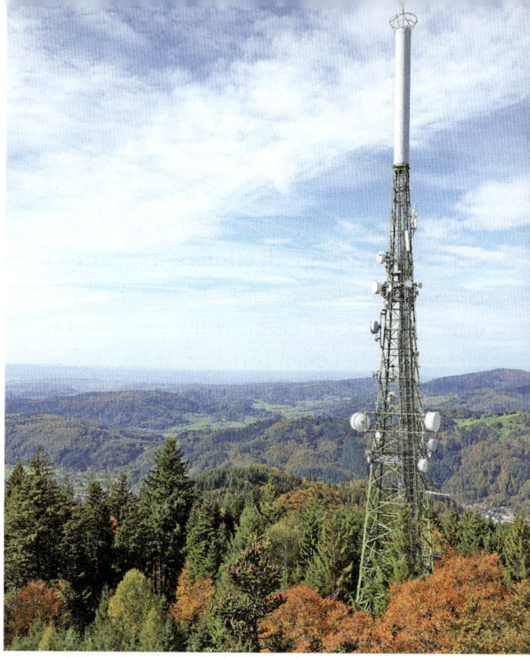

↑ Der Alzenbühlweg bei Hausen-Raitbach

↗ Nur einen Steinwurf vom Aussichtsturm entfernt ragt ein Sendeturm in den Himmel.

Wegkennzeichnung und bei zunehmend aussichtsreicherer Sicht führt uns die gelbe Raute nun sicher auf die **2 Hebelhöhe**. Dort sind es noch anderthalb Kilometer bis auf die **3 Hohe Möhr**. Vor Ort erwartet uns ein großzügig angelegter Rastplatz mit Grillstelle, schattigen sowie auch sonnigen Plätzen. Sonntags bieten die Turmwächter des Schwarzwaldvereins, Ortsgruppe Schopfheim, Kaffee und Kuchen sowie gekühlte Getränke an. Den Turmwächtern obliegt außerdem das Anfeuern des Grills.

Tipp

DIENST AUF DER HOHEN MÖHR

Von April bis Oktober sind an den Sonntagen die Turmwächter beim Aussichtsturm anzutreffen. Sie geben Wanderern gerne Auskunft über die Besonderheiten des Turms und das umliegende Wandergebiet. So verläuft über den Höhenzug eine historische Grenze zwischen Vorderösterreich und Baden-Durlach, die sich aufgrund unterschiedlicher Konfessionen bis in die Gegenwart auswirkt. Wer sich für den »Dienst auf der Hohen Möhr« interessiert und für einen Schnuppertag anstellen lassen möchte, darf sich gerne beim Verein bei Marita Sütterlin, Tel. 07622/7214, marita.suetterlin@gmx.de oder beim Turmwart, Tel. 07622/6846199, hohemoehr@freenet.de, melden.

HOHE-MÖHR-TURM UND VERBORGENER SEE Für den Erhalt des 1894 erbauten Aussichtsturms wird vor Ort eine geringe Gebühr fällig. Die 54 Stein- und 87 Holzstufen zur Plattform eröffnen uns dafür einen herrlichen Rundumblick nach Westen zum Band der Vogesen und im Süden zum Jura und den Schweizer Alpen. Lassen wir unseren Blick nordwärts über das Wiesental schweifen, so entdecken wir am Horizont links den Belchen, weiter rechts den Feldberg und Seebuck und schließlich das Herzogenhorn – damit sind alle Schwarzwaldberge mit Höhen über 1400 Metern in einem Panorama vereint. Die exponierte Lage des Hohe-Möhr-Turms hat allerdings auch ihren

Preis. Am 22. Juni 1922 fiel der hölzerne Aufbau kurz nach der ersten Renovierung einem Blitzschlag zum Opfer. Weil damit ein Versicherungsfall einherging, erhielt der Aussichtsturm die Hausnummer 41. Laut einer Sage ist die Hohe Möhr mit dem Eichener See bei der Erdmannshöhle in Hasel verbunden. Demnach hüten im Berg Erdmännlein einen unterirdischen See. Um zu verhindern, dass dieser ausbricht, leiten sie überschüssiges Wasser in den nur selten in Erscheinung tretenden Karstsee nahe der Tropfsteinhöhle ab.

AUF DEM WESTWEG Für den späteren Abstieg wählen wir den leicht zu übersehenden Pfad rechts des Turms. Es handelt sich hierbei um keinen geringeren als den Westweg (rote Raute). Ab dem unteren Ende des Pfads nehmen wir geradeaus den bequem zu begehenden Forstweg zur **4 Kastendyktanne**. Bei der als Naturdenkmal geschützten Tanne finden wir einen weiteren Rastplatz mit Schutzhütte. Wir bleiben auf dem Westweg, der uns weiter bergab durch das idyllische Tal des Schlierbachs nach Schweigmatt führt. Zwischen einem ehemaligen Gasthaus und dem Ortsrand ist ein Abstecher zum Schwimmbad möglich. Ansonsten geht es gleich weiter auf dem Fernwanderweg bis zum Wegweiser **5 Schweigmatt**. Dort biegen wir rechts nach Blumberg ab (blaue Raute). Von der kleinen Häusergruppe führt uns die blaue Raute durch den Wald nach **6 Scheuenmatt**. In dem zu Schopfheim gehörenden Dorf wechseln wir wieder auf die gelbe Raute. Nach einem Abschnitt entlang der Straße zweigt diese unterhalb von Scheuenmatt auf einen grasbewachsenen Weg ab. Es folgt ein letzter Anstieg über das Turmhölzle nach Raitbach sowie über das Unterdorf zurück zum **E Bahnhof Hausen-Raitbach**.

INFO

Mittel | **11,3 km** | **600 Hm** | **3.30 Std.**

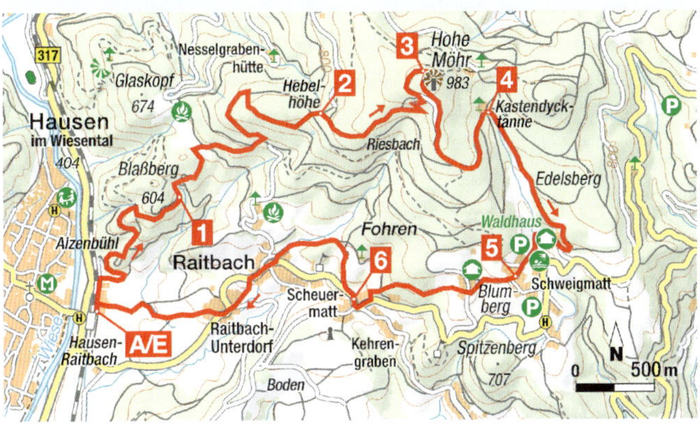

TOURENCHARAKTER

Der Aufstieg auf die Hohe Möhr ist lang, aber gleichmäßig und erfolgt auf meist bequem zu gehenden Pfaden im Wald. Beim Rückweg sind die Wegmarkierungen teils schlecht zu finden.

AUSGANGS-/ENDPUNKT

Bahnhof Hausen-Raitbach
GPS 47.6794, 7.8460

ANFAHRT

ÖPNV: Ab Basel Bad Bf. mit der S-Bahn ins Wiesental zur Haltestelle Hausen-Raitbach
Auto: Über die B 317 Lörrach–Todtnau bis Hausen. Parkmöglichkeiten bestehen an der Bundesstraße südlich vom Bahnhof.

EINKEHR

An den Sonntagen Bewirtung mit Kaffee und Kuchen durch den Schwarzwaldverein www.swv-schopfheim.de

INFORMATIONEN

Ferienregion Südwärts,
Tel. 07622/39 61 45,
www.suedwaerts.com

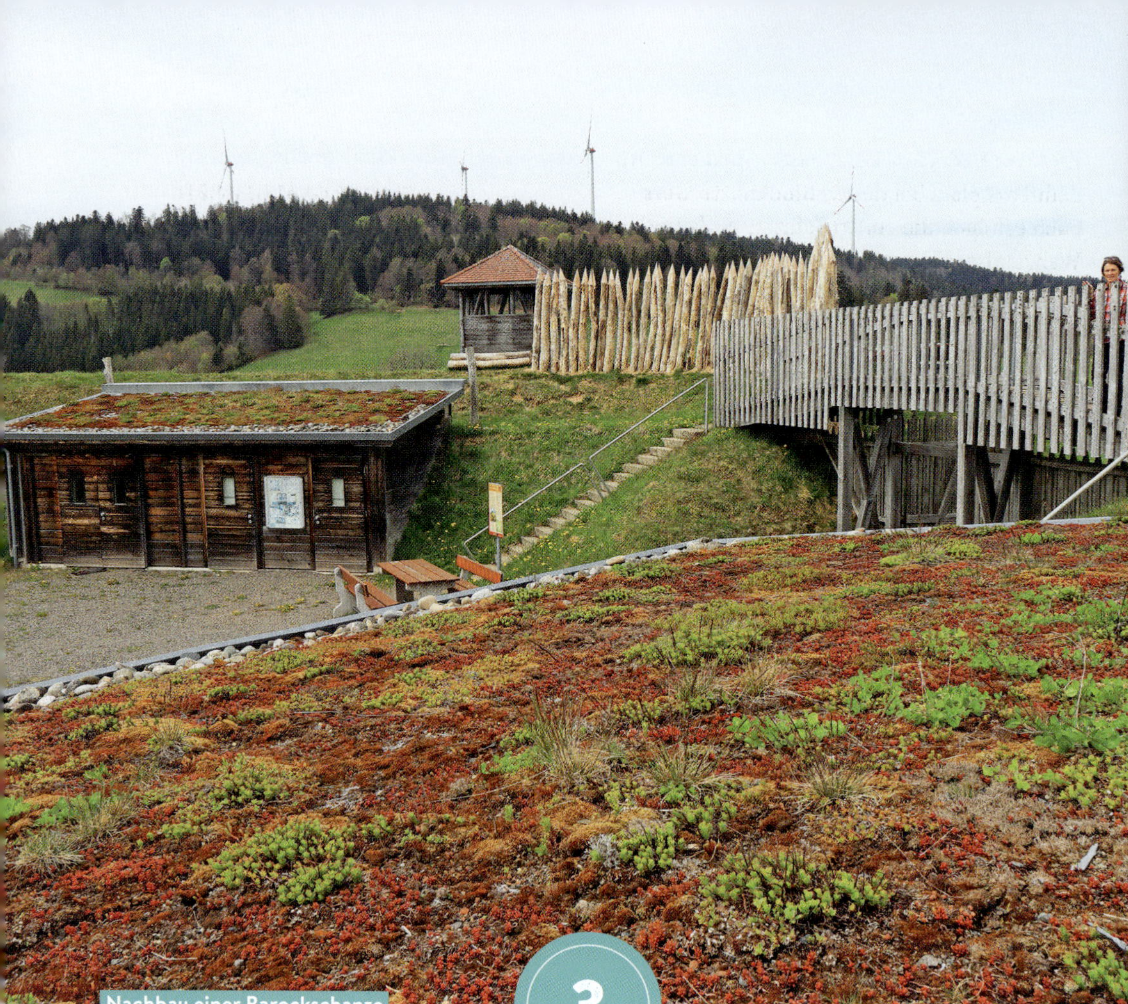

Nachbau einer Barockschanze bei Gersbach

3

BOLLWERK GEGEN DEN BAROCK

Auf dem Gersbacher Schanzenweg

Beim Begriff Barock denken wir an prächtige und zugleich harmonisch gestaltete Kirchen, an Schlösser und ihre symmetrisch angelegten Gärten. Auch Gesang, Lyrik und Malerei vereinen sich ab 1600 mit dieser Kunstform. Den Kontrast zu all dem Glanz und Prunk bilden die Barockschanzen.

KRÄUTERWIRTIN UND MÖHRENLICK Ab dem Parkplatz bei der **A Blockhütte Gersbach** erfolgen die ersten Schritte entlang der Wehratalstraße ortseinwärts bis zum Wegweiser Ebnet. Wir biegen rechts in die Straße Möhrenblick ein und halten uns bei den folgenden Verzweigungen ebenfalls rechts, sodass wir bald zum Café zur Kräuterwirtin kommen. An den Wochenenden finden wir auf dem verspielt gestalteten Außenbereich ab dem späten Vormittag eine erste Einkehrmöglichkeit. Auf Vorbestellung lädt das Café sonntags zum Bauernbrunch oder zum reichhaltigen Frühstück ein. Sobald wir die Siedlung hinter uns gelassen haben, passiert der mit einem doppelten Sechseck ausgewiesene Schanzenweg ein einzelnes Gebäude. Wenige Meter weiter lohnt sich rechts ein Abstecher zum **1 Möhrenblick**. Vor Ort erwartet uns eine überdimensionierte Rastbank mit Blick zur Hohen Möhr. Links davon reicht die Sicht über die Rheinebene bis zu den Südvogesen.

UNFREUNDLICHER BESUCH AUS FRANKREICH Zurück auf dem Wanderweg informiert als Nächstes eine Tafel über die Geschehnisse vom 14. Oktober 1702. Damals hatten 20 000 französische Soldaten von Hüningen bei Basel kommend den Rhein überquert. Als sie schon glaubten, ungehindert nach Osten marschieren zu können, gelang es den kaiserlichen Truppen unter dem badischen Markgrafen Ludwig Wilhelm, die Truppen des als Sonnenkönig bekannten Ludwig XIV. zurückzuschlagen. Vom Standort der Tafel lässt sich der Landstrich überblicken, in dem der Durchmarsch erfolgt wäre. Weiter geradeaus biegen wir beim Wegweiser Eck zum Wehratalblick ab.

WEHRATALBLICK UND LOCHMÜHLE Der nächste Abschnitt verläuft ebenfalls auf einer asphaltierten Wirtschaftsstraße durch eine

Tipp

SCHWARZWALDLINIEN

Zur Abwehr französischer Truppen entstanden unter der Leitung von Markgraf Ludwig Wilhelm von Baden-Baden, durch seine Verdienste bei den Türkenkriegen besser bekannt als Türkenlouis, im 17. Jahrhundert im Schwarzwald aus Erde und Holz errichtete Schanzen. Zusammen mit angrenzenden Verteidigungslinien bilden die Schwarzwaldlinien vom Hochrhein bis in die Kurpfalz nach Heidelberg ein über 200 km langes Verteidigungssystem. In Gersbach befand sich ein wichtiger Knotenpunkt zwischen der älteren Hinteren Schwarzwaldlinie und der jüngeren Vorderen Schwarzwaldlinie. Die Bezeichnung als Barockschanze rührt daher, dass der Barock zur Zeit ihrer Erbauung die vorherrschende Kunst- und Bauform im französischen Königreich war.

Damals dienten Türme der Verständigung zwischen den Schanzen.

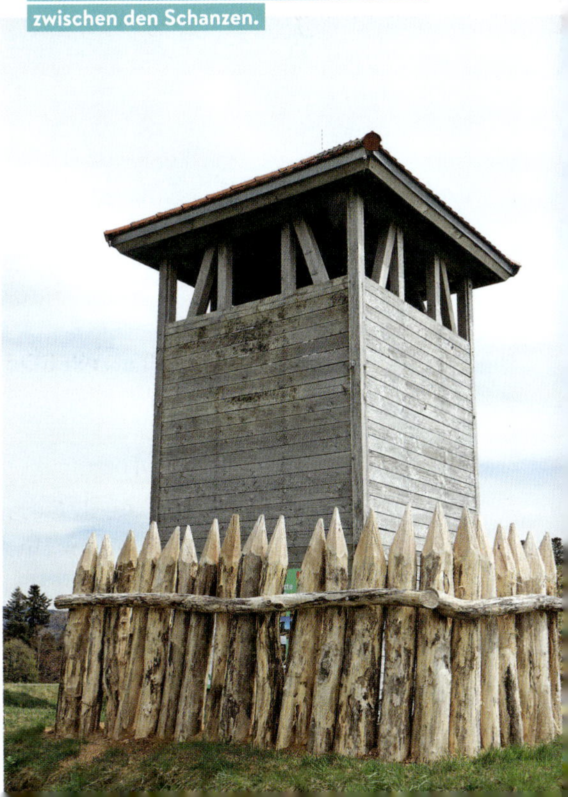

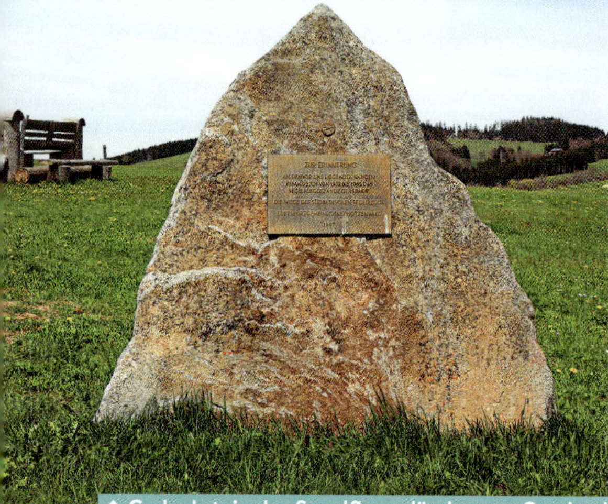

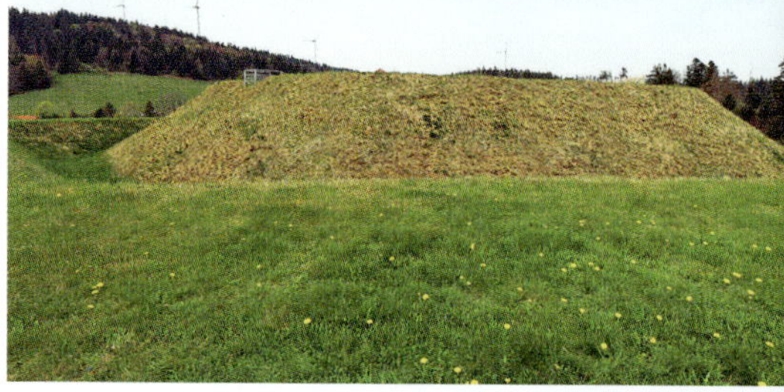

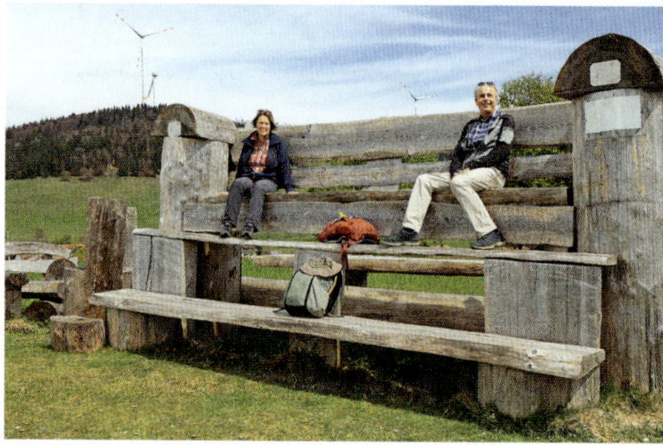

↑ Gedenkstein des Segelfluggeländes von Gersbach
↗ Die letzten Meter hoch zur Bardockschanze
→ Beim Hohe-Möhr-Blick lädt diese Bank zu einer frühen Rast ein.

heute liebliche Landschaft mit Wiesen und Gehölzinseln. Wir kommen also locker voran. Beim **2 Wehratalblick** biegen wir schließlich scharf rechts zur Lochmühle ab. Trotz des Namens bleibt uns der Blick auf die Wehra vergönnt. Vielmehr reicht die Sicht nach Osten über das tief eingeschnittene Tal hinweg zu den Höhen im Hotzenwald. Richtung Süden sind außerdem einige Kuppen des Juraparks und die Alpen zu sehen. Nach knapp 200 Metern zweigt der Wanderweg bei einem Gehölzstreifen links ab. In zunehmend nördlicher Richtung passieren wir zwei Aussiedlerhöfe, um bei der **3 Lochmühle** den Gersbach zu überqueren. Etwa geradeaus kreuzen wir als Nächstes die Kreisstraße und folgen dem Symbol des Schanzenwegs über den Wegweiser Sägholzwald steil bergan bis zum Waldrand. Wer den Anstieg etwas entschärfen will, kann alternativ beim Wegweiser rechts abbiegen und auf der Straße hoch an den Waldrand laufen. Bei einer Himmelsliege treffen beide Wege wieder zusammen.

GERSBACHER BAROCKSCHANZE Der weitere Aufstieg bis zur **4 Barockschanze** erfolgt erst entlang des Waldrands, dann in nördlicher Richtung über die Wiese. Nach unserer Arbeitskarte sollte der Zugang zur Schanze über die linke Seite erfolgen. Bei unserer Begehung führte der Wiesenpfad rechts um die Festung herum.
Bei der Anlage handelt es sich um den Nachbau einer Lünette, also einer Schanze mit zwei dem Angreifer zugewandten Seiten und zwei Flanken. Sie steht nicht weit entfernt von einer historisch belegten Gersbacher Schanze und veranschaulicht, wie verschiedene Abwehrmechanismen ineinandergreifen, um heranstürmende Feinde abzuwehren. Der Wach- oder auch Signalturm neben der Schanze soll darstellen, dass die vor allem im 17. Jahrhundert errichteten Schanzen untereinander Sichtkontakt hatten und damit die Verteidigungsmaßnahmen koordiniert werden konnten. Sowohl die Schanzenanlage als auch der Turm sind frei zugänglich.

AUF DEM PANORAMAWEG Nach der Besichtigung der Schanze geht es an der Sternwarte vorbei zum Sportplatz. Am Ende des Wegs besteht links die Möglichkeit, über die Ortsmitte zurück zum Ausgangspunkt zu wandern. Für die komplette Runde biegen wir indes rechts ab und halten uns bei der Gabelung links. Beim Wanderparkplatz wechselt der Schanzenweg dann links auf den Panoramaweg. Immer nahe dem Waldrand führt uns dieser an einer **5 Grillhütte** mit Brunnen vorbei. In Sichtweite des **6 Jugendheims** zweigen wir links ab, sodass wir die Unterkunft auf der Talseite passieren. Im Wald geht es anschließend über einen Pfad und mehrere Kehren hinunter zum Wegweiser Oberer Gersbach.

Ab dort nimmt der Schanzenweg zunächst Kurs auf Gersbach, biegt beim ersten Haus jedoch scharf rechts ab. Dieser letzte Abschnitt eröffnet uns eine eindrucksvolle Sicht zur gegenüberliegenden Hügelkette. Wer genau hinsieht, erkennt die Standorte, auf denen einst Barockschanzen die Einwohner vor feindlichen Überfällen schützten. Mit diesem Eindruck geht es wieder in den Ort zum Ausgangspunkt bei der **E Blockhütte Gersbach**.

INFO

TOURENCHARAKTER

Technisch anspruchslose Runde mit einigen schönen Aussichten. Unterhalb vom Jugendheim nutzt der Schanzenweg auf einem kurzen Abschnitt einen Waldpfad.

AUSGANGS-/ENDPUNKT

Blockhütte Gersbach
GPS 47.6992, 7.9222

ANFAHRT

ÖPNV: Ab dem Busbahnhof Schopfheim mit der Buslinie 7308 zur Haltestelle Gersbach Ebnet
Auto: Von der B 317 Lörrach–Todtnau bei Hausen im Wiesental nach Raitbach abbiegen. Anschließend der K 6339, im weiteren Verlauf der K 6352 bis zum Wanderparkplatz bei der Blockhütte von Gersbach folgen.

EINKEHR

Café zur Kräuterwirtin, Mi–Fr ab 15 Uhr, Sa und So ab 10 Uhr,
Tel. 07620/440,
www.cafezurkraeuterwirtin.com

INFORMATIONEN

Tourismus Gersbach,
Tel. 07620/227,
www.tourismus-gersbach.de

Leicht | 9,6 km | 310 Hm | 3.00 Std.

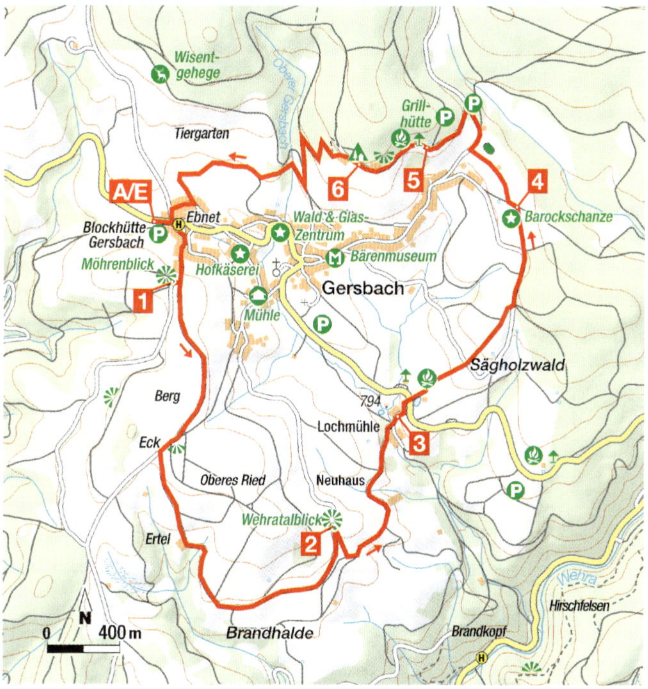

BANATER-SCHICKSALSWEG

Aufstieg von Herrischried zur Ödlandkapelle

Nach dem Ende der Türkenkriege waren weite Teile der damals zu Österreich gehörenden Pannonischen Tiefebene entvölkert. Zur Wiederbelebung des Banats wurden gezielt Familien aus Süddeutschland und Lothringen dort angesiedelt. In Herrischried erinnert der Banater-Schicksalsweg an sie.

4

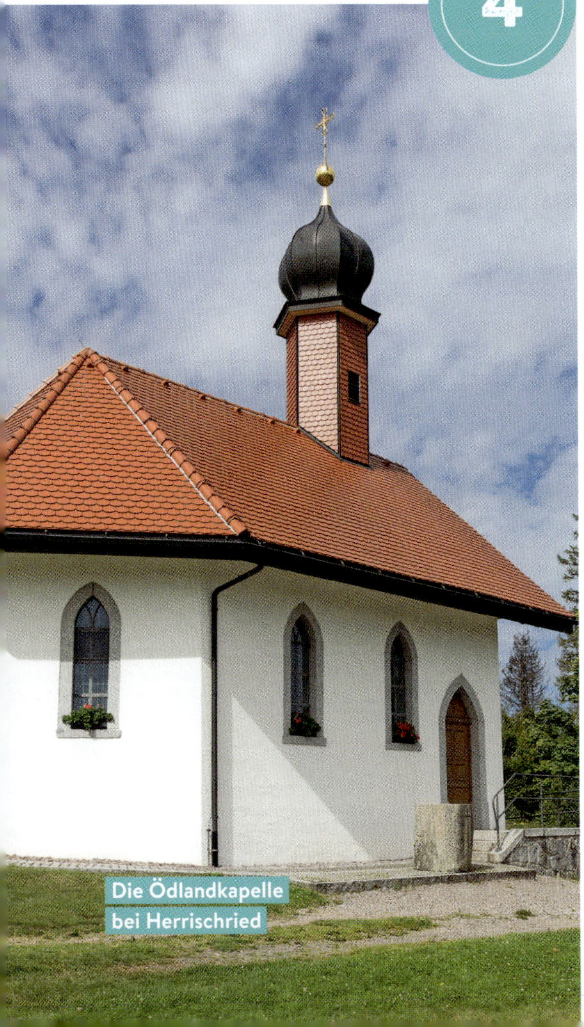

Die Ödlandkapelle bei Herrischried

VOM HOTZENWALD INS BANAT Ganz so weit ist unser Weg zum Glück nicht. Von der **A Ortsmitte in Herrischried** gönnen wir uns zunächst einen Abstecher zur **1 Pfarrkirche St. Zeno**. Dort finden wir den ersten von drei Steinen des Banater-Schicksalswegs. Auf ihm wird geschildert, warum im 18. Jahrhundert viele Bewohner den Hotzenwald verließen und den weiten Weg zum Banat, einer Region zwischen dem Mittellauf der Donau, der Theiss und Marosch, sowie den Ausläufern der Südkarpaten auf sich nahmen. Auch ein Blick ins Innere der Pfarrkirche lohnt sich.

ORTSNAMEN UND NIEDERGANG Zurück bei der Ortsmitte folgen wir anschließend dem Hotzenwaldquerweg durch die Sägestraße zur Gemeinschaftsschule. Dort finden wir den zweiten Stein. Auf ihm werden rund 200 Ortschaften genannt, die durch Deutsche im Banat gegründet wurden und welche den Landstrich 250 Jahre lang prägten. Wir bleiben noch auf dem Hotzenwaldquerweg bis zum Wegweiser mit der Höhenmarke 865 m. Geradeaus finden wir beim **2 Freizeitzentrum** den dritten Stein. Er berichtet vom bitteren Niedergang der deutschen Siedlungen im Banat. Nachdem 1944 einem Teil der Banater-Schwaben die Flucht in den Westen gelang, wurden 40 000 andere 1945 zur Zwangsarbeit in die Sowjetunion verschleppt. Weitere knapp 10 000 wurden ab 1951 durch die kommunistische Partei Rumäniens enteignet und in die Bărăgan-Steppe deportiert.

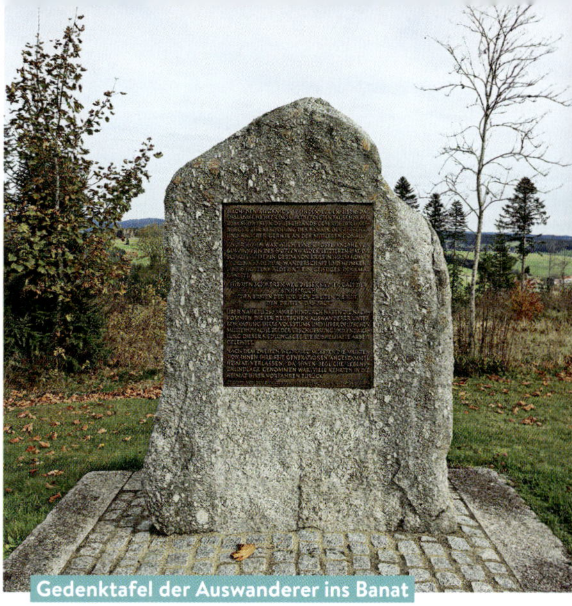
Gedenktafel der Auswanderer ins Banat

ÖDLANDHÜTTE UND -KAPELLE Am Ende der Straße biegen wir erst rechts, dann beim Wegweiser Stehle halblinks ab. 70 Meter weiter wechseln wir links auf den Grasweg hoch in den Wald. Mit der gelben Raute erfolgt der Aufstieg über die Ödlandhütte – dort scharf rechts – hinauf zur **3 Ödlandkapelle**. Ein vierter Stein gibt uns dort allgemeine Hintergründe zu den Banater-Schwaben. Auf der Kuppe mit der schmucken Kapelle finden wir einen schönen Rastplatz. Hier treffen wir außerdem wieder auf den Hotzenwaldquerweg. Auf ihm erfolgt der Rückweg über die Sägetanne bis hinunter zur Sägestraße sowie ab dort auf dem bereits bekannten Hinweg zur **E Ortsmitte in Herrischried**.

INFO

TOURENCHARAKTER

Der Aufstieg zur Ödlandkapelle kreuzt zwei Skihänge und erfolgt auf teils schlecht beschilderten Waldwegen.

AUSGANGS-/ENDPUNKT

Ortsmitte Herrischried
GPS 47.6661, 8.0010

ANFAHRT

ÖPNV: Ab Bad Säckingen und Todtmoos mit der Linie 7328 zur Bushaltestelle Herrischried, Rathaus
Auto: Von der B 34 in Bad Säckingen oder Laufenburg nach Rickenbach abbiegen, anschließend der Beschilderung nach Herrischried folgen. Die Anfahrt ist auch ab Wehr und Todtmoos gut möglich.

Mittel | 6,4 km | 250 Hm | 2.00 Std.

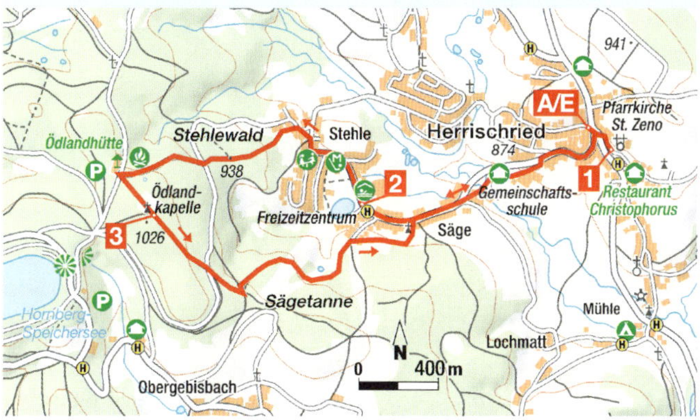

EINKEHR

Auf der Strecke keine, Rastmöglichkeiten bei der Kapelle und Ödlandhütte

INFORMATIONEN

Hotzenwald Tourismus,
Tel. 07764/92 00 40,
www.hotzenwald-schwarzwald.de

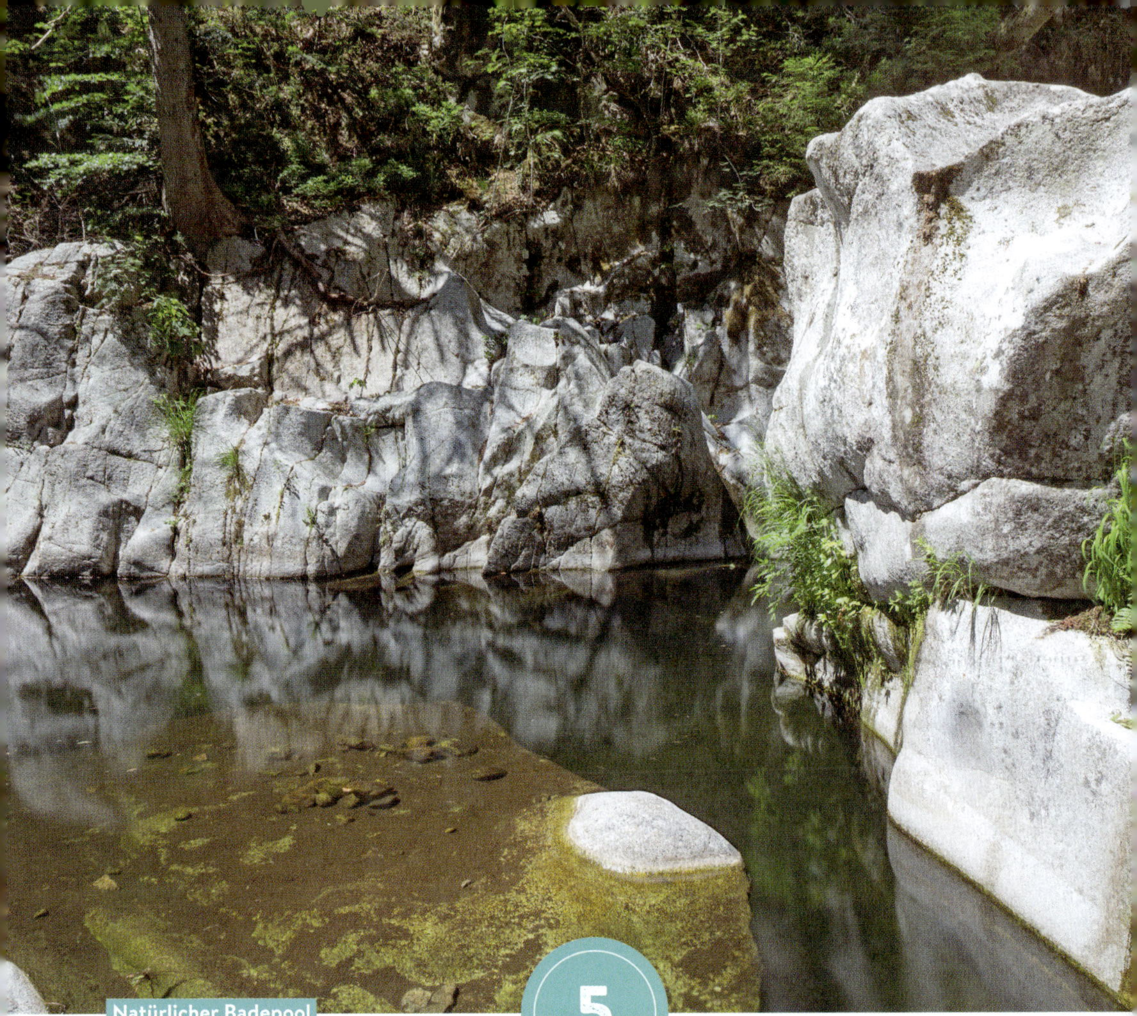

Natürlicher Badepool in der Teufelsküche

5

AB IN DIE TEUFELSKÜCHE

Von Wilfingen an die Hauensteiner Alb

Die Teufelsküche besitzt zwei unterschiedliche Gesichter. Nach der Schneeschmelze verwandelt sich die Alb oft in einen reißenden Wildfluss. An Sommertagen verführt dieser Abschnitt zum Baden. Sobald schwere Gewitter über dem Hotzenwald aufziehen, verlässt man diesen Bereich besser.

PROVIANT AUS DER REGIOBOX Auf der Tour zur Teufelsküche fehlen Einkehrmöglichkeiten. Bereits wenige Meter nach dem Start bei der **A Kirche von Wilfingen** lohnt sich daher ein Abstecher zum Hofladen des Bärenhofs. Dieser öffnet samstags um 9 Uhr und bietet frisches Holzofenbrot, Schinken und Speck, Käse und Honig sowie eine Auswahl edler Obstbrände. Außerhalb der Öffnungszeiten bedient man sich bei der RegioBox. Als Besonderheit wird diese während der Sommermonate mit Grillfleisch und Würstchen bestückt. Hoffen wir, dass diese Einrichtung Schule macht, sodass es bei spontanen Ausflügen leichter wird, den Rucksack mit Proviant zu füllen. Für die Wanderung biegen wir schließlich beim Gasthof Zur Teufelsküche in den Sägeweg ein und verlassen Wilfingen.

ABSTIEG ZUM ALBSTEIG Knapp 200 Meter weiter biegen wir beim Wegweiser Handacker links ab und folgen der gelben Raute über die Hochfläche in den nahen Wald.

Tipp

TEUFELSKÜCHE

Die Teufelsküche ist eine etwa 100 Meter lange Schlucht der Alb. Entstanden ist sie durch den Feldberggletscher, der bis nach Niedermühle reichte. Abfließendes Schmelzwasser hat die Albschlucht gebildet und große Strudellöcher aus dem Fels herausgearbeitet. Den zerklüfteten Felsengrund, die gewaltigen Felsblöcke und unheimlichen Tiefen hielten die Menschen einst für die Behausung des Teufels.

Dieser erste kurze Abschnitt ist windanfällig, eröffnet uns aber malerische Aussichten über artenreiche Wiesen zu den wenigen Häusern von Wilfingen. Bei klarer Luft sind im Süden über den Hochrhein hinweg einige Gipfel der Schweizer Alpenkette zu sehen. Anschließend laufen wir im Wald bei der

Mit natürlicher Kraft hat sich die Alb ins Gestein eingeschnitten.

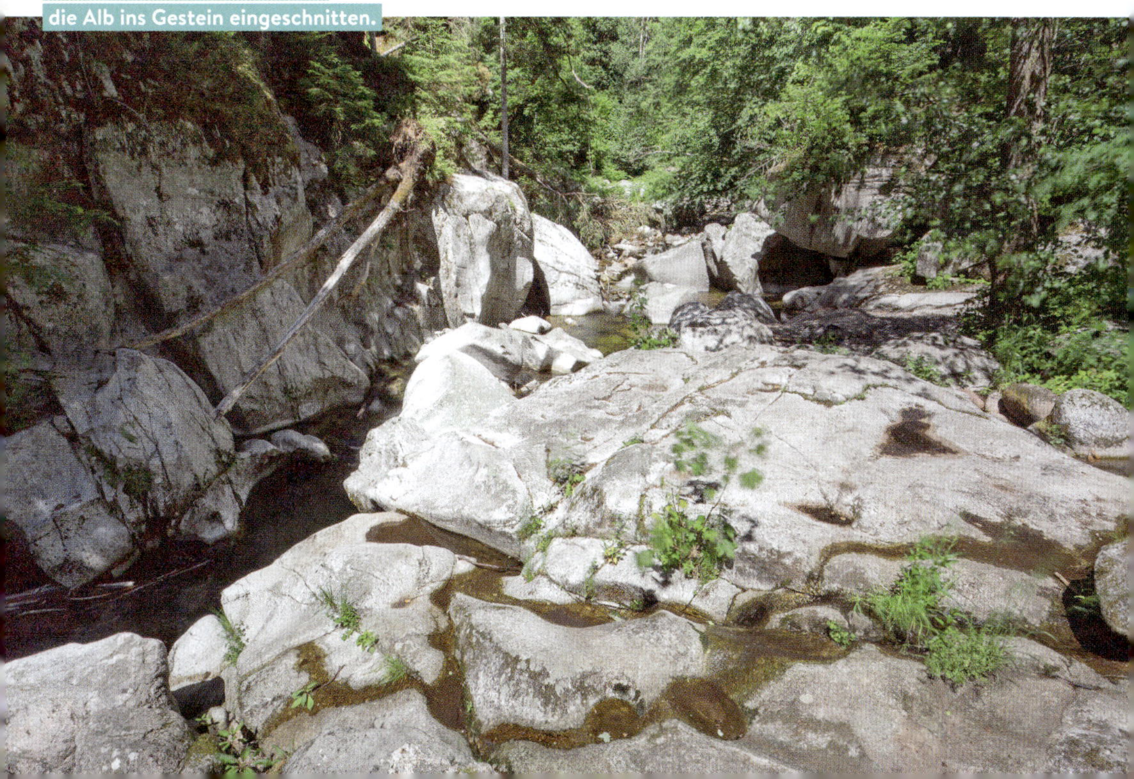

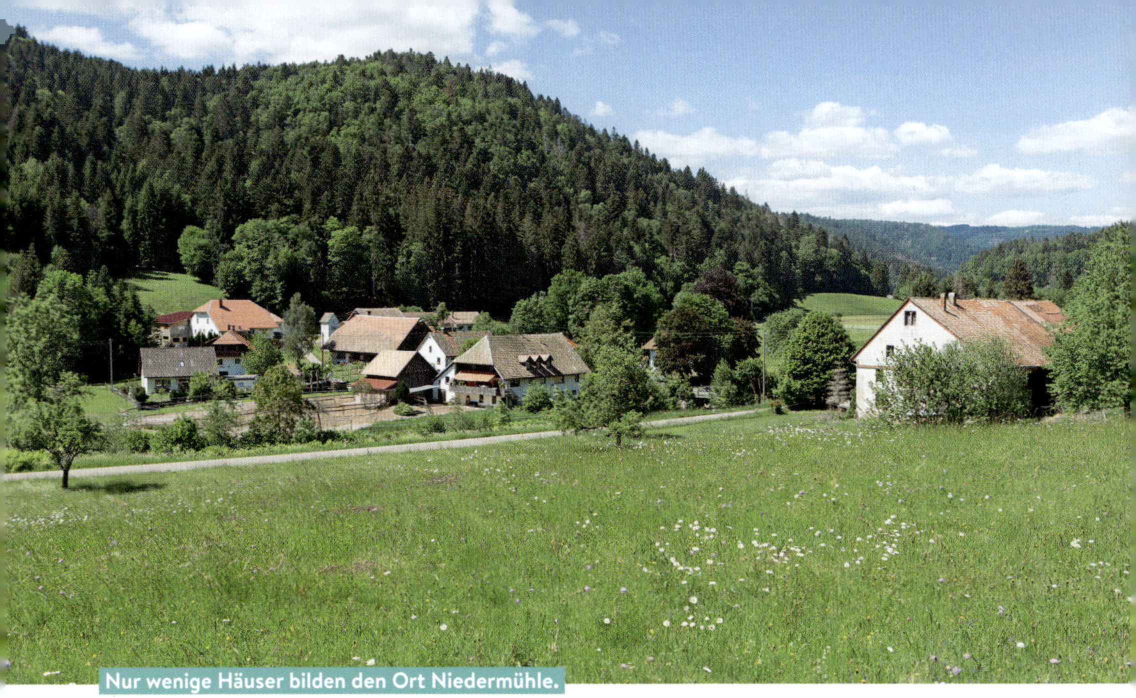

Nur wenige Häuser bilden den Ort Niedermühle.

Kreuzung **1 Alte Äcker** geradeaus und folgen den Wegmarkierungen hinunter zum Wegweiser **2 Erbsrütte**. Dort biegen wir links auf den Albsteig ein. Auf zunächst breitem Waldweg, dann rechts über einen mit Wurzeln überzogenen Pfad geht es zum **3 Rastplatz Teufelsküche** oberhalb der Alb.

DIE TEUFELSKÜCHE Im Umfeld des Rastplatzes führen mehrere Trampelpfade an die Geländekante zum Wildbach. Mit etwas Geschick lässt sich ein größerer Felsen links des Platzes erreichen. Ein sicherer Zugang zur Teufelsküche bleibt uns auf dieser Seite der Alb jedoch verwehrt. Nach ein paar Blicken aus der Vogelperspektive wandern wir also bald weiter über »Lochmatt« zum **4 Albsteg Wilfingen**. Vom Wegweiser an der Landstraße trennen uns um die 400 Meter bis zum Zugang zu einer kleinen Kieselbucht in der **5 Teufelsküche**. Der Weg dorthin verläuft entlang der schwach befahrenen Straße. Vor allem an sonnigen Sommertagen aber sollte man sich den Abstecher dorthin unbedingt gönnen. Denn was die Menschen einst für ein Werk des Teufels hielten, gleicht dann einer Oase. Einige abgerundete Felsen bilden eine tolle Kulisse für Erinnerungsfotos, während die kleinen Becken dazwischen zu einem romantischen Naturbad verführen. Hier ist es ein Leichtes, die Zeit zu vergessen. Allerdings ist das Wasser der Alb zu kalt für ein ausgedehntes Bad. So geht es dann alsbald wieder zurück zum Albsteg Wilfingen.

AUF STILLEN PFADEN DURCHS BANTLISLOCH Weiter geht es auf dem Albsteig. Dieser nutzt südlich der L 154 einen leicht zu übersehenden Pfad. Wer den Einstieg verpasst oder die Steigung entschärfen möchte, kann alternativ die Stiegstraße nutzen. 350 Meter nach der Kehre der Straße kreuzen sich Steig und Stieg nochmals. Ab dort folgen wir dem von Blau-, Him- und Brombeeren gesäumten Pfad bei geringen Höhenunterschieden bis zum Bantlisloch. Durch den Hangdruck bzw. kleinere Quellen vernässen mehrere Stellen des Pfads leicht. In der Regel sind diese aber gut zu meistern. Wo sich kurz der Blick nach Niedermühle öffnet, orientieren wir uns rechts und haben einen Steinwurf weiter das Bantlisloch erreicht.

Dort wenden wir uns erst nach links, halten uns aber sogleich wieder rechts, sodass wir auf dem Albsteig bleiben. Dieser steigt nochmals kurz an, senkt sich dann aber hinunter zum Ort Niedermühle.

ERLEN UND BUCHMÄTTLE Auf der Talsohle überqueren wir die Landstraße und die Alb. Dann trennen sich die Wege. Während der Albsteig als Nächstes nach Immeneich und Wolpadingen führt, biegen wir bei der **6 Ortsmitte von Niedermühle** links nach Wilfingen ab. Beim letzten Haus der Siedlung halten wir uns erst rechts, biegen dann aber noch vor dem Schuppen links ab. Der mit gelber Raute markierte Wanderweg trifft bald auf einen besser ausgebauten Forstweg, setzt sich leicht nach links versetzt fort und führt uns über »Erlen« und den Stelleweg wieder auf die offene Hochfläche. Wo wir den Wald nochmals streifen, treffen wir auf die Stellestraße. Links quert diese eine Waldinsel und schwenkt beim Rastplatz am **7 Cornelibrunnen** nach Süden. Je nach Wetterlage sehen wir im Süden nochmals die Schweizer Alpenkette. Ab dem Cornelibrunnen können wir schließlich den letzten Abschnitt über das Buchmättle zum lockeren Auslaufen nutzen bis wir wieder bei der **E Kirche von Wilfingen** ankommen.

INFO

TOURENCHARAKTER
Auf der Höhe breite und bequem zu laufende Wege wechseln mit Waldwegen und Pfaden auf dem Albsteig bzw. östlich der Alb ab. Der Zugang in die Teufelsküche erfordert Trittsicherheit.

AUSGANGS-/ENDPUNKT
Wilfingen, Gemeinde Dachsberg GPS 47.6682, 8.1029

ANFAHRT
ÖPNV: Ab dem Busbahnhof St. Blasien mit dem Linientaxi nach Niedermühle, Einstieg dann dort
Auto: Die Anfahrt erfolgt über die L154 Albbruck–St. Blasien. Bei Niedermühle rechts auf die K6529 abbiegen und der Straße nach Wilfingen folgen.

EINKEHR
Pizzeria im Gasthaus zur Teufelsküche und Hofladen Bärenhof in Wilfingen

INFORMATIONEN
FerienWelt Südschwarzwald, www.ferienwelt-suedschwarzwald.de

Mittel | 10 km | 400 Hm | 3.30 Std.

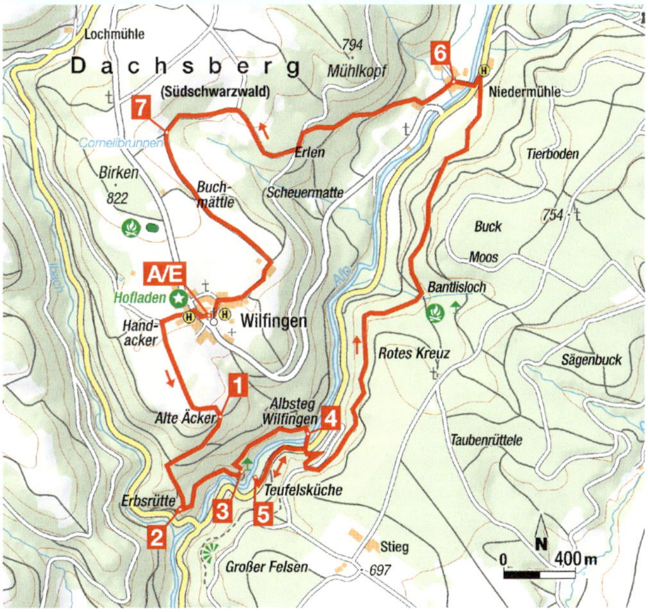

FELSKANZELN UND SILBERMINEN

Auf dem Dachsberger Bergbauwanderweg

Im Hotzenwald zeugen Verhaue und Pingen, der Ruprechtsgang und die Friedrich-August-Grube vom früheren Silbererzabbau. Der Dachsberger Bergbauwanderweg verbindet die Abbaustätten und gibt Einblicke in die Geschichte. Daneben besticht die Runde mit malerischen Fernsichten.

Kleine Baumlücken geben den Blick auf den Klosterweiher frei.

6

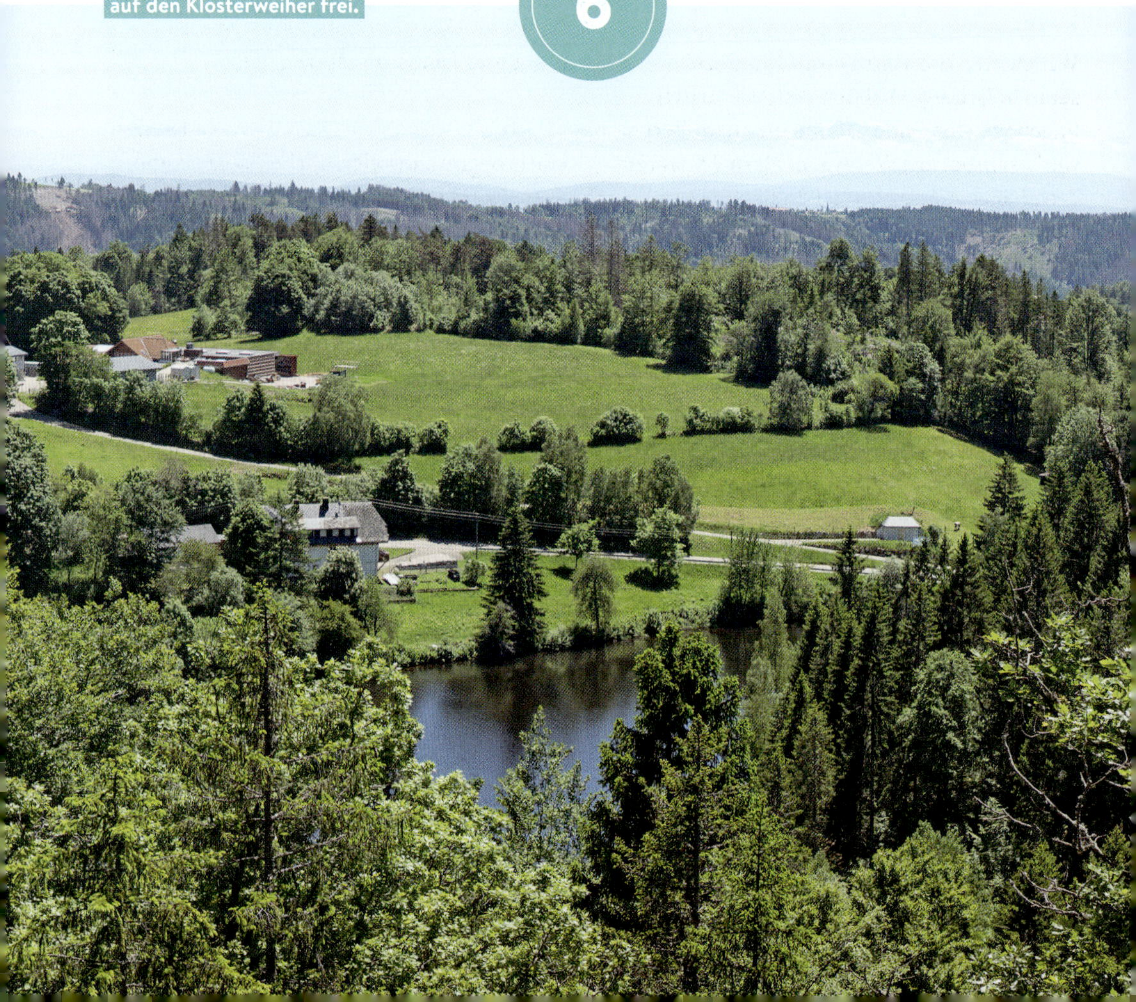

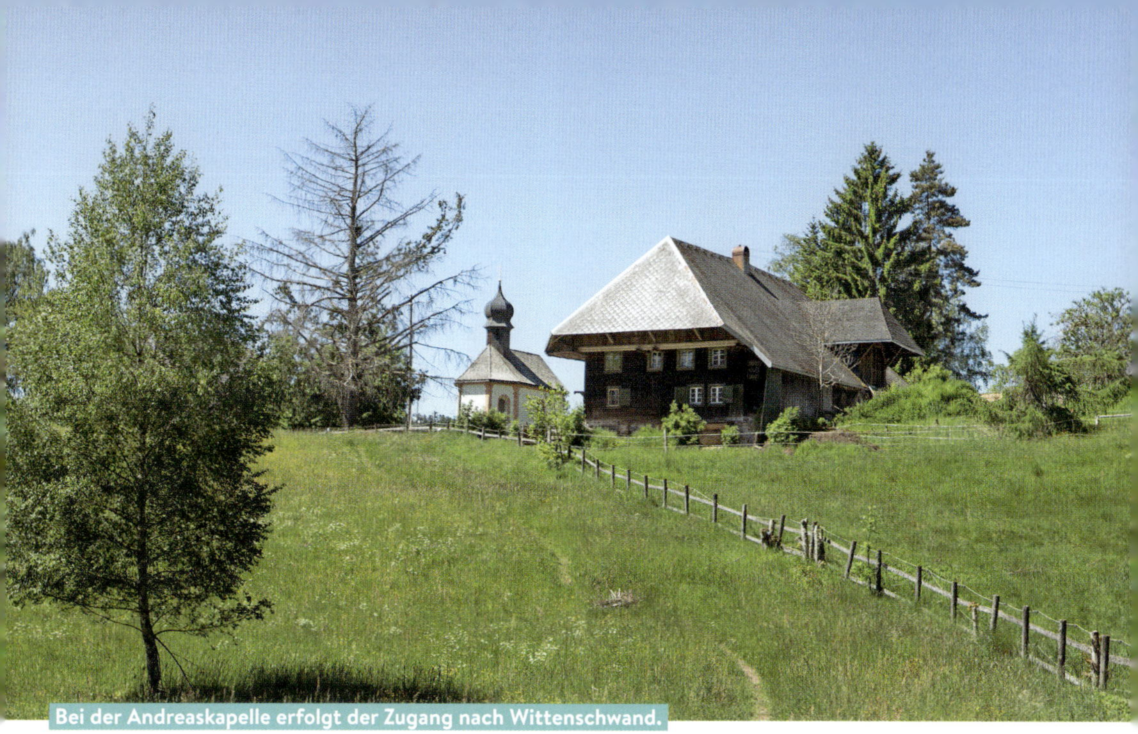

Bei der Andreaskapelle erfolgt der Zugang nach Wittenschwand.

ALPEN-PANORAMATAFEL ÜBER URBERG

Wir starten die Tour beim A **Mineralienmuseum in Urberg**. Auf den ersten Schritten folgen wir der gelben Raute und dem Bergwerkssymbol am 1 **Café im alten Engel** und dem Dorfbrunnen vorbei an den oberen Dorfrand. Dort biegen wir links in den Schaibenrainweg ab. Um auf dem Bergbauwanderweg zu bleiben, müssten wir uns bei der Gabelung links halten. Schöner ist es, zunächst noch kurz auf dem Schaibenrainweg zu bleiben, um dann rechts zur 2 **Urberger Panoramatafel** abzuzweigen. Oberhalb von Urberg eröffnet sich uns dort ein traumhaftes Alpenpanorama. Begrenzt wird dieses im Osten vom Säntis. Ab dort reiht sich ein Schweizer Gipfel an den nächsten bis hin zum meist nur schemenhaft zu erkennenden Mont Blanc im französisch-italienischen Grenzgebiet. Oberhalb der Tafel beschreibt der Pfad einen Bogen. Wir halten uns stets links, bis wir wieder auf den mit gelber Raute markierten Weg treffen. Sowie wir diesen gequert haben, geht es auf dem Waldweg zurück zum Bergbauwanderweg und über die Straße zu einer Infohütte mit Angaben zur Flora und Fauna im Hotzenwald.

AUF DEM BERGBAUWANDERWEG Bei der Hütte beginnt der eigentliche Themenrundweg. Dieser führt uns im Uhrzeigersinn zunächst an mehreren Infotafeln vorbei. Leider waren diese bei unserer Begehung teils verblichen, was das Studium erschwert. Wir erfahren aber dennoch einiges über die Suche nach wertvollen Erzen, die Anlage von Stollen und die hier eingesetzten Fördertechniken. Nachdem wir den 3 **Ruprechtsgang** passiert haben, lohnt sich rechts der Abstecher zu einem zugänglichen Flussspatgang. Als Besonderheit reicht dieser bis an die Erdoberfläche und ist bis auf wenige Schritte zugänglich.

ÜBER LAITHE NACH WITTENSCHWAND

Nach Informationen zum Rappenmünzbund – dieser bildete von 1403 bis 1584 ein heute länderübergreifendes Wirtschaftsgebiet – und zum Wetterschacht der bis 1987 betriebenen Grube Gottesehre mündet der Weg in die Straße. Rechts folgen wir dieser an den

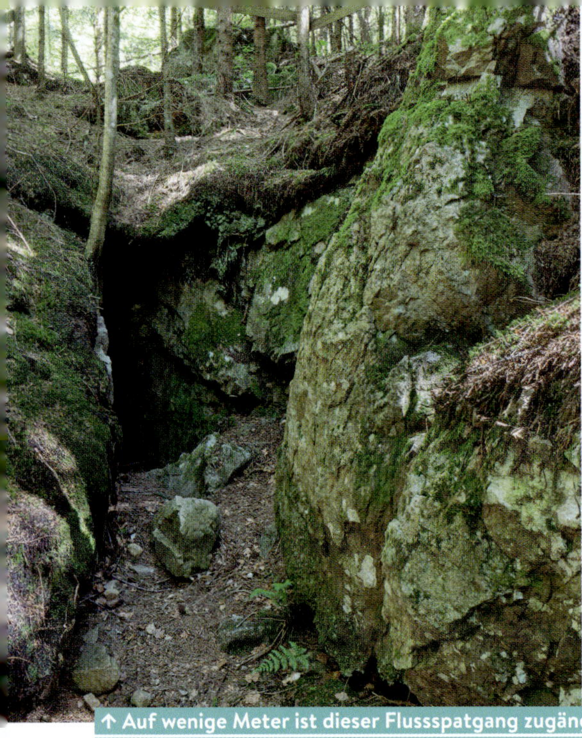

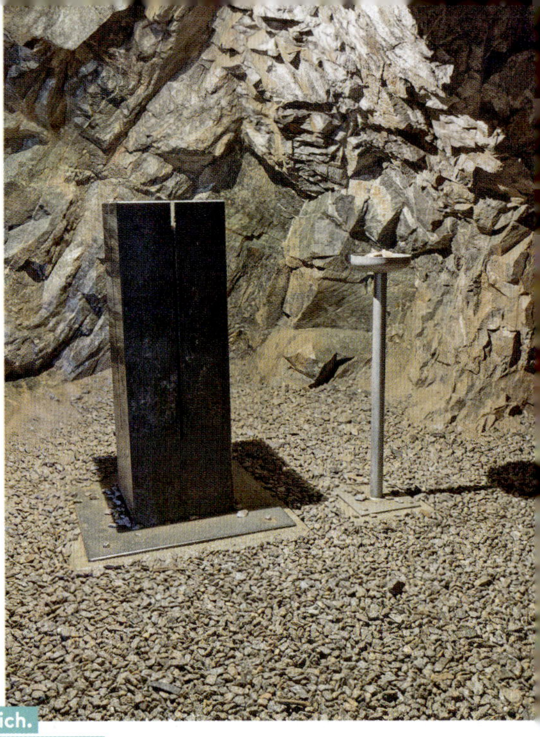

↑ Auf wenige Meter ist dieser Flussspatgang zugänglich.
↗ Klangstein im Erkundungsstollen der Friedrich-August-Grube

wenigen Häusern von Laithe vorbei. Nach einer weiteren Sicht zu den Alpen wechseln wir in der Kurve auf den Wiesenpfad. Rechts an einem Lesesteinriegel vorbei durchqueren wir ein Waldstück, bevor wir – wieder bergab – auf die von Schmalenberg kommende Straße treffen. Erneut rechts führt uns diese nach einer Passage am Waldrand zurück in den Wald. Wer die Runde abkürzen möchte, kann der nur wenig befahrenen Straße direkt zum Klosterweiher folgen. Von dort führt dann der Schluchtensteig links am Landgasthof vorbei zurück zum Bergbauwanderweg. Um auf dem Themenweg zu bleiben, wechseln wir nach wenigen Schritten im Wald links auf den Waldweg und orientieren uns beim nächsten Abzweig rechts. Gut 200 Meter weiter queren wir das Otlisbächle, um dann über eine Wiese hoch zur malerisch gelegenen 4 **Andreaskapelle** in Wittenschwand zu steigen.

Tipp

MINERALIENMUSEUM GOTTESEHRE

Der Bergbau ist im Hotzenwald seit dem frühen Mittelalter dokumentiert. Das Mineralienmuseum ist dem 1987 geschlossenen Fluss- und Schwerspatbergwerk Gottesehre gewidmet und beherbergt eine umfangreiche Mineraliensammlung. Fotografische Vergrößerungen ermöglichen, die Strukturen selbst kleinster Funde zu erkennen. Im Eingangsbereich veranschaulichen Tafeln die Arbeit der Bergleute. Das Museum ist ab Ostern bis November sowie in den Weihnachtsferien jeweils Do und So 14–16 Uhr geöffnet.

BESUCHERSTOLLEN DER FRIEDRICH-AUGUST-GRUBE Gegenüber der Kapelle nutzen wir die Kapellenstraße am Rathaus und dem Dachsberger Hof vorbei bis zum Wegweiser mit der Höhenmarke 945 Meter. Ab dort führt der Kreuzfelsenweg über den Wegweiser Am Kreuzfelsen sowie rechts auf dem Schluchtensteig zur **5 Kreuzfelsenhütte**. Oberhalb von Wittenschwand sehen wir uns erneut einem malerischen Alpenpanorama gegenüber. Wie bei Urberg hilft auch hier eine Panoramatafel, die einzelnen Gipfel zu bestimmen. Anschließend biegen wir beim Wegweiser **6 Friedrich-August-Grube** mit dem Schluchtensteig ab. Etwa 140 Meter weiter trennen sich die Wege: während der Schluchtensteig rechts zum Klosterweiher hinunterführt, nutzen wir links den Zugang zum Besucherstollen. Dabei handelt es sich um einen Erkundungsstollen, der für jedermann zugänglich ist.

RÜCKWEG ÜBERS BÜRGLE UND UMS HOHECK Nach dem Erlebnis unter Tage geht es auf steilem Pfad zum weiter nördlich verlaufenden Forstweg. Rechts passieren wir einen weiteren Aussichtspunkt mit Blick auf den Klosterweiher, ehe wir 300 Meter weiter rechts über den Naturlehrpfad zur **7 Horbacher-Moor-Hütte** absteigen und die Klosterweiherstraße kreuzen. Gleich darauf treffen wir wieder auf den Schluchtensteig, auf dem es links hoch zum **8 Aussichtspunkt Zum Bürgle** geht. Außer dem Panorama im Süden eröffnet uns die Anhöhe eine zweite Aussicht nach Norden zum Hochschwarzwald mit dem Feldbergmassiv. Anschließend umrundet der Bergbauweg das Hoheck. Hierfür folgen wir zunächst dem Schluchtensteig am eher unscheinbaren Feldbergblick vorbei bis Rüttewies. Von dort geht es mit der blauen Raute zum Wegweiser östlich des Hohecks, dann mit der gelben Raute zurück zur Infohütte. Der weitere Rückweg erfolgt auf teils bekanntem Weg, dann ebenfalls mit der gelben Raute bis nach Urberg zum **E Mineralienmuseum**.

INFO

TOURENCHARAKTER

Die Beschilderung des Bergbaupfads ist verbesserungswürdig. Mit etwas Orientierungssinn ist der Wegverlauf aber gut zu erkennen. Mehrere Felskanzeln bieten tolle Fernsichten.

AUSGANGS-/ENDPUNKT

Mineralienmuseum in Urberg
GPS 47.7344, 8.1259

ANFAHRT

ÖPNV: Ab St. Blasien bestehen Verbindungen zur Bushaltestelle Wittenschwand Kapelle direkt an der Strecke.
Auto: Von der L 150 St. Blasien–Todtmoos bei der Urberger Säge abbiegen und der Beschilderung nach Urberg folgen. Die Anfahrt ab dem Albtal ist möglich, jedoch sehr steil.

Mittel | 9,8 km | 350 Hm | 3.00/3.30 Std.

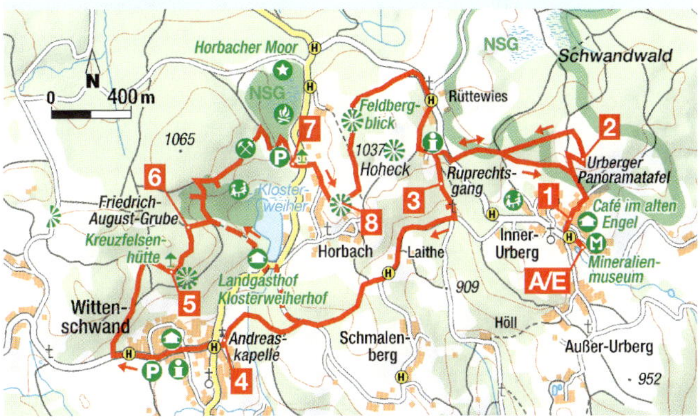

EINKEHR

Dachsberger Hof, Mo und Do ab 14:30 Uhr, Fr–So ab 8 Uhr, Tel. 07672/2647, www.dachsberger-hof.de

INFORMATIONEN

Touristinformation Dachsberg, Tel. 07672/990511, www.ferienwelt-suedschwarzwald.de

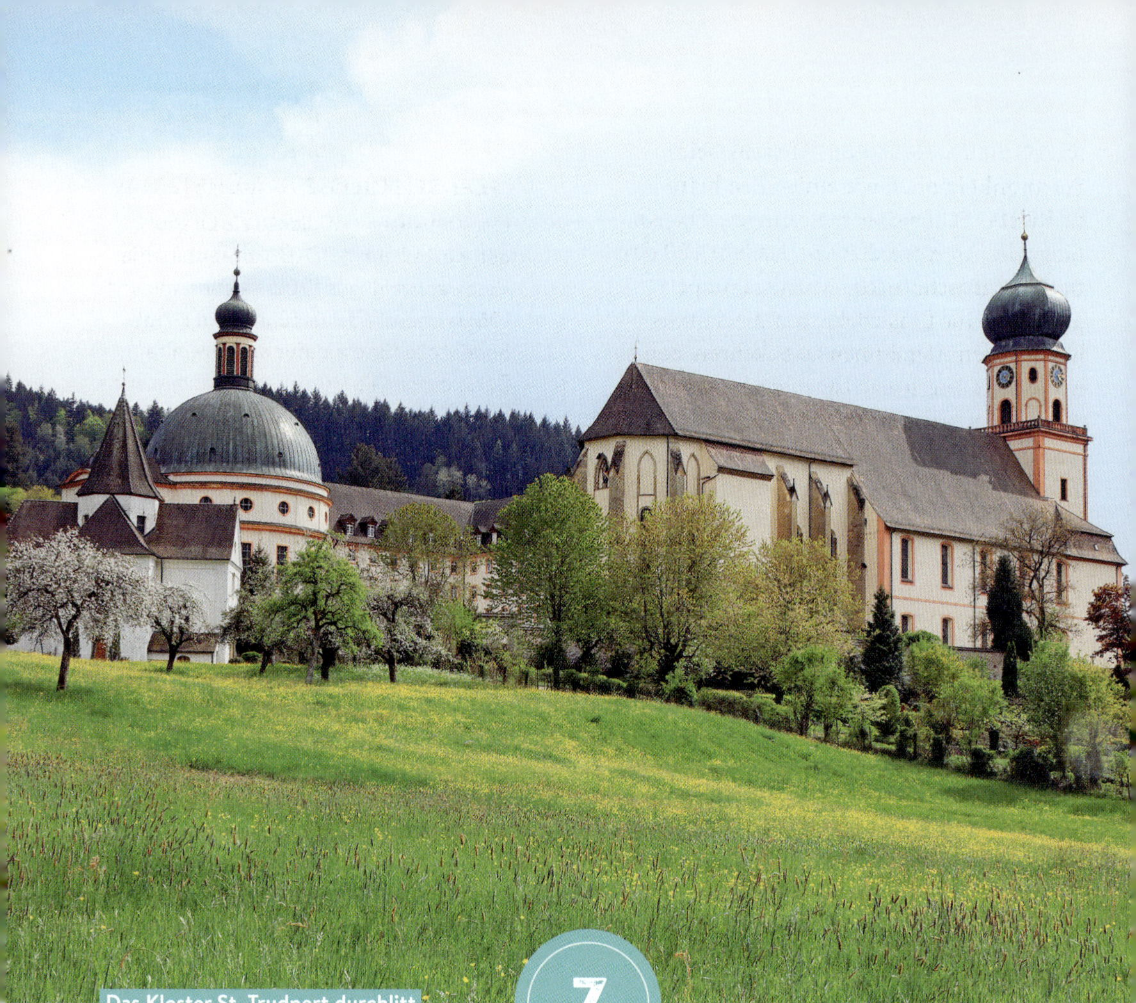

Das Kloster St. Trudpert durchlitt eine wechselhafte Geschichte.

7

HIMMEL UND HÖLLE IM MÜNSTERTAL

Vom Kloster St. Trudpert zum Teufelsgrund

So unterschiedlich der Titel dieser Tour klingen mag, so eng hängt im Münstertal beides miteinander zusammen. Denn erst der Bergbau förderte die Schätze zutage, welche den Bau des prunkvollen Klosters ermöglichten. Zwischen beiden passieren wir den bekannten Kaltwasserhof.

KLOSTER ST. TRUDPERT Bereits beim Startpunkt können wir einige Zeit beim **A Kloster St. Trudpert** verbringen. Die Anfänge der Abtei werden um das Jahr 600 datiert: der iroschottische Mönch Trudpert gründete eine Einsiedelei, um die damals heidnischen Alemannen zu bekehren. Seine Mission endete zunächst tragisch: Am 26. April 607 wurde der Mönch zum Märtyrer, als ihn zwei Knechte aus dem Elsass erschlugen. Es gelang jedoch, die Gebeine des Heiligen sicherzustellen und in das kleine Gebetshaus der Einsiedelei zu überführen. In der Folge suchten andere Einsiedler das Tal auf. Um das Jahr 815 erfolgte die Klostergründung durch Benediktinermönche aus dem heute Schweizerischen St. Gallen. Durch den Silberbergbau erleben die Stadt Münster wie auch das Kloster eine Blütezeit. Diese endet 1346, als die Stadt von den Freiburgern vollständig zerstört wird. Mit dem Ende des Silberbergbaus geht der Niedergang des Klosters einher. Nach Plünderungen im Bauernkrieg wird das Kloster samt der umliegenden Höfe im Dreißigjährigen Krieg durch Schwedische Truppen zerstört. Der Wiederaufbau erfolgt zu Beginn des 18. Jahrhunderts. Im Zuge der Säkularisation wird die Abtei 1806 aufgehoben, nach dem Ende des Ersten Weltkriegs aber mit dem Einzug der Schwestern vom Heiligen Josef zu Saint Marc bei Gueberschwihr im Elsass bis heute fortgeführt. Gäste sind willkommen.

VOM KLOSTER NACH MULDEN Für die Wanderung nehmen wir den Weg rechts der Hauptgebäude und biegen dann rechts in den Kirchweg ein. Wo dieser endet, biegen wir erneut rechts ab, sodass wir nahe der Landstraße zum Wegweiser Prestenberg kommen. Vom tiefsten Punkt der Runde geht es links durch die Lehngasse und über **1 Krämerles** zum Gufenbacher Grund sowie weiter in südlicher Richtung bis zum Wegweiser Neumühle

Tipp

FERNSEHKULISSE IM MÜNSTERTAL

Der Kaltwasserhof diente als Drehort der vierteiligen ARD-Dokumentarserie »Schwarzwaldhaus 1902 – Leben wie vor 100 Jahren«. Was verführerisch klingt, bedeutete für die dafür ausgewählte Berliner Familie Boro, zehn Wochen auf Strom, Heizung und fließendes Wasser zu verzichten. Was die Familie brauchte, musste sie eigenhändig herstellen oder sich mühsam ersparen. Zur harten Arbeit gesellen sich Schicksalsschläge wie eine verdorbene Ernte, erkrankte Kühe und ein medizinischer Notfall, welche der Familie alles abverlangen, sie aber zunehmend zusammenschweißen. Die Erstausstrahlung der Doku erfolgte im Dezember 2002. Von Ostern bis Ende Oktober kann der Kaltwasserhof an den Wochenenden besichtigt werden (www.schwarzwaldhaus-muenstertal.de).

Seitenaltar in der Pfarrkirche St. Trudpert

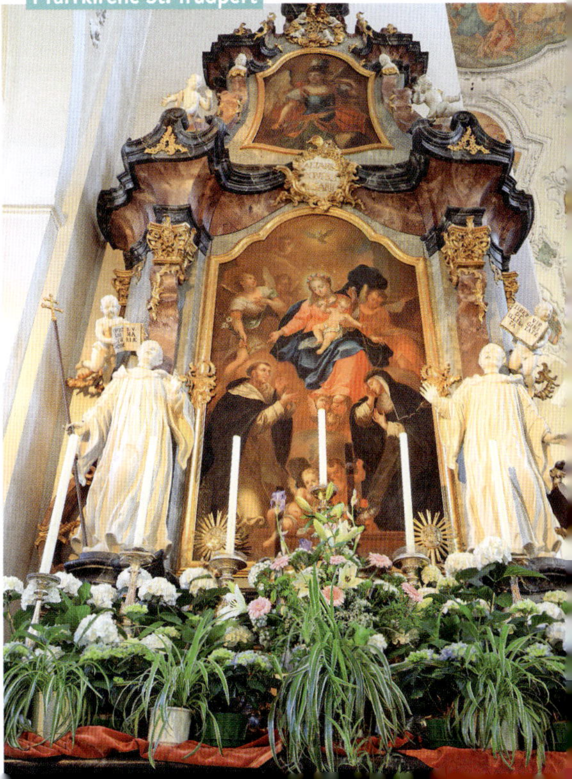

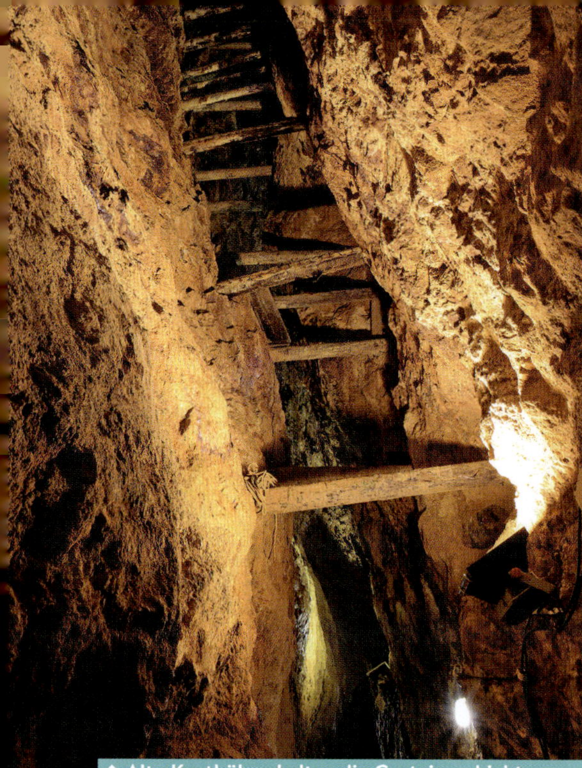

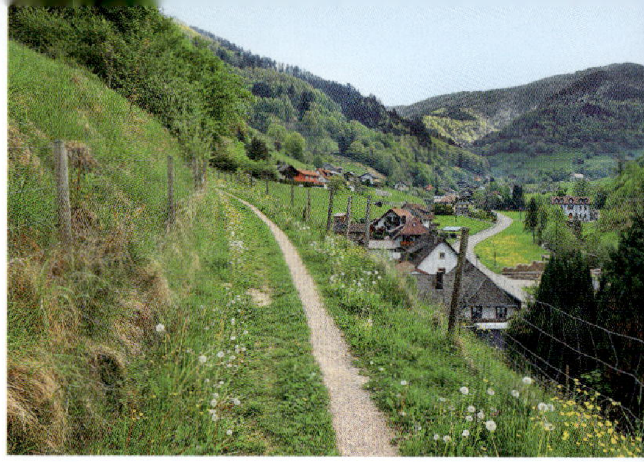

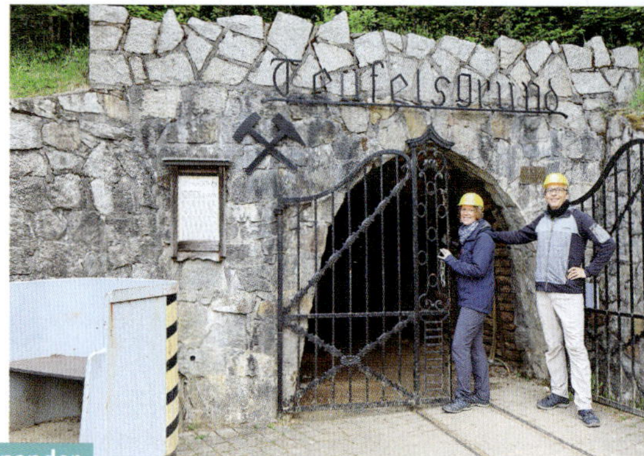

↑ Alte Kanthölzer halten die Gesteinsschichten auseinander.

↗ Wanderweg nach Mulden

→ Bereit für den Besuch des Bergwerks Teufelsgrund

Hochbehälter. Dort wechseln wir links auf den wasserdurchlässig befestigten Weg. Entlang dem Waldrand öffnet sich damit die Sicht über die Häuser von Mulden. Wo der Weg wieder in die Straße Am Eichwald übergeht, informiert eine Tafel über das Walzpochwerk im Gebäude auf der gegenüberliegenden Talseite. Bei der Ortsdurchfahrt von **2 Mulden** ist das Besuchsbergwerk geradeaus angeschrieben. Interessanter ist es, zunächst rechts, dann einen Steinwurf weiter links zum Kaltwasserhof abzubiegen.

IM KALTWASSERTAL Der nächste Abschnitt führt uns vom kleinen Ortskern ins Kaltwassertal zum **3 Glocknerhof**. Außerhalb der Öffnungszeiten des Hofladens findet man im Kühlschrank eine Auswahl an Kuh- und Ziegenkäse, Joghurt sowie auch Wurst, Salami und Speck. Weiter talaufwärts informieren zwei Schilder des Silberpfads über den Bergbau am Kaltwasser. So erfahren wir, was Kobolde mit der Giftgrube zu tun haben und passieren den heute zugewachsenen St. Annastollen. Einen halben Kilometer ab dem Glocknerhof überqueren wir den Bach und kommen links zum **4 Kaltwasserhof**. Der Hof bestand bereits 1760 und gilt als typisches Beispiel eines Münstertäler Schauinslandhauses. Die geringe Größe legt nahe, dass hier Tagelöhner lebten, welche die Landwirtschaft nur im Nebenerwerb betrieben. Berühmt wurde der Kaltwasserhof durch die preisgekrönte Fernsehserie »Schwarzwaldhaus 1902«.

BESUCHSBERGWERK TEUFELSGRUND

Ab dem Kaltwasserhof beschreibt der Silberpfad einen weiten Bogen ins Tal des Kaibengrundbachs. Am Wegrand passieren wir Informationstafeln über den Bergbau und den heute zugeschütteten Verhau des Schindler-Erzgangs. Am Wegende biegen wir links ab, bevor wir 50 Meter weiter rechts auf den Pfad zum **5 Bergwerk Teufelsgrund** wechseln. Das Bergwerk kann von April bis Oktober in Eigenregie besichtigt werden (Öffnungszeiten: www.besuchsbergwerk-teufelsgrund.de).

RUHIGER ÜBER DEN EICHBODEN Nach dem Bergwerksbesuch bietet sich eine Einkehr im Bergwerkstüble an. Ansonsten folgen wir der Beschilderung und gelben Raute zum **6 Eichboden**. Von dort geht es rechts weiter durch den Wald zur Hütte auf dem Münsterberg. Nach der freien Sichtachse zum Kloster und einer Passage am Waldrand haben wir auf dem letzten Abschnitt die Wahl: Um auf den vom Schwarzwaldverein beschilderten Wegen zu bleiben, biegen wir erst beim **7 Pfaffenbach** links ab. Wer etwas abkürzen möchte, kann schon vorher der örtlichen Beschilderung nach St. Trudpert folgen. Ab dem Wegweiser Kapellenmatten gelangen wir dann geradeaus über den Fußweg an der Landstraße oder links nochmal um das gesamte **E Kloster St. Trudpert** herum zurück zum Ausgangspunkt. Beide Varianten eröffnen reizvolle Ansichten der Klosteranlage.

INFO

TOURENCHARAKTER

Einfache und auch schon bald nach Regenfällen gut zu laufende Runde auf breiten Wegen und Fahrwegen. Die Variante nutzt einen örtlich beschilderten Waldpfad. Warme Sachen für den Besuch im Bergwerk mitnehmen (6 °C).

AUSGANGS-/ENDPUNKT

Kloster St. Trudpert in Münstertal
GPS 47.8642, 7.8027

ANFAHRT

ÖPNV: Ab dem Bahnhof Münstertal zur Haltestelle Münstertal St. Trudpert
Auto: Von der A5 Basel–Freiburg bei der Ausfahrt 64a nach Bad Krozingen abfahren, weiter über die L120 und L123 bis zum Kloster St. Trudpert

EINKEHR

Bergwerkstüble, Di–So ab 11 Uhr, Tel. 07636/7177, www.bergwerkstueble.de; Café Gasthaus zum Kreuz beim Kloster

INFORMATIONEN

Touristinformation Münstertal, Tel. 07636/70730, www.muenstertal-staufen.de

Leicht | 13,6 km | 480 Hm | 4.00/4.30 Std.

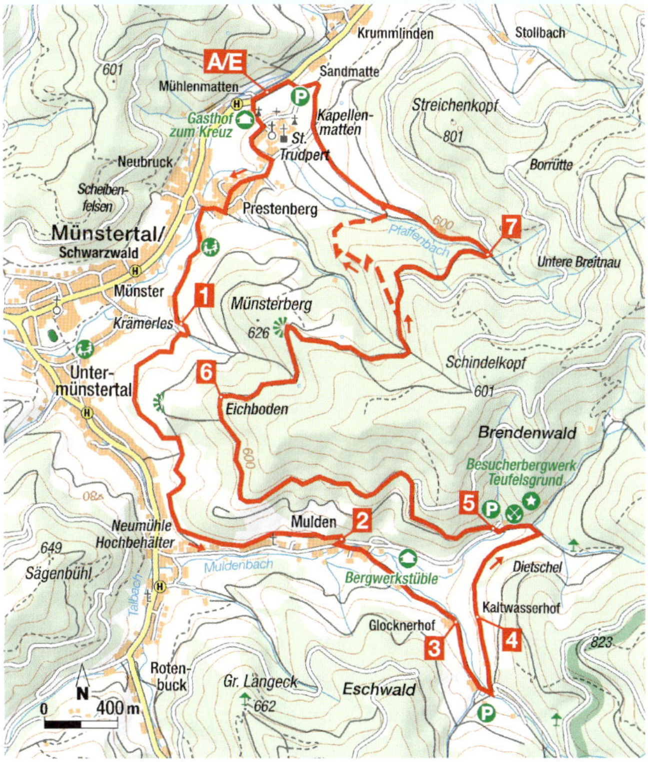

AUF DEM BELCHENSTEIG

Einstieg beim Wiedener Eck

Mit Hilfe des Schwarzwälder Belchens bestimmten die Kelten einst die Jahreszeiten. Heute ist er durch seine leicht isolierte Lage im Südwesten ein beliebtes Ausflugsziel. Dennoch erleben Wanderer auf dem Belchensteig eine in weiten Teilen ruhige Wanderung.

8

Malerischer Blick über das Kleine Wiesental und zu den Alpen

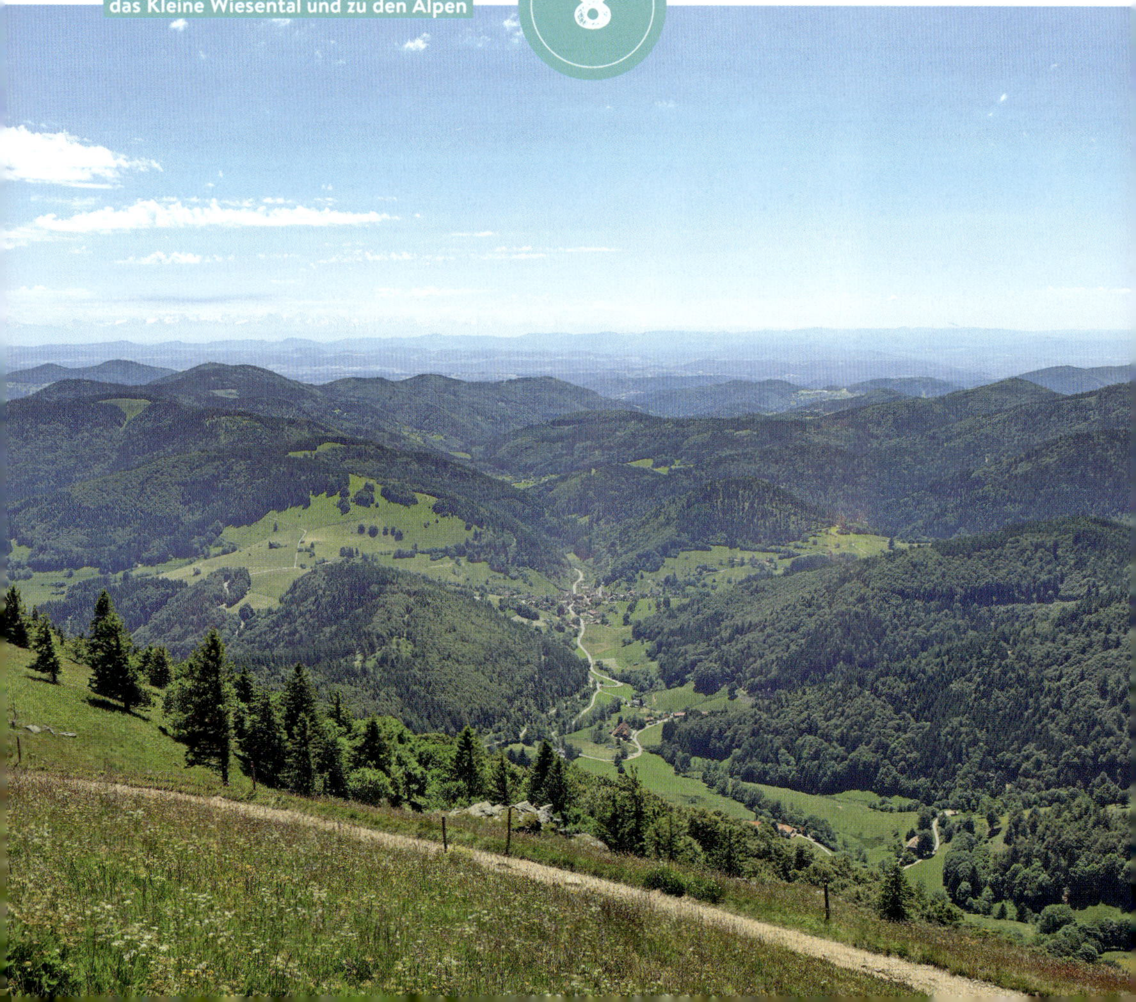

ÜBER DEM WIEDENER TAL Auf der Passhöhe **A Wiedener Eck** herrscht ein ständiges Kommen und Gehen. Viele bleiben nur kurz, um von der Anhöhe aus den Blick über das Wiedener Tal schweifen zu lassen. Andere gönnen sich eine Auszeit im Berghotel Wiedener Eck. Für Westwegwanderer befindet sich hier das Etappenziel zwischen der 11. und 12. Etappe der westlichen Variante des Fernwanderwegs. Auf diesem werden wir später hierher zurückkehren. Wir laufen den Belchensteig also im Uhrzeigersinn, womit wir der blauen Raute in Richtung Lückle folgen. In südlicher Richtung blicken wir bald auf die Kreisstraße nach Multen hinab. Am Kurhotel Gut Lilienfein vorbei queren wir einen ersten Waldstreifen und erreichen kurz vor der Talstation des Skilifts den **1 Belchensteig-Rastplatz**. Auch wenn wir erst ein paar Minuten unterwegs sind, lohnt es sich, innezuhalten und den aufgestellten Rahmen für ein Erinnerungsfoto samt Feldberg in der Ferne zu nutzen.

DURCH DAS HINTERGRUNDBACHTAL NACH MULTEN Anschließend geht es weiter durch den Wald und über eine zweite Schneise sowie dem Holzplatz zum **2 Lückle**. Auf der Anhöhe kreuzt der Belchensteig die wenig befahrene Kreisstraße. Zunächst weiter in südlicher Richtung kommen wir bald in das von Wiesen geprägte Tal des Hintergrundbachs. Wo der Steig nach Westen schwenkt, lädt eine weitere Rastbank zum Landschaftgenießen ein. Dann wechseln wir die Talseite und gelangen über die Wegweiser **3 Eckle** (dort links) und oberhalb Dietschelbach (links) nach **4 Multen**. Beim Gasthof Belchen-Multen ist ab 11:45 Uhr eine erste Einkehr möglich.

AUFSTIEG ZUM BELCHENHAUS Bei Multen queren wir die Landstraße und folgen der Beschilderung sowie der gelben Raute über die Wegweiser Abzweig Multen und Abzweig

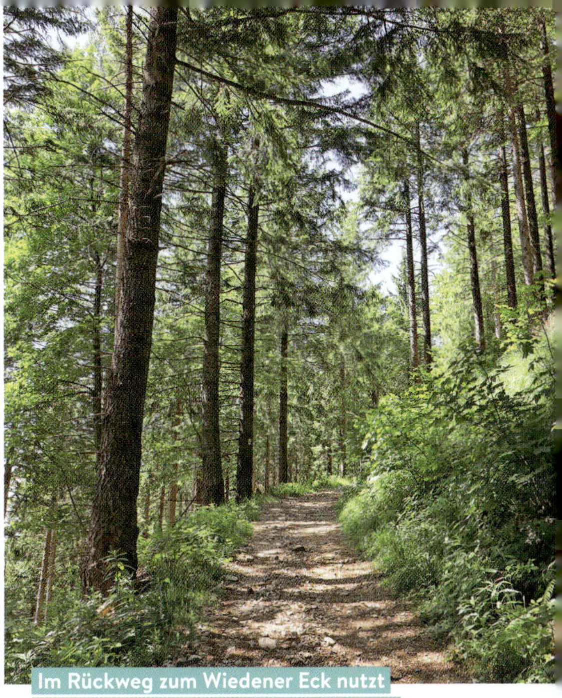

Im Rückweg zum Wiedener Eck nutzt der Belchensteig schattige Waldwege.

Tipp

BELCHENSYSTEM

Das Belchensystem wird von fünf Bergen gebildet: der Elsässer Belchen im Westen, der Schwarzwälder Belchen im Osten und der Schweizer Belchenflue im Südosten bilden ein annähernd rechtwinkliges Dreieck. Der Große und der Kleine Belchen befinden sich nördlich davon. Es wird davon ausgegangen, dass die Kelten die Stellung der Berge als Sonnenkalender nutzten. Vom Elsässer Belchen aus gesehen geht die Sonne am Frühlings- und Herbstanfang über dem Schwarzwälder Belchen auf, im Winter über der Belchenflue und im Sommer über dem Kleinen Belchen. Der Tanz in den Mai hat einen ebenfalls keltischen Ursprung: Am 1. Mai geht die Sonne über dem Großen Belchen auf. Vom Schwarzwälder Belchen aus sehen wir die Sonne am Frühlings- und Herbstanfang hinter dem Elsässer Belchen untergehen.

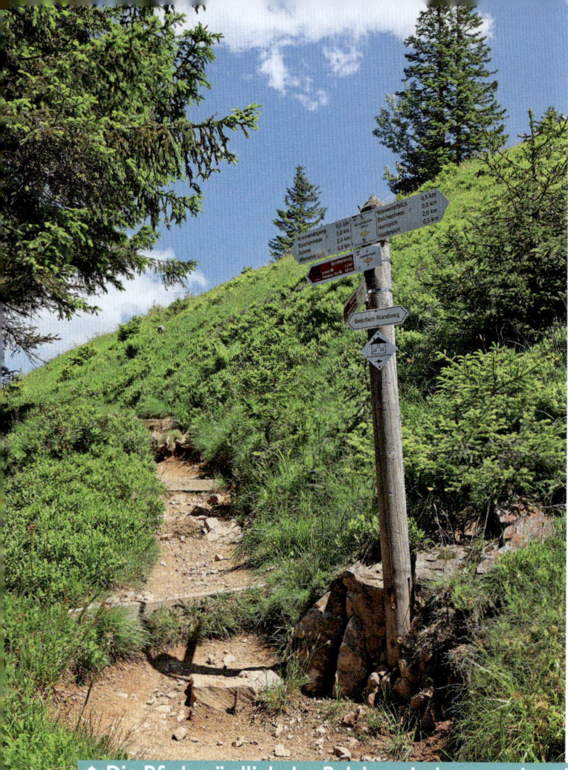

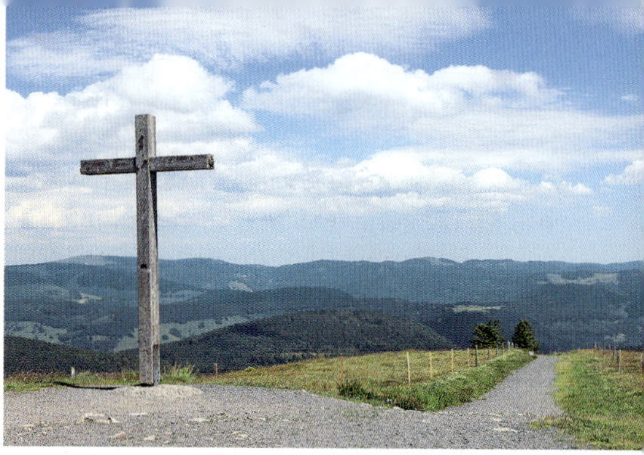

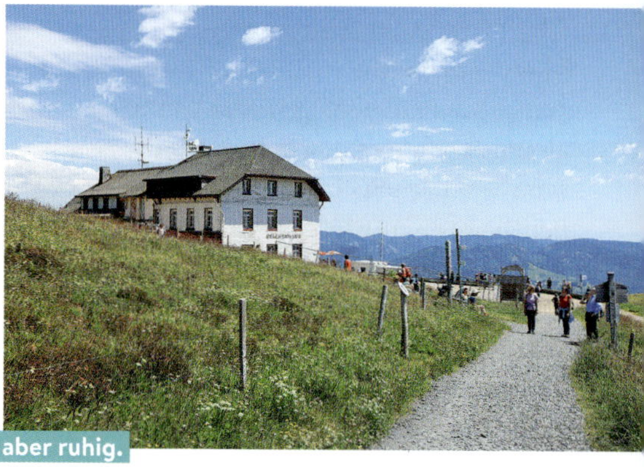

↑ Die Pfade nördlich des Belchen sind anspruchsvoll, aber ruhig.

↗ Aussicht vom Belchen zum Feldbergmassiv

→ Blick zurück zum Belchenhaus

Stuhlsebene bergan zur **5 Talstation der Belchenbahn**. Innerhalb von vier Minuten ist es möglich, mit einer der gelben Gondeln hoch zur Bergstation zu schweben. Wer das Angebot nutzt, spart 263 Höhenmeter ein. Als Belchensteig-Wanderer unterqueren wir indes die Seilbahn nahe der Talstation.

Der Aufstieg erfolgt über die Donauwellenabfahrt zwischen zwei Wäldern hindurch. Nachdem wir die Seilbahn ein zweites Mal unterquert haben, kreuzt der Steig die Belchenstraße. Seit Eröffnung der Belchenbahn im Dezember 2001 ist diese für Pkws gesperrt, sodass wir allenfalls auf Radfahrer achten müssen. Zugleich bietet uns die Straße eine leichtere Variante für den weiteren Aufstieg. Reizvoller ist der von Blaubeeren gesäumte Belchensteig. Mit mehreren Kehren besitzt dieser alpinen Charakter und bietet eine zunehmend bessere Fernsicht. Spätestens beim **6 Belchenhaus** wird es dann um uns herum deutlich lebhafter. Neben Radfahrern und den Spaziergängern der Belchenstraße treffen wir dort auf die Gäste der Belchenbahn.

GIPFELGLÜCK MIT FERNSICHT Der anschließende Aufstieg auf den **7 Belchengipfel** erfolgt über die Südwestseite des Bergs und bietet schöne Aussichten erst nach Süden über das Wiesental und Neuenweg zum Hochblauen, dann nach Westen zum Münstertal. Oben angelangt rückt erneut das Feldbergmassiv ins Blickfeld. In der Ferne sind außerdem die Schweizer Alpen, der Jura und die Vogesen zu erkennen. Insbesondere bei Inversionswetterlagen, wenn auf dem Berg die Sonne scheint, während die Täler im Hochnebel verborgen sind, verwandelt sich der Belchen in einen Paradeaussichtsberg. Beim Bestimmen der vielen nahen und fernen Gipfel hilft das Belchenvisier. Daneben erfreuen uns einige seltene Pflanzen, die hier oben für sie geeignete Bedingungen finden. Neben Heidekraut und Glockenblumen blühen verschiedene Knabenkräuter, Teufelskrallen und Witwenblumen auf den geschützten Wiesen.

RÜCKWEG AUF DEM WESTWEG Vom Gipfel erfolgt der Abstieg nach Norden zum **8 Münstertalblick**, wo wir rechts auf einen ruhigeren Pfad abbiegen. Vor Ort wird vor alpinen Gefahren gewarnt. Über die Nordseite des Belchens kommen wir zum Krinnenabgang. Dort biegen wir links auf den mit roter Raute gekennzeichneten Westweg ein. Bis zum Ende der Tour teilt sich der Belchensteig mit dem Fernwanderweg die Route. Auf den nächsten Metern passieren wir mehrere Totholzinseln und weitere Aussichtspunkte sowie auch zumindest eine Rastmöglichkeit. Bei der **9 Krinne** bietet der Belchensteig eine Variante an. Auf dieser ginge es rechts an der Krinnenhütte vorbei, dann erneut rechts zurück zur 1,5 Kilometer entfernten Talstation der Belchenbahn. Wir orientieren uns also links und wandern über die Westseite vom Heidstein – dort geben die Bäume ein letztes Mal den Blick zum Hochblauen frei – sowie über den Wegweiser Am Heidstein zurück zum **E Wiedener Eck**.

INFO

TOURENCHARAKTER

In weiten Teilen ruhige Strecke auf Waldwegen und Pfaden, die auf kurzen Abschnitten etwas Trittsicherheit erfordern. Der lange Anstieg auf den Belchen geht mit tollen Fernsichten einher. Schattiger Rückweg

AUSGANGS-/ENDPUNKT

Passhöhe Wiedener Eck
GPS 47.8450, 7.8668

ANFAHRT

ÖPNV: Ab Schopfheim und Todtnau mit der Linie 7300 bis Abzweig Aitern, weiter mit der Linie 7306 bis zur Haltestelle Wiedener Eck. Auto: Von der B 317 Schopfheim–Todtnau bei Utzenfeld nach Wieden auf die L123 abfahren. Der Landstraße bis auf die Passhöhe folgen. Alternativ erfolgt die Anfahrt von Westen über Staufen und Münstertal.

EINKEHR

Restaurant Belchen-Mulchen, Jägerstüble, Belchenhaus

Schwer | 15 km | 680 Hm | 5.00/6.00 Std.

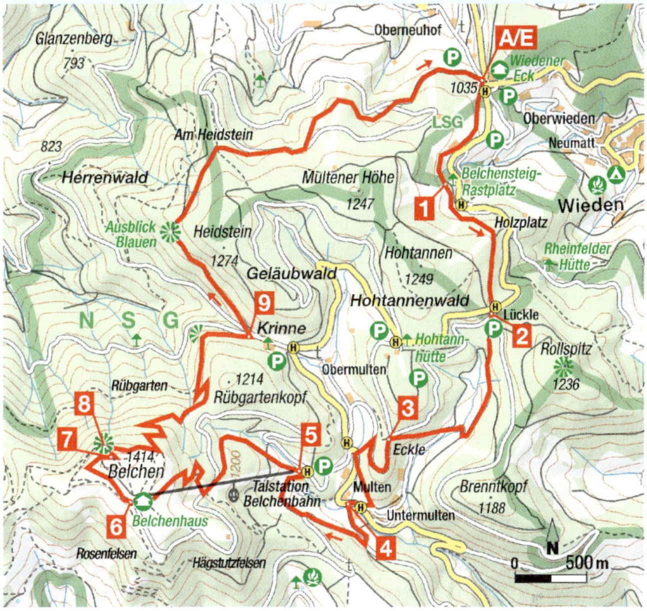

INFORMATIONEN

Touristinfo Wieden, Tel. 07673/303, www.schwarzwaldregion-belchen.de

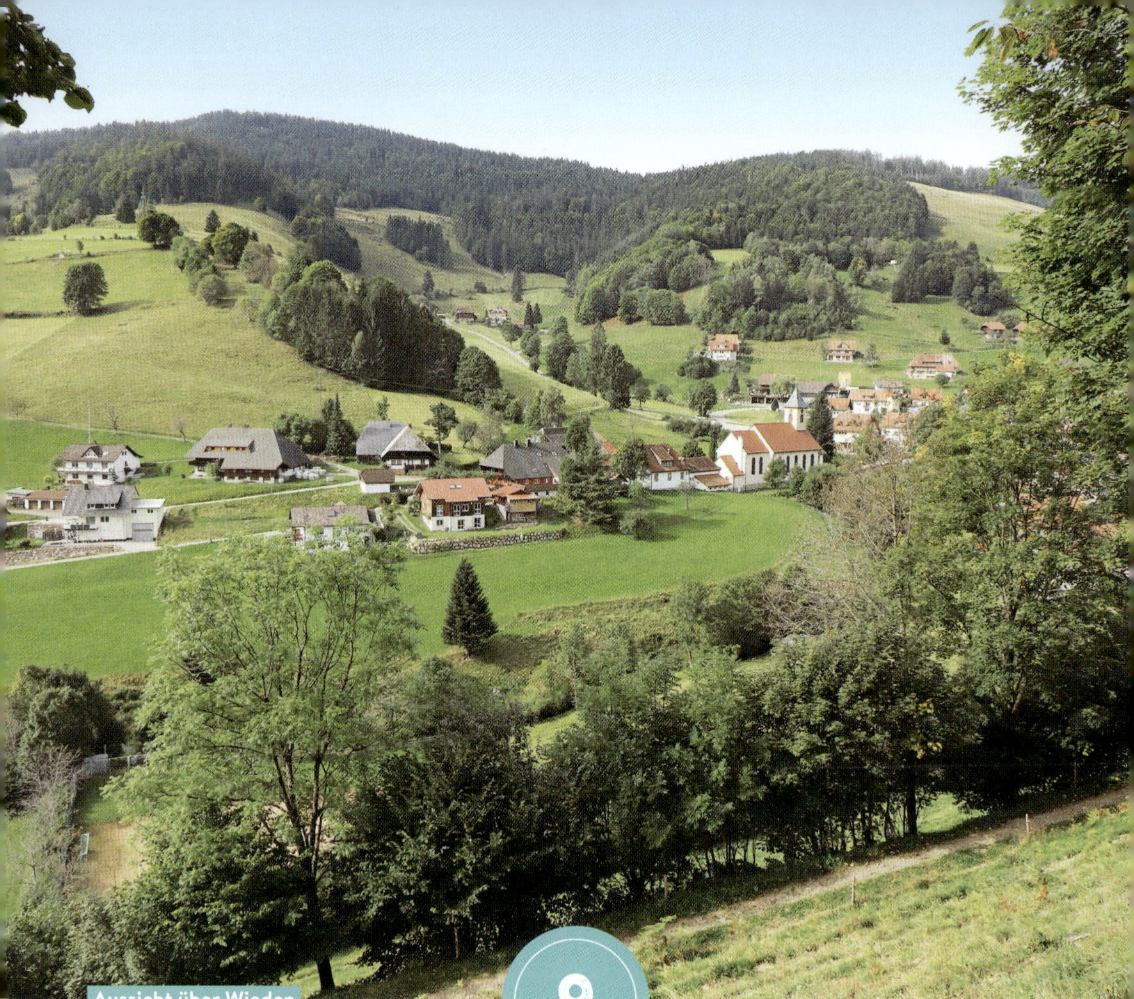

Aussicht über Wieden zum 1249 m hohen Hohtannen

9

BERGBAU VERSUS KIRCHWEG

Alte Wege im Wiedener Tal

Östlich vom Belchen bildet das Wiedener Tal einen idyllischen Landstrich. Im ersten Teil der Runde führt uns der Bergbaupfad zum Finstergrund. Unterhalb der Königshütte nutzen wir eine Verbindung zum Alten Kirchweg. Wieder bergan führt dieser an der Lourdesgrotte vorbei nach Wieden.

GEPLATZTER TRAUM VOM REICHTUM

Der erste Abschnitt der Wanderung führt von der A **Touristinfo Wieden** hinunter zum Spitzdobel. Nahe dem Ausgangspunkt ist die Station 1 des Bergbaupfads dem Wiedener Kleinbertschi und seinem Sohn Erni gewidmet. Ihre Geschichte beweist, dass auch im 14. Jahrhundert Fehlinvestitionen im Bergbau eine ganze Familie in den Ruin treiben konnten. So warf die von ihnen betriebene Silbergrube im Böllener Tal nur wenig Ertrag ab, während Bergknechte und Geräte bezahlt werden mussten. Schließlich musste der Hof verpfändet werden.

Laut der Beschilderung geht es mit der gelben Raute auf der Ortsstraße an der Grundschule vorbei. Schöner wird der Einstieg, wenn wir vor der Schule rechts den Schlenker durch den Park mitnehmen und erst nach der Schule die Ortsdurchfahrt kreuzen. Nachdem wir Wieden über die Straße Erbsengarten verlassen haben, halten wir uns bei der Gabelung rechts. Unterhalb des Friedhofs eröffnet uns der Spitzdobelrundweg erste Aussichten über das Wiedener Tal.

EINBLICK IN DIE ERDGESCHICHTE Mit diesem schönen Auftakt geht es am Grillplatz vorbei, dann über den Hüttbach hinweg. Einen rechts abgehenden Weg lassen wir außer acht, sodass wir nahe dem Wald zur Station 2 kommen. Gegenüber wurden in Laitenbach vermutlich erste silberhaltige Erzgänge im Wiedener Tal gefunden. Nachdem die Gruben das Basler Erdbeben von 1356 noch überstanden, wird die Pest für den zwischenzeitlichen Untergang von Laitenbach verantwortlich gemacht. Nach einer Passage am Waldrand tauchen wir in den Wald ein. Bei Station 3 ist ein Teil des massiven Fels glatt poliert. Es handelt sich dabei um einen harten und standfesten Metatexit, der vor 340 Millionen Jahren unter hohem Druck und Hitze im Innern der Erde entstand.

↓ Wanderweg über den Kalten Bühl zwischen Unterrollsbach und Laitenbach

↘ Unser Rückweg erfolgt auf dem historischen Kirchweg nach Wieden.

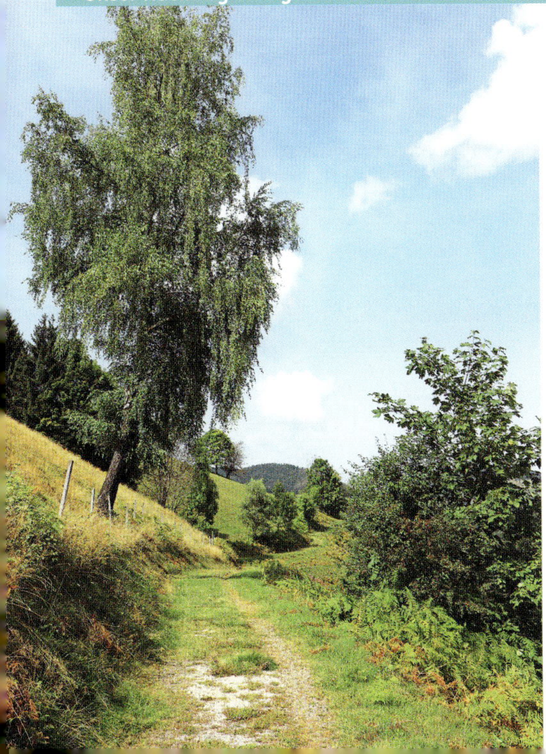

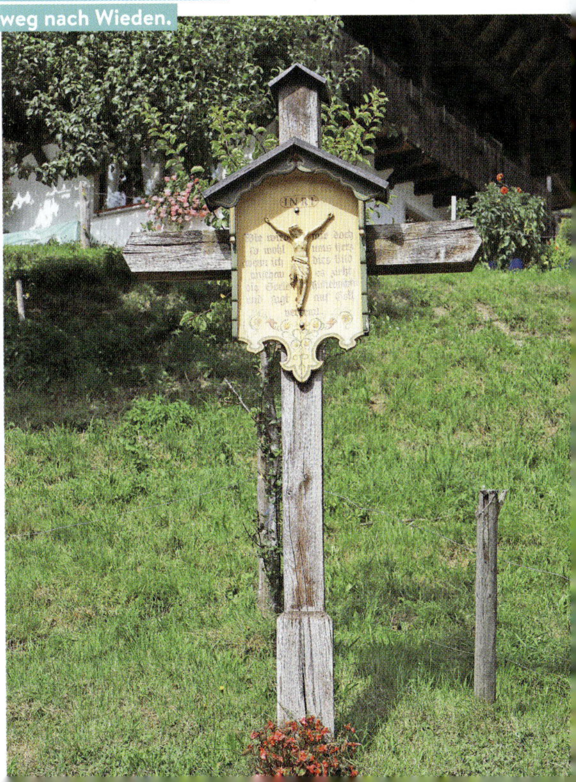

Tipp

GRUBE FINSTERGRUND

Die Grube Finstergrund zählt zu den bedeutendsten historischen Fluss- und Schwerspat-Bergwerken im Schwarzwald. Der Bergbau endete im März 1974 infolge sinkender Rohstoffpreise, weshalb die Lagerstätte bis dato nicht erschöpft ist. Weil schon zuvor mehrere Bergleute erklärten, in den alten Stollen ein Besucherbergwerk einzurichten, blieben weite Teile der eingesetzten Technik vor Ort erhalten. Dazu zählt die Grubenbahn, mit der die Besucher ein Stück weit in den Berg einfahren. Daran schließt ein 45-minütiger Rundgang in den Stollen an, bei dem die hier eingesetzten Techniken vor Ort erklärt werden. Zugleich sind an mehreren Stellen Vorkommen verschiedener Minerale wie Paragneis, Blauer Fluorit, Violetter Flussspat oder auch sogenannter Hundezahncalcit zu sehen (www.finster grund.de).

RENAISSANCE DES BERGBAUS Anschließend führt der Weg über den Bach zum Wegweiser **1 Spitzdobel.** Wir laufen geradeaus und halten uns 300 Meter weiter links. Nach weiteren malerischen Aussichten bis hoch zum Wiedener Eck endet der Weg bei einem steinernen Christuskreuz. Dort ist die Station 4 dem Wiederaufleben des Bergbaus im 20. Jahrhundert gewidmet. Anstelle des Silbers rückte der im Mittelalter als wertlos erachtete und auf Halden geworfene Flussspat in den Fokus. Ab dem Wegende nutzen wir die Zufahrtsstraße (blaue Raute) nach Graben bis zum Hof auf der gegenüberliegenden Hangseite. Ab dort führt ein Wirtschaftsweg an einem alten Köhlerplatz vorbei zum **2 Bergwerk Finstergrund** (Stationen 5 und 6). Als Besonderheit fahren die Besucher zu den Führungen mit der Grubenbahn in den Berg ein. Während der Öffnungszeiten des Besucherbergwerks lädt das Bergwerkstüble zum Verweilen ein.

SCHLACKENFUNDE UND TÖDLICHER STAUB Ab dem Bergwerk geht es auf der Zufahrt hinunter zur Station 7 nahe der Landstraße. 1995 gemachte Schlackenfunde am Bachufer des Wiedenbachs deuten darauf hin, dass hier eine im 14. Jahrhundert in mehreren Urkunden genannte Schmelze stand. Einen Steinwurf weiter rechts überqueren wir die Landstraße. Ein Stück weiter bergauf befinden sich die Stationen 8 und 9 des Bergbaupfads. Sie sind einer ab 1923 betriebenen Seilbahn nach Utzenfeld und dem Anton-Stollen gewidmet. Letzterer förderte jedoch mehr Schlechtes als Gutes zutage. So scheiterte Ende des 18. Jahrhunderts die Wiederinbetriebnahme des mittelalterlichen Stollens an mangelnder Rentabilität. Mit Beginn der 1920er-Jahre und der Einführung von Bohrhämmern mit Pressluftantrieb sowie der steigenden Nachfrage nach Flussspat wurde die Grube zwar wirtschaftlich. Allerdings waren die nur unzulänglich geschützten Arbeiter quarzhaltigem Staub ausgesetzt.

ABSTIEG NACH UTZENFELD? Von der Station 9 geht es zurück zur **3 Inneren Königshütte** sowie daran vorbei zur Station 10. Die dort aus dem Hang tretenden Quellen werden von den Nebengängen des Anton-Gangs und unterirdischen Querstollen gespeist, die sich nach der Aufgabe des Bergbaus bis zur Höhe des Mundlochs mit Wasser gefüllt haben. Wir folgen in etwa dem Verlauf der Landstraße über die **4 Königshütte** bis zur **5 Brücke Wiedenbach**. Ab dort verläuft der Bergbaupfad weiter talwärts an der Konfitürenmanufaktur Faller vorbei bis zum Ziel in Utzenfeld. Auf dem Weg markieren die Stationen 11–13 die Standorte eines wichti-

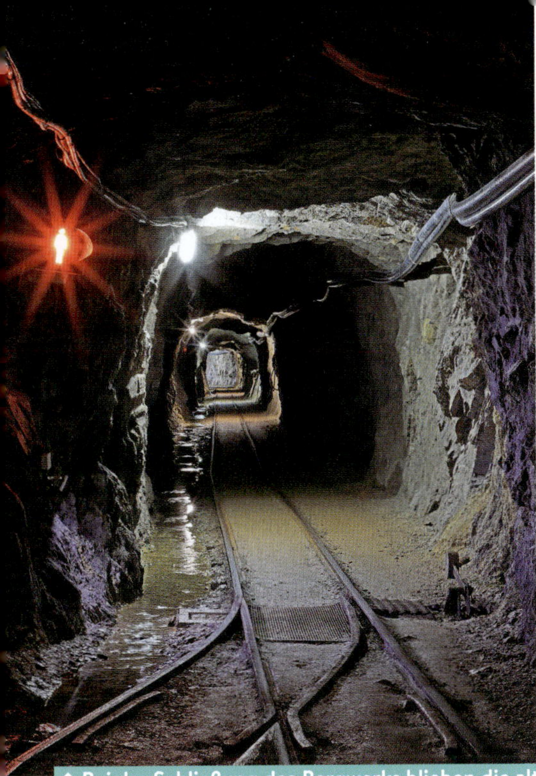

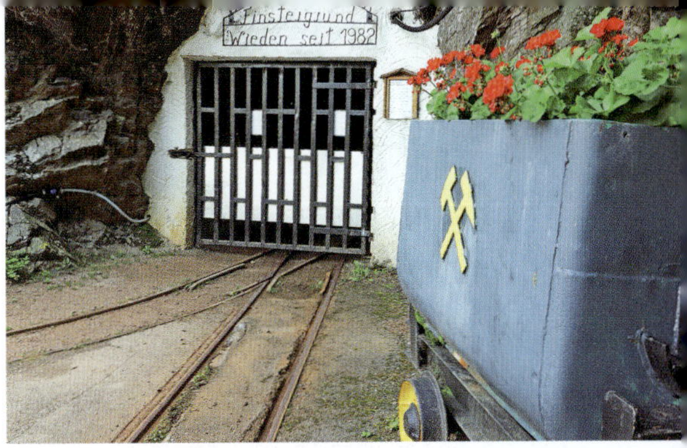

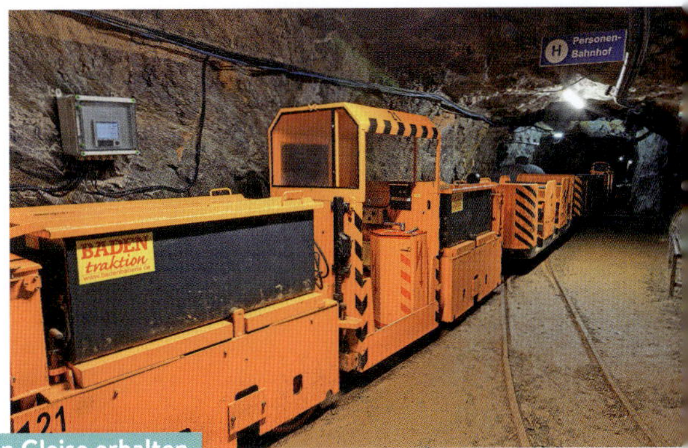

↑ Bei der Schließung des Bergwerks blieben die alten Gleise erhalten.
↗ Zugang in die Grube Finstergrund
→ Mit dieser Bahn fahren Besucher heute ins Bergwerk.

gen Kohlplatzes, eines ehemaligen Sees zum Betrieb einer Stampfmühle sowie der Talstation beim heutigen Pferdegestüt Finstergrund. Von dort besteht rechts eine Verbindung zum Alten Kirchweg, auf dem es dann vor allem nahe der L 142 nach Aitern ginge. Insgesamt ist dieser gesamte untere Bereich weder sonderlich spannend noch landschaftlich reizvoll.

QUERWEG FÜR SCHÖNERES WANDERN

Für eine schöne Runde empfehlen wir daher, bereits bei der Brücke Wiedenbach rechts den Abzweig nach Aitern zu nutzen. Diese führt uns über die Stockmatte nach Aitern. Oberhalb des Rathauses mündet die Verbindung in die Bergstraße **6 Aitern**, wo wir auf den Alten Kirchweg treffen. Rechts passieren wir mehrere stattliche Schwarzwaldhäuser. Sie werden als Station 7 des Themenwegs zusammengefasst. So geräumig uns die Gebäude heute erscheinen mögen, so beengt ging es in früheren Zeiten im Innern zu. So teilten sich zumindest zwei Großfamilien ein Dach – unter dem außerdem der Stall und die Scheune sowie auch Werkstätten untergebracht waren.

HEIDEFLUREN UND LESESTEINRIEGEL

Wo die Bergstraße im Bereich der obersten Häuser von Aitern eine Rechtskehre beschreibt, wechseln wir in etwa geradeaus auf den Kirchweg. Mit der gelben Raute geht es nun steil bergan über einen von reichlich Heidekraut bestandenen Hang. Nach gut 500 Metern treffen wir wieder auf die Bergstraße, der wir weiter bergan zur **7 Schutzhütte auf den Winden** folgen. Oberhalb davon halten wir uns beim Wegweiser Auf den Winden rechts. Mit weiteren schönen Aussichten zum Wiedener Eck fallen nahe dem Wald bei der Station 6 des Kirchwegs mehrere

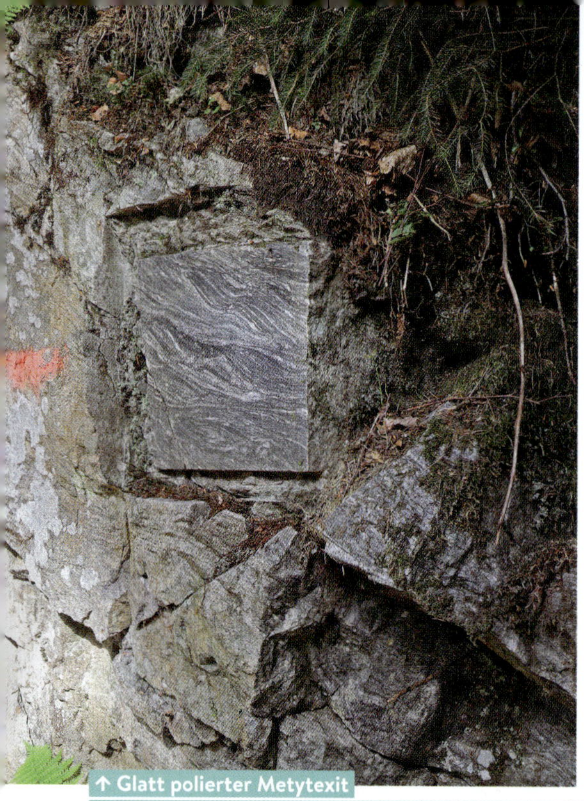

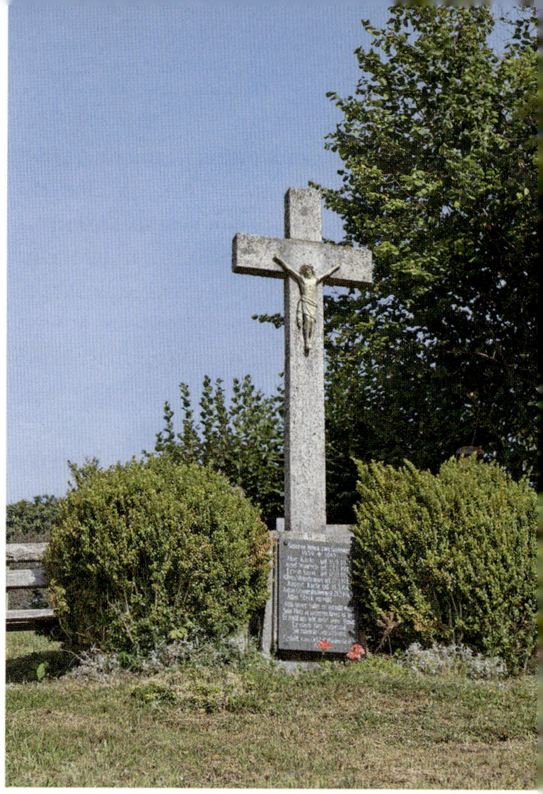

↑ Glatt polierter Metytexit
↗ Bei diesem Christuskreuz laden Bänke zur Rast ein; zugleich dient es der Orientierung.

Lesesteinhaufen auf. Sie dokumentieren, wie mühsam die Bewirtschaftung der Äcker und Mähwiesen einst war. Um auf den wenig fruchtbaren Flächen überhaupt etwas anbauen zu können, mussten diese von unzähligen Steinen befreit werden. Das Einsammeln oblag oft den Kindern, während die Eltern die schweren vollen Körbe an den Rand des Felds oder der Wiese schleppten.

JAGDRECHTE UND NEUANFANG IM WIEDENER TAL Oberhalb des Walds halten wir uns nach dem Abzweig zur Pension Gasthaus Auerhahn in Unterrollsbach erneut rechts, sodass wir die Kapelle passieren. Wir kommen damit zur Station 5. Sie informiert über die Jagd im Raum Schönau und Todtnau. Während sich Bauern andernorts der Wilderei schuldig machten, wenn sie Wildtieren nachstellten, genossen die Bewohner im oberen Wiesental das im Jahr 1321 schriftlich festgehaltene Recht, für den Eigenbedarf jagen und fischen zu dürfen. Nach einem weiteren Waldstück führt der Weg durch landschaftlich attraktive Mähwiesen zur Station 4. Sie erinnert an eine neue Besiedlungswelle nach dem für die Einwohner schweren 14. Jahrhundert. Nachdem zuvor ein Großteil der Höfe aufgegeben worden war, entstanden nach 1500 neue Höfe, aus denen die Wiedener Ortsteile Graben, Ungendwieden, Säge, Rütte und Neumatt hervorgegangen sind.

LAITENBACH UND LOURDESGROTTE
Weiter bergan befindet sich unterhalb von Laitenbach die Station 3. An dieser Stelle führte ein unangenehm steiler Stichweg hoch zu den Häusern vor uns. Denn weil der Kirchweg von Wieden nach Schönau bei der Gründung von Laitenbach schon bestand, schlossen die Ortsgründer ihre Siedlung auf

dem direkten Weg dorthin an. Damit ersparten sie sich Arbeit – und schufen zugleich ein Fitnessprogramm, das etlichen nachfolgenden Generationen den Schweiß auf die Stirn getrieben haben dürfte. Am Wegende biegen wir in **8 Laitenbach** erst links, dann 60 Meter weiter rechts zur **9 Lourdesgrotte** ab. Der Zugang dorthin erfolgt bei der folgenden Gabelung links über den mit Gras bewachsenen Weg. Ab dem ruhigen und idyllischen Flecken führt der Weg in nördlicher Richtung zurück nach Wieden zur Wiedener Kapelle (Station 2). Sie wurde am 12. Juli 1812 geweiht und erfüllte den Bürgern den Wunsch, im eigenen Ort eine Stätte zur Andacht zu haben. Oberhalb davon schließt sich unsere Runde bei der Station 1 des Themenwegs an der **E Touristinfo Wieden**.

INFO

TOURENCHARAKTER

Abwechslungsreiche Strecke mit einigen schönen Aussichten über das Wiedener Tal. Für den Anstieg ab Aitern ist eine gute Kondition am Berg von Vorteil. Für den Besuch des Bergwerks an warme Kleidung denken.

AUSGANGS-/ENDPUNKT

Touristinfo in Wieden
GPS 47.8414, 7.8809

ANFAHRT

ÖPNV: Ab Schopfheim und Todtnau mit der Linie 7300 bis Wiese bzw. Abzweig Aitern, Utzenfeld, weiter mit der Linie 7306 bis zur Haltestelle Hirschen Wieden
Auto: Von der B 317 Schopfheim–Todtnau bei Utzenfeld abfahren, der L 123 bis nach Wieden folgen.
Alternativ ist die Anfahrt ab Bad Krozingen möglich.

EINKEHR

Bergwerkstüble Finstergrund, zu den Öffnungszeiten des Bergwerks, Tel. 07673/14 56, www.finstergrund.de;
Gastronomie in Utzenfeld

INFORMATIONEN

Touristinfo Wieden,
Tel. 07673/303,
www.schwarzwaldregion-belchen.de

Mittel | **15,8 km** | **500 Hm** | **5.00 Std.**

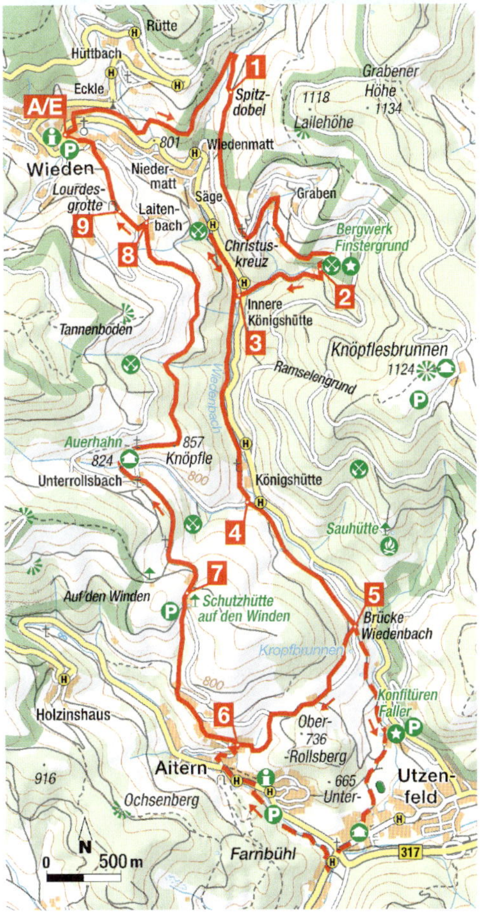

WANDERER TRIFFT KLETTERER

Felsenweg von Oberried

Westlich vom Feldberg hat die Brugga zusammen mit ihren Nebenbächen ein eng eingeschnittenes Tal geschaffen. Entlang des Übergangs ragen einige Felsen in den Himmel. Während sich dort Kletterfreunde austoben, bewegen wir uns auf eher bequemen Pfaden.

10

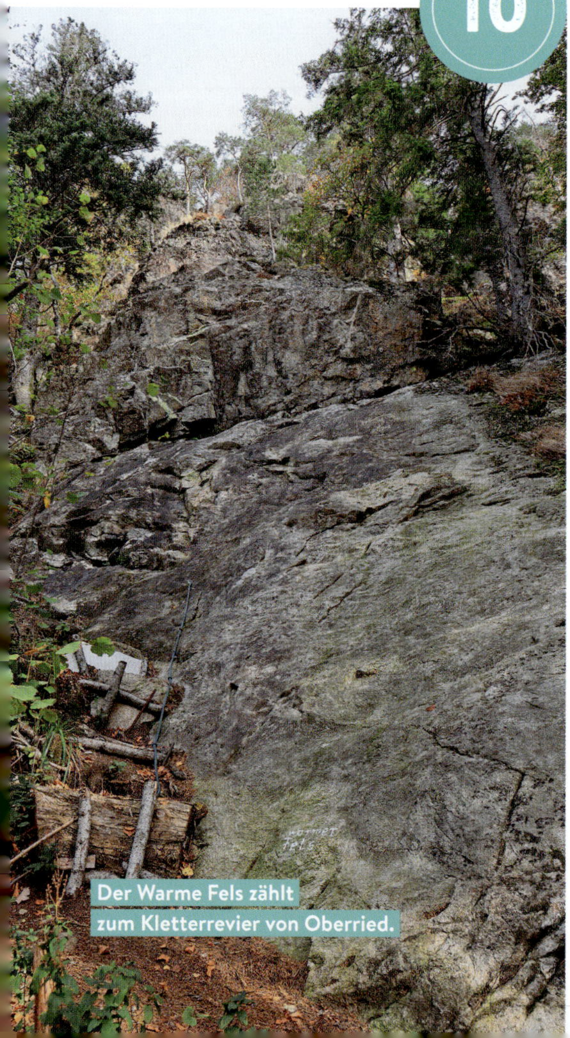

Der Warme Fels zählt zum Kletterrevier von Oberried.

GUT GEPLANT ENTSPANNTER ANS ZIEL Der Felsenweg von Oberried beginnt beim Gasthaus A **Zum Goldenen Adler** an der Hauptstraße Oberried. Da Parkmöglichkeiten fehlen, empfehlen wir Autofahrern den Parkplatz nahe der Hohen Brücke und die Tour mit einer Busfahrt nach Oberried zu beginnen. Anschließend folgen wir der Beschilderung erst durch die Hauptstraße, dann links durch die Wehrlehofstraße bis zum Wegweiser 1 **Wehrlehof**. Geradeaus ginge es auf dem Wilhelmitenpfad entlang der Brugga ebenfalls zur Hohen Brücke.

AUF DEM PANORAMAWEG Der Felsenweg biegt links ab und trifft bei einem Aussichtspunkt über Oberried auf den Panoramaweg. Bald ist im Norden die Hügelkette jenseits der Dreisam zu sehen. Nach gut 800 Metern auf dem Panoramaweg biegen wir mit der gelben Raute sowie dem Zeichen für Qualitätswege im Schwarzwald rechts ab und passieren einen Hof. Nach weiteren Aussichten tauchen wir wieder in den Wald ein, wo wir beim folgenden Wegweiser rechts auf den 2 **Brendenwaldweg** einbiegen.

Nach einer letzten Aussicht nach Norden schwenkt der Waldweg nach Süden, bis wir den **3 Beginn des Felsenwegs** erreichen.

AUF DEM FELSENWEG Bald verjüngt sich der Weg zu einem Pfad. Der Felsenweg macht hier seinem Namen alle Ehre. So ragen zu unserer Linken gleich einige bei Kletterern beliebte Felswände in den Himmel. Nach einer Engstelle ist ein Abstecher zur abgegangenen Wilden Schneeburg möglich. Bei einer Kehre mit Blick zum Schauinsland wird das Terrain gängiger. Wo der Felsenweg eine Lichtung mit Haus quert, orientieren wir uns links, eh wir rechts zum Wegweiser Gfällmatte abbiegen. 150 Meter weiter wechseln wir rechts auf den Georg-Mayer-Weg. Er führt über den **4 Kleinen Luchsfelsen** und entlang einer Geröllhalde durch den Fuchstobel hinunter zum **5 Holzmacherhäusle.** Ab dort teilt sich der Felsenweg den Weg mit dem Wilhelmitenpfad. Der letzte Abschnitt führt durch das Wilhelminer Tal bis zum Wegweiser Hohbruckmättle. Dort geht es links hinunter zur Feldbergstraße und zur **E Hohen Brücke.**

INFO

TOURENCHARAKTER

Auf dem Abschnitt mit dem Felsenpfad sind festes Schuhwerk und Trittsicherheit erforderlich, sonst eher bequem zu wandernde Strecke auf ruhigen Waldwegen und Pfaden.

AUSGANGS-/ENDPUNKT

Gasthaus Adler in Oberried
GPS 47.9320, 7.9473

ANFAHRT

ÖPNV: Ab Kirchzarten mit der Buslinie 7215 zur Haltestelle Adler, Oberried
Auto: Von der L126 Freiburg–Todtnau bei Oberried in die Hauptstraße abbiegen, den Parkplatz beim Sport- und Schulzentrum nutzen. Von dort sind es rund 350 m zum Adler.

EINKEHR

Nahe dem Endpunkt Holzfällerstube, Mi–So ab 11 Uhr, Di ab 15 Uhr, Tel. 07602/92 08 54, www.holzfaeller-stube.de

INFORMATIONEN

Touristinformation Dreisamtal, Tel. 07661/90 79 80, www.dreisamtal.de

Mittel	12 km	580/400 Hm	3.30 Std.

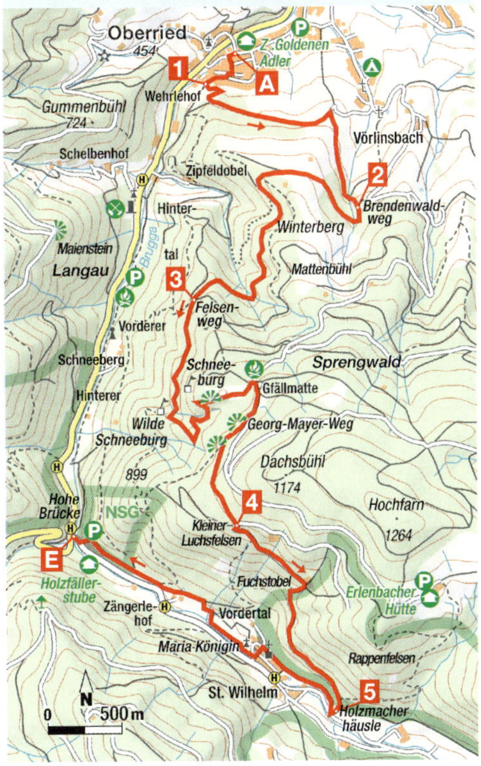

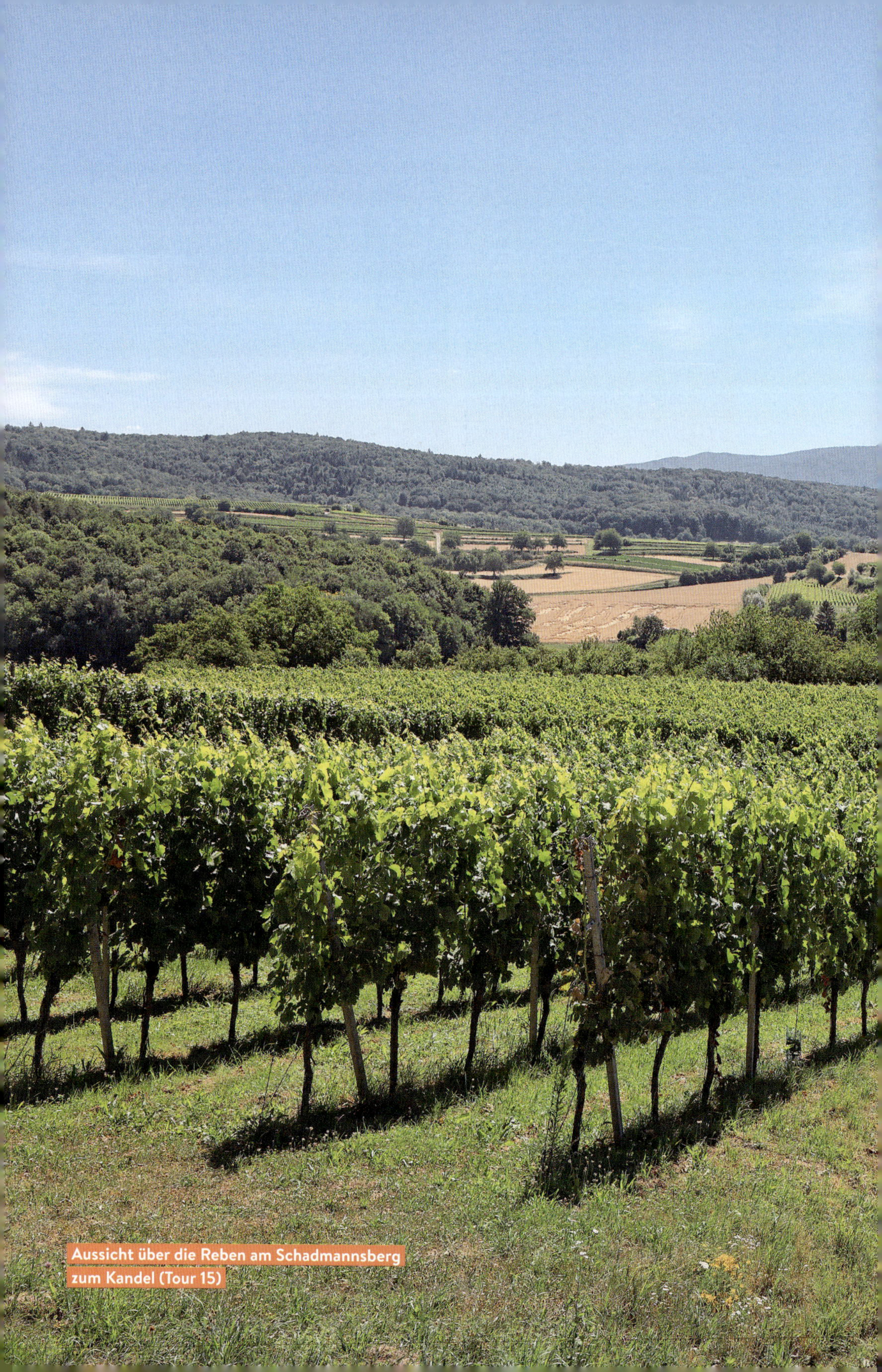

Aussicht über die Reben am Schadmannsberg zum Kandel (Tour 15)

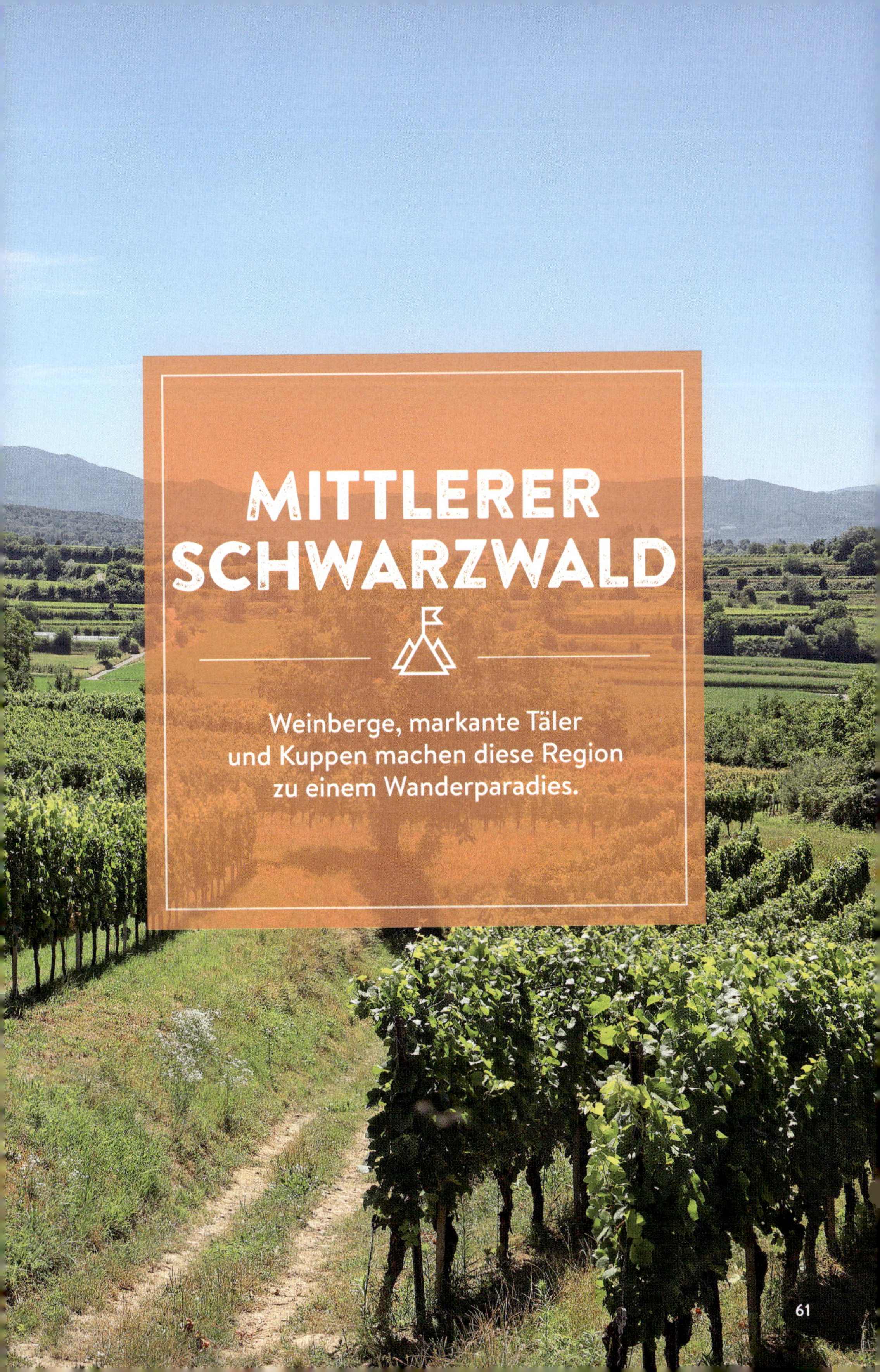

MITTLERER SCHWARZWALD

Weinberge, markante Täler
und Kuppen machen diese Region
zu einem Wanderparadies.

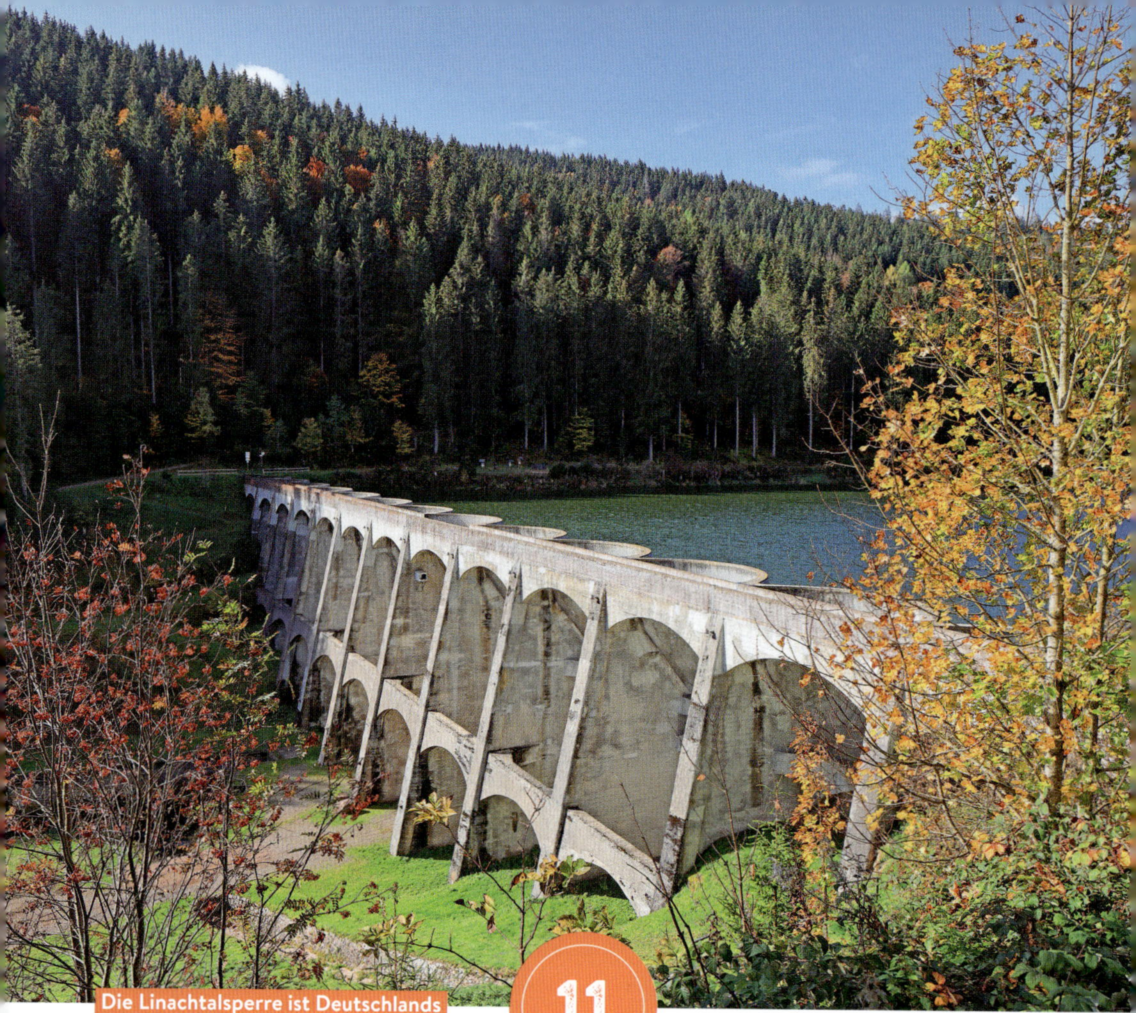

Die Linachtalsperre ist Deutschlands einzige Gewölbereihenstaumauer.

11

KREUZE ÜBER DEM LINACHTAL

Zur St. Wendelinskapelle

Das Linachtal liegt quer zu den Hauptverkehrswegen im südlichen Schwarzwald. Damit bleibt es hier selbst an sonnigen Wochenenden angenehm ruhig. Insbesondere zwischen dem Sommerberg und dem Kesselberg begegnen Wanderer kaum anderen.

START AUF DEM WASSERWELTENSTEIG

Die wenigen Parkmöglichkeiten an der Kreisstraße befinden sich direkt oberhalb der **A Linachtalsperre**. Für einen besseren Blick auf die Gewölbereihen der Staumauer lohnt es sich, den Pfad links ein Stück weit hinunterzulaufen. Weitere Aussichten über den idyllischen Stausee ergeben sich von der Staumauer. Auf diesem ersten Abschnitt verläuft unsere Runde auf dem WasserWelten-Steig. Der 2019 eröffnete Fernwanderweg verbindet die Triberger Wasserfälle mit dem Rheinfall in Neuhausen im Schweizer Kanton Schaffhausen. Auf den ersten 3,5 Kilometern können wir uns somit zusätzlich am Symbol des Steigs – ein stilisierter Wasserfall – orientieren. So eingestimmt biegen wir am Südende der Staumauer rechts ab und laufen nahe der Uferlinie bis zur Mündung der Linach in den See. Von dort führt ein Pfad links hinauf zum Schuppen eines einzeln stehenden Wohnhauses. Sobald wir die Zufahrt gekreuzt haben, tauchen wir auf dem mit Gras bewachsenen Weg in den Wald ein. Wo dieser in einer Forststraße endet, halten wir uns kurz links, biegen dann aber sogleich wieder rechts ab, sodass wir weiter bergan laufen. Auf der ebenfalls bewaldeten **1 Adler-Höhe** trennen sich dann die Wege. Während der WasserWeltenSteig an einem nahen Christuskreuz vorbei über die Linacher Höhe auf den Brend führt, biegen wir rechts zur Linacher Mühle ab.

VON DER ADLER-HÖHE ZUR ST. WENDELINSKAPELLE Nach gut 600 Metern mündet unser Weg in einen breiteren Wirtschaftsweg. Erneut orientieren wir uns kurz rechts, nehmen dann aber die Linkskurve hinunter zum Dorf. Nachdem wir auf der Talsohle die Linacher Mühle passiert haben, erreichen wir wieder die Kreisstraße. Jenseits davon geht es hoch zur **2 St. Wendelinskapelle**. Ihre Entstehung steht in Verbindung

Tipp

LINACHTALSPERRE

Die Staumauer im Linachtal ist die einzige Gewölbereihenstaumauer mit einer schräg liegenden Wasserseite in Deutschland. Nach der Fertigstellung dauerte die erste Betriebszeit bis 1969. Später beschloss man, notwendige Renovierungsmaßnahmen aus Kostengründen zu unterlassen und die 143 Meter lange und 25 Meter hohe Mauer dem Verfall preiszugeben. Ende der 1990er-Jahre besann sich man eines Besseren und führte umfangreiche Sanierungs- und Wiederinstandsetzungsarbeiten durch. Im Jahr 1998 konnte das Kraftwerk an der Linach wieder in Betrieb genommen werden.

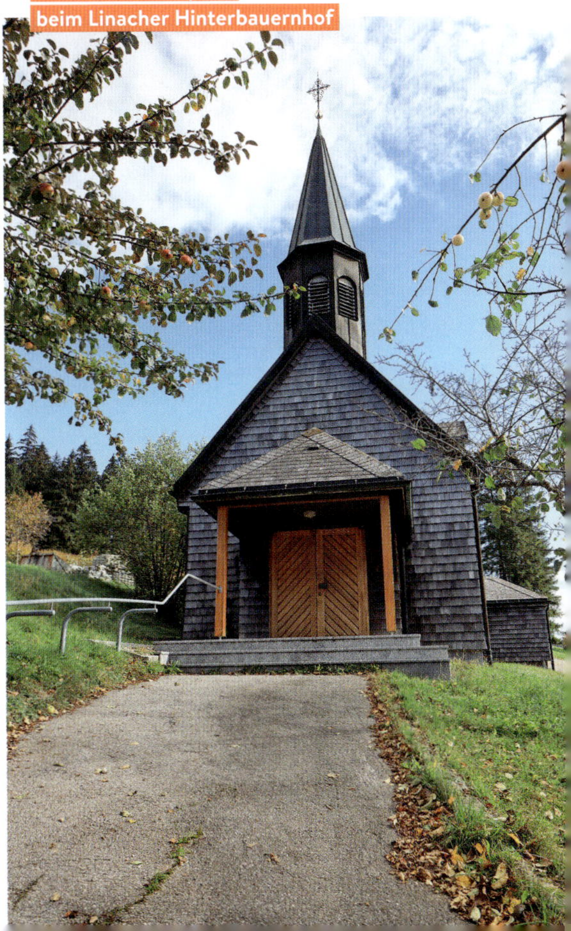

St.-Wendelinskapelle beim Linacher Hinterbauernhof

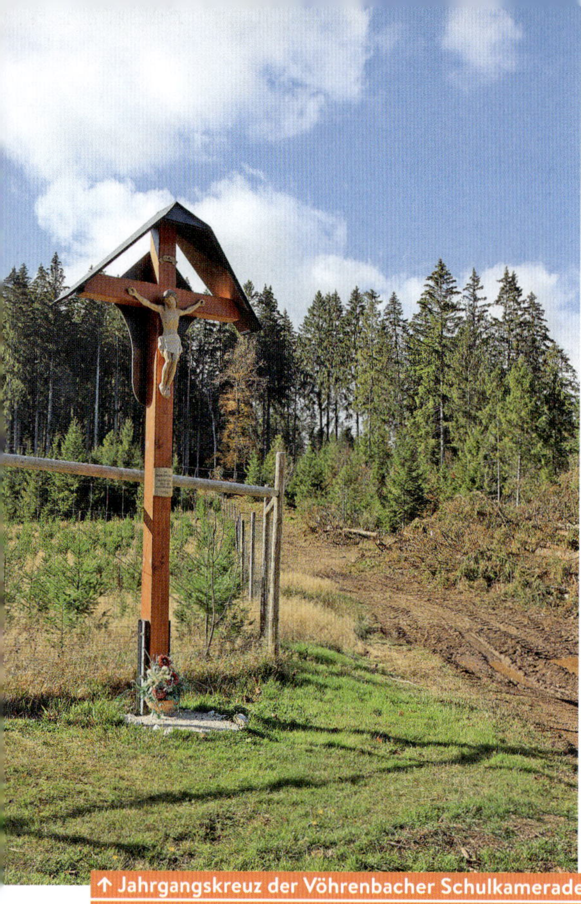

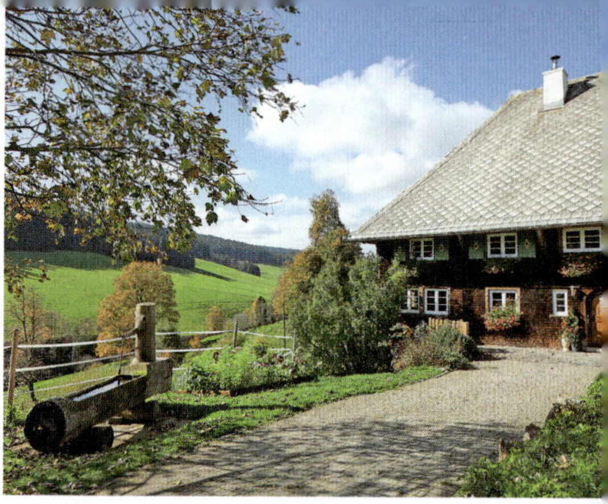

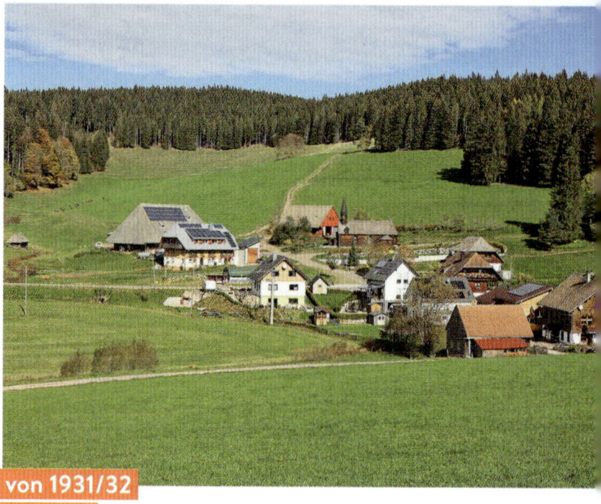

↑ Jahrgangskreuz der Vöhrenbacher Schulkameraden von 1931/32
↗ Die längste Variante dieser Tour führt am Hansenhof vorbei.
→ Blick über die Linach zur Häusergruppe mit der St. Wendelinskapelle

mit dem verloren geglaubten Sohn Wendelin des Klausenbauern. Der Überlieferung zufolge war dieser in Kriegszeiten von durchziehenden Horden samt seiner zwei Pferde mitgenommen worden. Dem Vater versprachen die Soldaten, dass dies für nur eine kurze Wegstrecke sein sollte. Stattdessen vergingen Wochen, Monate und Jahre, ohne dass die Eltern ihren Wendelin wieder in die Arme schließen konnten. Als sie die Hoffnung bereits aufgegeben hatten, kam ein Ritter mit zwei prächtigen Rappen auf den Klausenhof. Es war der tot geglaubte Sohn. Eines der beiden Pferde trug einen Sack voller Taler, die sich Wendelin beim Tauschhandel verdient hatte. Aus Freude über die glückliche Heimkehr stiftete der Sohn die Kapelle im Linachtal.

AUFSTIEG ZUM WEHRLEKREUZ Wer die Tour abkürzen möchte, kann unterhalb der Kapelle den Weg direkt zum Jahrgangskreuz nehmen. Eine zweite, etwas längere Alternative führt an der Kapelle vorbei nach Norden in den Wald bis zu einem Wegweiser mit der Höhenmarke 1000 Meter. Für die komplette Runde kehren wir indes zurück zur Talstraße, wo wir zum Wehrlekreuz abbiegen. Nach einer kurzen Passage entlang der Straße wechseln wir mit der gelben Raute rechts auf die asphaltierte Zufahrt zu mehreren Höfen. Im Anstieg eröffnet uns diese eine schöne Sicht über das Linachtal. Dann geht es um den malerisch gelegenen Hansenhof herum in den Wald sowie in nordwestlicher Richtung hoch zum **3 Wehrlekreuz**. Der Wehrlehof befindet sich im Tal an der Linach. Von diesem ist eine tragische Geschichte über den Wehrlebur bekannt. Als einst reicher Bauer soll er mit seinen Schätzen geprahlt und diese freigebig unters Volk verteilt haben. Im Rausch soll ihm ein Ritter mit silbernem Harnisch begegnet sein. Unter dem Arm trug dieser einen Zinnteller mit seinem eigenen Kopf darauf. Der Wehrlebur erkannte darin den Raubritter Landenberger, der das Linachtal heimgesucht hatte, bis er endlich gefangen genommen und enthauptet worden war. Später soll der Wehrlebur hoch verschuldet erst seine Frau im Streit, dann sich selbst gerichtet haben.

JAHRGANGSKREUZ UND KESSELBERG

Mit dieser schaurigen Geschichte biegen wir auf der Freifläche vor dem Kreuz rechts in den Weg ab, in den die Christusfigur schaut. Wo sich der Weg nach einem Hochpunkt gabelt, halten wir uns halbrechts. Im weiteren Verlauf lassen wir die links und rechts abgehenden Wege außer Acht und folgen der gelben Raute über den Wegweiser mit der Höhenmarke 1000 Meter zum **4 Jahrgangskreuz**. Weiter geradeaus mündet unser Weg nach rund einem Kilometer in den Kesselbergweg. Wir halten uns erneut links, sodass wir als Nächstes den Wegweiser **5 Kesselberg** erreichen. Wir biegen rechts zur Steinhalde ab, um einen Steinwurf weiter mit der gelben Raute links abzuzweigen. Im Abstieg ist die Beschilderung nicht überall auf Anhieb zu entdecken. Im Prinzip aber geht es nun immer bergab. Schließlich geben die Bäume die Sicht auf den Linacher Stausee frei und wir erreichen am Fuß der Steinhalde wieder die Straße und gelangen links zurück zur **E Linachtalsperre**.

INFO

TOURENCHARAKTER

In weiten Teilen sehr ruhige Waldrunde auf Wegen, Pfaden und auch schwach befahrenen Straßen. Bei der St. Wendelinskapelle besteht die Möglichkeit, die Tour abzukürzen.

AUSGANGS-/ENDPUNKT

Parkplatz oberhalb der Linachtalsperre
GPS 48.1859, 8.2910

ANFAHRT

ÖPNV: keine Anreisemöglichkeit
Auto: Von der B 500 Triberg–Titisee-Neustadt bei Furtwangen oder zwischen Vöhrenbach und Hammereisenbach auf die K 5732 abzweigen.
Der Straße bis zum Parkstreifen oberhalb des Stausees folgen.

EINKEHR

Auf der Strecke keine

Mittel	13,2 km	460 Hm	3.30 Std.

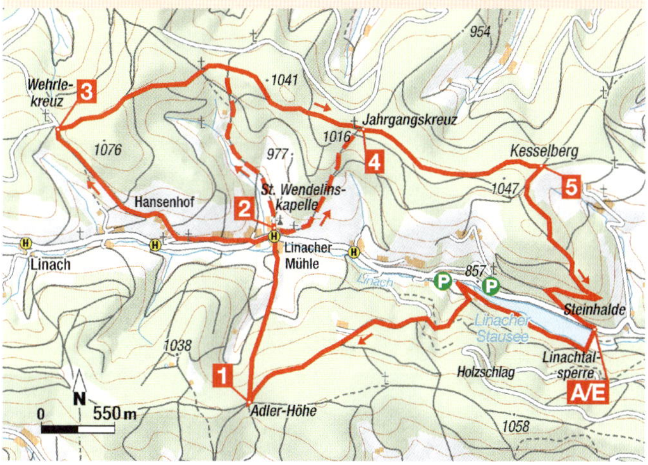

INFORMATIONEN

Stadtverwaltung Vöhrenbach, Tel. 07727/5010, www.voehrenbach.de

BERG DER KRÄFTE

Kandeltour im ZweiTälerLand

Der Kandel bildet die höchste Erhebung im mittleren Schwarzwald. Seine Erschließung als Wandergebiet hat Josef Seger als Forstamtsleiter und Vorsitzender des Waldkircher Schwarzwaldvereins vorangetrieben. Ihm hat die Ferienregion ZweiTälerLand die Kandeltour gewidmet. Die Runde verbindet malerische Fernsichten mit naturbelassenen Wäldern und dem Felssturz am Kandel.

12

Bei der Thomashütte öffnet sich die Sicht zum Hochschwarzwald.

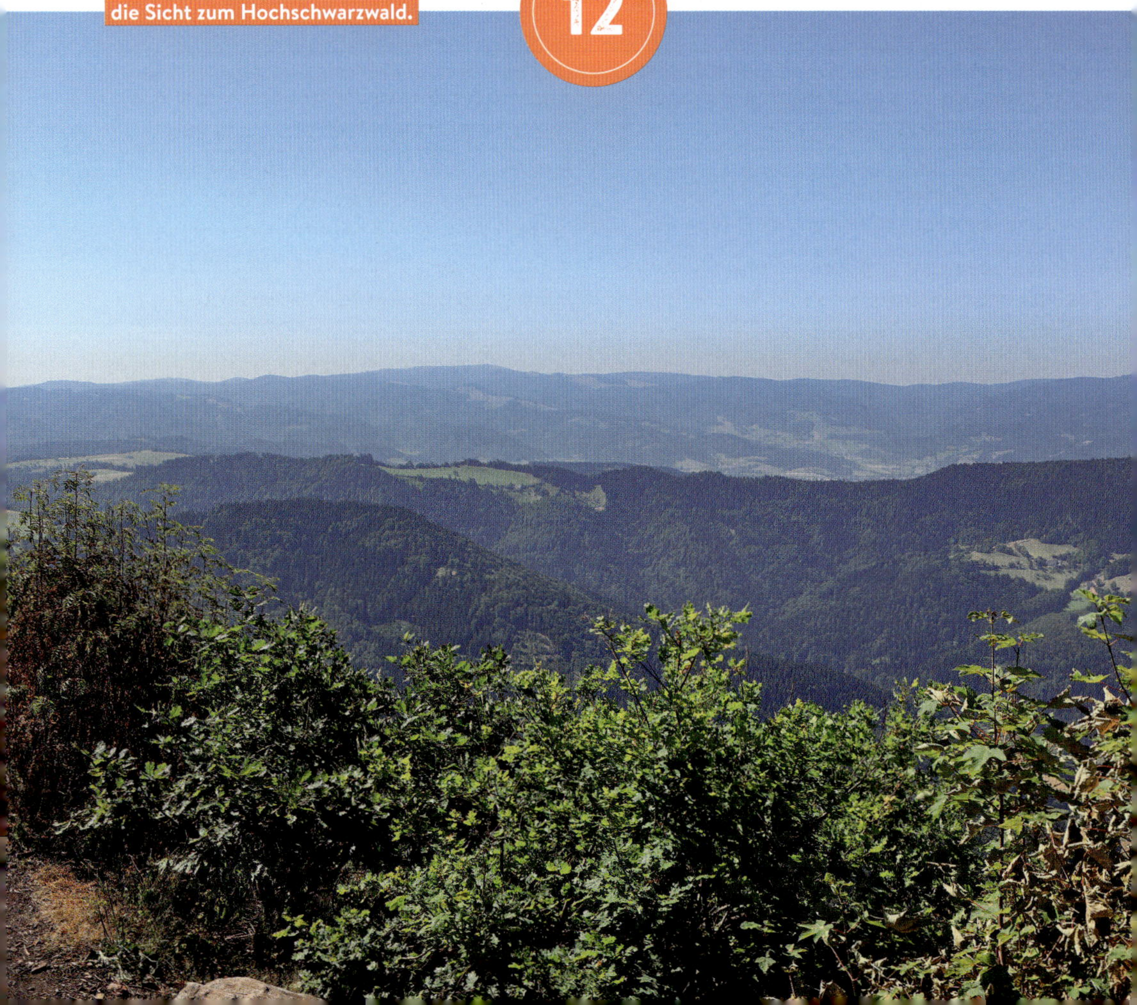

NEUE BERGWELT KANDEL Knapp zwei Jahrzehnte lang schmerzte der Blick zum Berghotel auf dem Kandel. Nach einem Brand im Jahr 2002 blieb es geschlossen und war fortan dem weiteren Verfall preisgegeben. 2020 endete das Trauerspiel. Die bis dahin noch immer stattlichen Reste des alten Komplexes wurden abgerissen und Platz für den Neubau der Bergwelt Kandel geschaffen. Mit der Eröffnung des gastronomischen Bereichs können wir uns heute wieder über regionale und elsässische Spezialitäten freuen. Bei ausreichender Thermik ist die Terrasse des Biergartens außerdem ein toller Platz, um die nebenan starteten Gleitschirmflieger zu beobachten.

PASSHÖHE BIS FENSTERLIWIRT Für die Kandeltour verlassen wir die A **Passhöhe** in südlicher Richtung. Damit passieren wir die Bergwelt Kandel samt Wohnmobilstellplatz und kommen zu einer Gabelung. Geradeaus ginge es auf bequemem Weg hoch zur Gipfelpyramide auf dem Kandel. Für die Kandeltour halten wir uns indes links, sodass wir zum 1 **Kreuzacker** gelangen. Beim Wegweiser biegen wir erst links, dann 300 Meter weiter beim Kaibeloch rechts ab.
Der Themenweg führt nun weg von der Straße sowie durch einen schmalen Waldstreifen zur 2 **Gummenhütte**. Sie gehört einer Weidegenossenschaft mit neun Bauern und 146 Hektar Wald- und Weidefläche für bis zu 99 Rinder. Bei der auch als Fensterliwirt bekannten Hütte ist der Name Programm. Speisen und Getränke werden aus dem Fenster gereicht. Die Ausgabe befindet sich ebenerdig und zwingt die Gäste in die Knie. Neben selbst gemachten Kuchen, Brot, Wurst- und Rauchwaren können wir uns über Säfte aus dem Glottertal und den umliegenden Gemeinden freuen. Bei guter Witterung gibt es dazu ein herrliches Alpenpanorama.

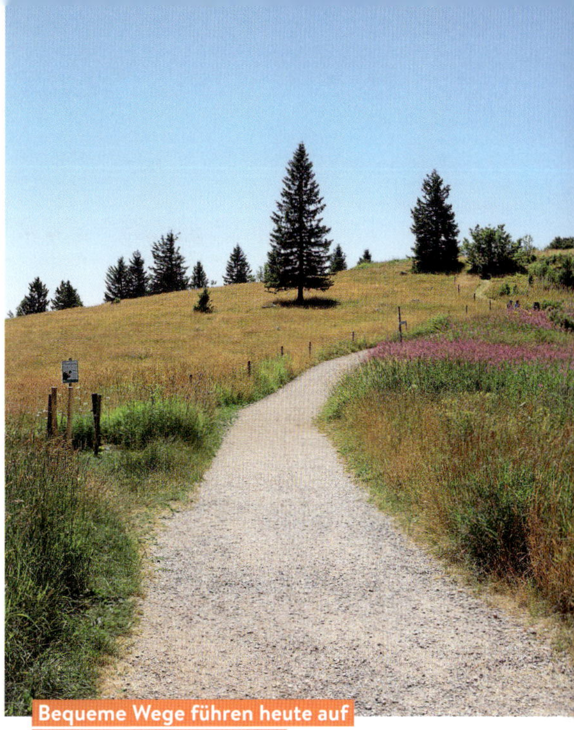

Bequeme Wege führen heute auf und um den Kandelgipfel.

AUSSICHT ZUM HOCHSCHWARZWALD Einen Steinwurf weiter westlich taucht die Kandeltour in den Wald ein. Nach gut 600 Metern ab der Gummenhütte treffen wir beim 3 **Hoschgetkreuz** auf den Präsident-Thoma-Weg. Links führt dieser zum Wegweiser Bei der Thomashütte. Der 200 Meter lange Abstecher zur 4 **Thomashütte** lohnt sich: Auf der Rückseite der kleinen Hütte finden Selbstversorger einen urigen Vesperplatz samt Tisch und imposanter Sicht über das Glottertal auf den Schauinsland sowie auf das Feldbergmassiv. Von hier aus gesehen ist der Baldenweger Buck vorgelagert. Er bildet den zweithöchsten Gipfel des Feldbergs, wird – anders als der Seebuck – durch seine Nähe zum Hauptgipfel jedoch nicht als eigenständiger Berg betrachtet.

HEXENWERK AN DER TEUFELSKANZEL? Zurück beim letzten Wegweiser wechseln wir mit der Kandeltour auf den mit gelber Raute markierten Weg zum 5 **Großen Kandelfelsen**. Am 1. Mai 1981 ereignete sich dort

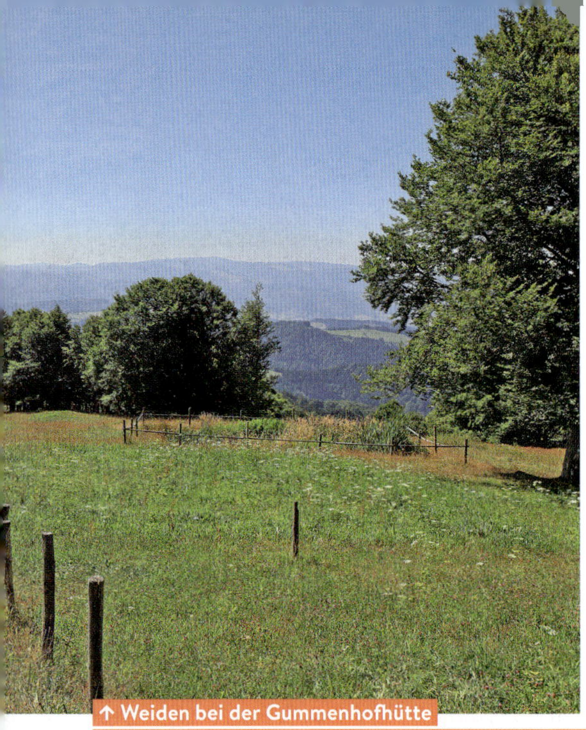

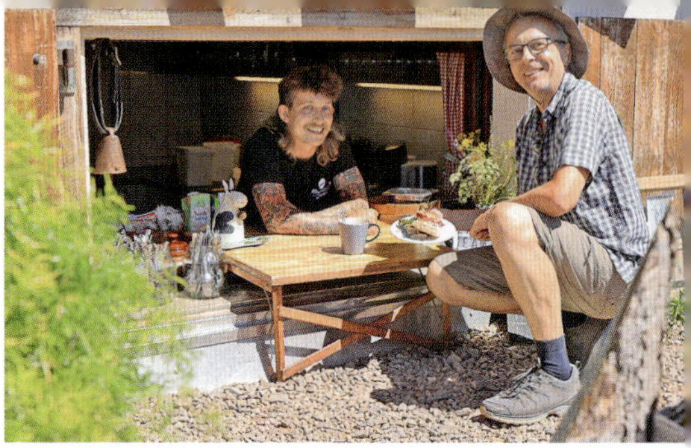

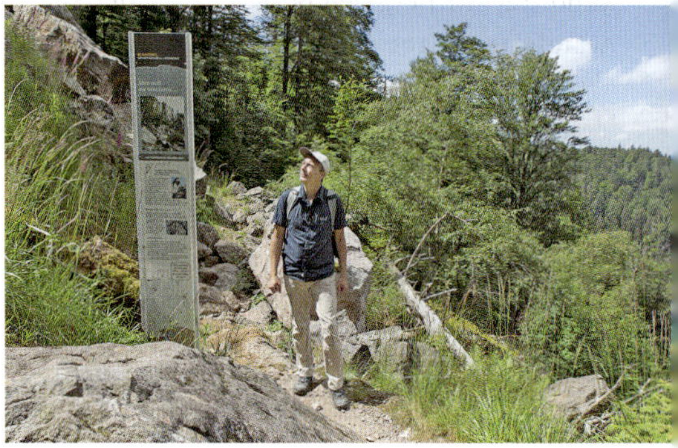

↑ Weiden bei der Gummenhofhütte
↗ Beim Fensterliwirt gehen Gäste gerne in die Knie.
→ Infotafel über den Sturz der Teufelskanzel am Kandel.

kurz nach Mitternacht ein Felssturz. Mit ohrenbetäubendem Lärm stürzte die bis dahin überhängende Teufelskanzel in den Abgrund und riss eine 200 Meter lange Schneise in den Wald. Nach dem Sturz soll einige Zeit ein schwefliger Geruch in der Luft gelegen haben. Obendrein wurde ein Besen in den Felstrümmern entdeckt. Alles drei zusammen legt nahe, dass Hexen bei ihrem Tanz in der Walpurgisnacht das Unheil ausgelöst haben. Eine weit weniger spannende Erklärung wird vor Ort genannt: Durch wiederholtes Gefrieren und Tauen von Regenwasser werden vorhandene Risse immer weiter gedehnt und vertieft. Bei überhängenden Felsen führt dieser Prozess irgendwann zum Kollaps. Heute bildet der Große Kandelfelsen ein beliebtes Kletterrevier. Als Wanderer werden wir hingegen dazu angehalten, den Bereich zügig zu queren. Denn auch heute noch können sich größere Felsbrocken lösen und in die Tiefe stürzen.

Tipp

BERGWELT KANDEL

Die Bergwelt Kandel wurde als energieautarkes Gebäude errichtet, wobei insbesondere heimische Weißtanne zum Einsatz kam. Das Innere mit der Berggaststätte, dem großen Panoramasaal, der Kaminlounge und dem Raum Kandel bietet bis zu 200 Gästen Platz. Weitere 200 Sitzplätze umfasst der Biergarten. Für Übernachtungsgäste befinden sich im ersten Stock fünf Gästezimmer sowie zwei Ferienwohnungen mit Platz für bis zu 42 Personen (www.bergwelt-kandel.de).

STEILER ODER FLACHER RÜCKWEG Als Nächstes kommen wir zur **6 Serpentine**. Wer die Wanderung abkürzen möchte, kann dort rechts abbiegen. Mit einigen Kehren ginge es in dem Fall steil hinauf zur Bergwelt

Kandel. Für einen deutlich flacheren Rückweg folgen wir indes den Schildern des Rundwegs in nördlicher Richtung über die L 186 hinweg bis zum **7 Kohlplätze**. Bei dem Wanderparkplatz treffen wir auf den Kandel-Höhenweg, auf dem rechts eine weitere Verbindung zur Bergwelt besteht. Weil der Fernwanderweg nahe der Landstraße verläuft, ist der Rückweg über den Heibererfelsen angenehmer. Damit bleiben wir auf der Kandelrunde, halten uns beim Wegweiser Sautränke halbrechts und folgen dem Pfad in südlicher Richtung auf den **8 Heibererfelsen**. Die Felskanzel eröffnet uns eine überraschende Sicht über die Täler der Wilden Gutach und der Elz. Der weitere Rückweg erfolgt erst in südöstlicher Richtung bis zum Wegweiser Sattel und ab dort rechts zurück zur **E Passhöhe** mit der Bergwelt Kandel.

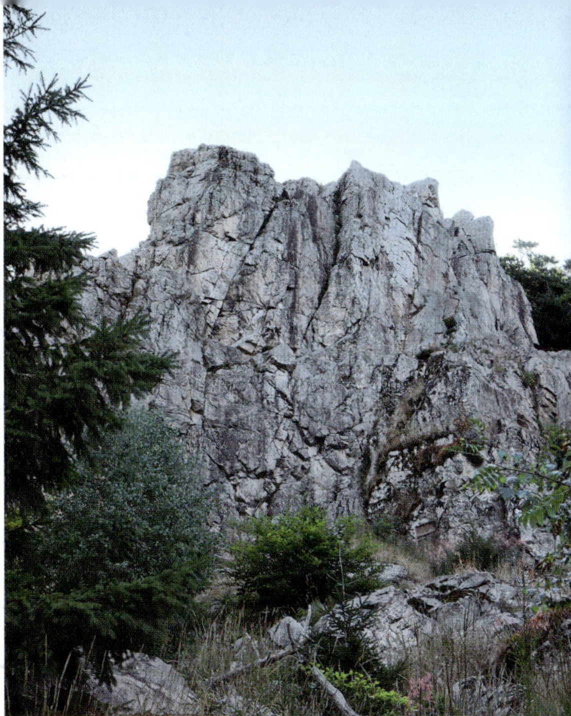

Die steile Nordwand des Großen Kandelfelsens

INFO

TOURENCHARAKTER

Für den Bereich unterhalb des Großen Kandelfelsens ist Trittsicherheit erforderlich. Ansonsten mittelschwere Runde auf überwiegend gut angelegten Waldpfaden.

AUSGANGS-/ENDPUNKT

Passhöhe Kandel
GPS 48.0654, 8.0160

ANFAHRT

ÖPNV: Ab dem S-Bahnhof Denzlingen fährt die Buslinie 7205 zur Haltestelle Kandel Rasthaus, Waldkirch mit Umstieg in Unterwasser, St. Peter.

Auto: Über die B 294 Freiburg–Freudenstadt bis Waldkirch, weiter über die L 186 (Kandelstraße) bis zum Berghotel. Parkplätze gibt es entlang der Passstraße.

EINKEHR

Biergarten der Bergwelt Kandel, Fensterliwirt der Gummenhütte

Mittel/Schwer | 7,2 km | 240 Hm | 2.15 Std.

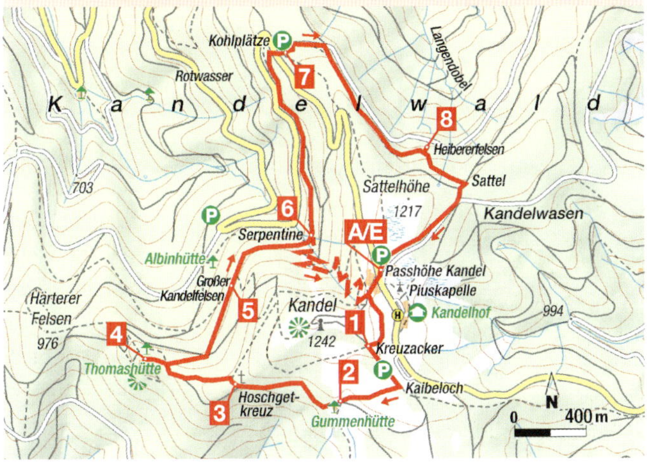

INFORMATIONEN

ZweiTälerLand Tourismus, Tel. 07685/194 33, www.zweitaelerland.de

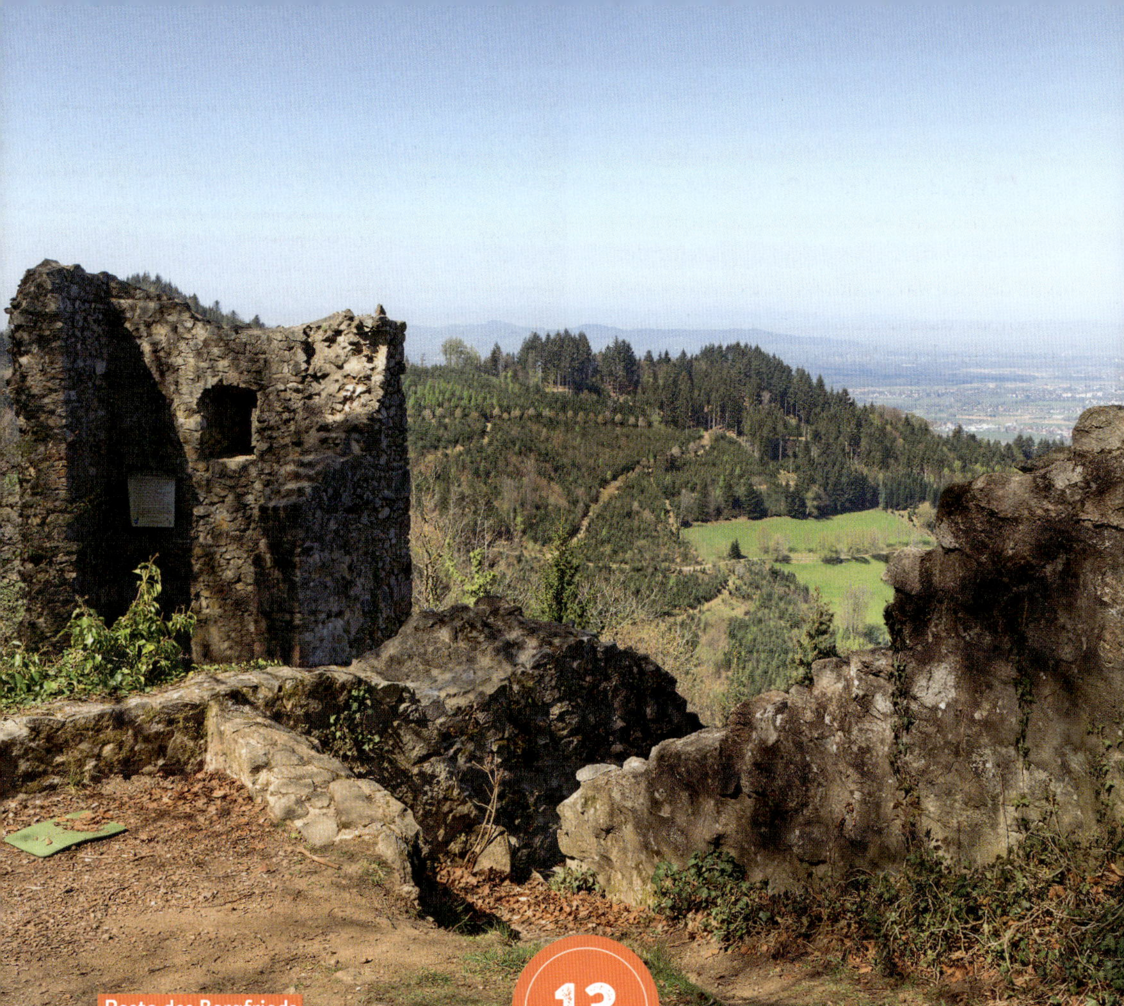

Reste des Bergfrieds der Schwarzenburg

13

ZUR RUINE SCHWARZENBURG

Auf dem Silbersteig-Rundweg 2

Die Schwarzenburg soll dem Schutz der Silberbergwerke gedient haben. Auch wenn diese von der Burg nicht einsehbar sind, haben uns die Herren von Schwarzenberg ein dankbares Ausflugsziel geschaffen. Von drei benannten Wanderwegen hier herauf ist der Silbersteig-Rundweg der ruhigste.

SILBERBERGBAU IM SUGGENTAL Bereits beim **A Wanderparkplatz Bergwerk** lohnt es sich, die Infotafel zur Bergbaugeschichte im Suggental zu studieren. Denn angesichts der Idylle des Schwarzwaldtals ist es heute kaum vorstellbar, dass die Landschaft im 13. Jahrhundert durch die Montanindustrie mit zumindest 92 Stollen, Schächten und Schürfen überformt wurde. Einer frühen wirtschaftlichen Blütezeit folgte 1288 das abrupte Ende. Bei einem heftigen Unwetter waren die Dämme des Rückhaltebeckens gebrochen und in der Folge die Gruben mit Wasser und Schlamm überflutet worden. Nach der Katastrophe galt das Suggental lange Zeit als unbewohnbar. Ende des 18. sowie Anfang des 20. Jahrhunderts flammte das Interesse am Bergbau nochmals kurz auf. An die alten Zeiten aber konnte weder der erneute Abbau von Silber und Kupfer noch der spätere Abbau von Baryt – dieses wird in der Tiefbohrtechnik verwendet – anknüpfen.

STOLLEN UND PINGEN AM HORNBÜHL
So eingestimmt führen uns beide Rundwege des Silbersteigs zunächst am Bürliadamshof vorbei, dann rechts hoch in den Wald sowie an einem Schaustollen vorbei. Am oberen Ende des Wegs biegen wir links auf den Forstweg ab. Gleich danach öffnet sich beim Wegweiser Überm Grabenhof die Sicht über das Suggental. Zudem trennen sich hier die beiden Silbersteige. Während der Rundweg 1 nach Suggenbad abzweigt, folgen wir dem Rundweg 2 rechts auf den Hornbühl bis zum **1 Wegweiser Engebuck**. Vor Ort erfahren wir, wie die sogenannten Pingen entstanden sind – und welche Risiken mit ihnen einhergehen. So soll die Grabenhofbäuerin bei der Feldarbeit in einem Loch verschwunden sein, das sich hinter dem Traktor ihres Mannes auftat. Und im Jahr 2004 ist die Straße unterhalb des Duggenhauerhofs eingebrochen.

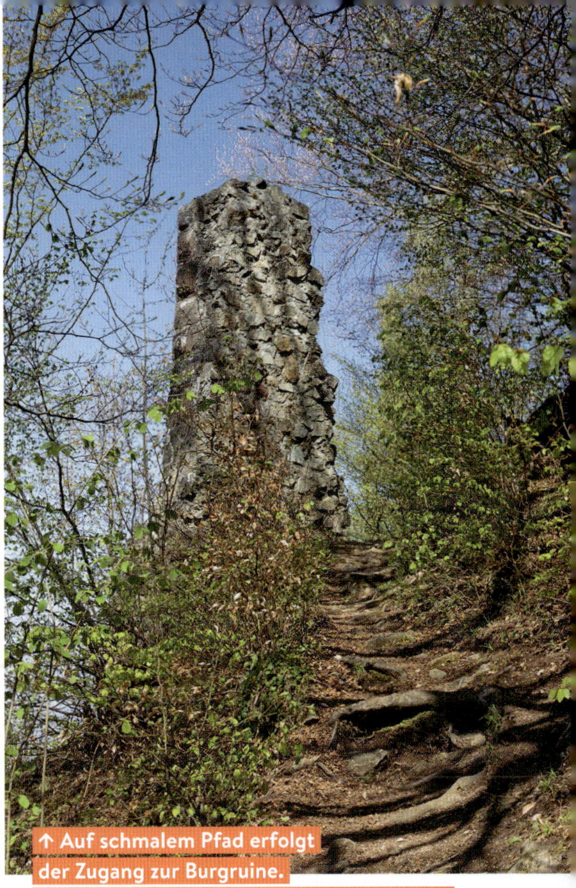

↑ Auf schmalem Pfad erfolgt der Zugang zur Burgruine.

↓ Der Bürliadamshof ist über 300 Jahre alt.

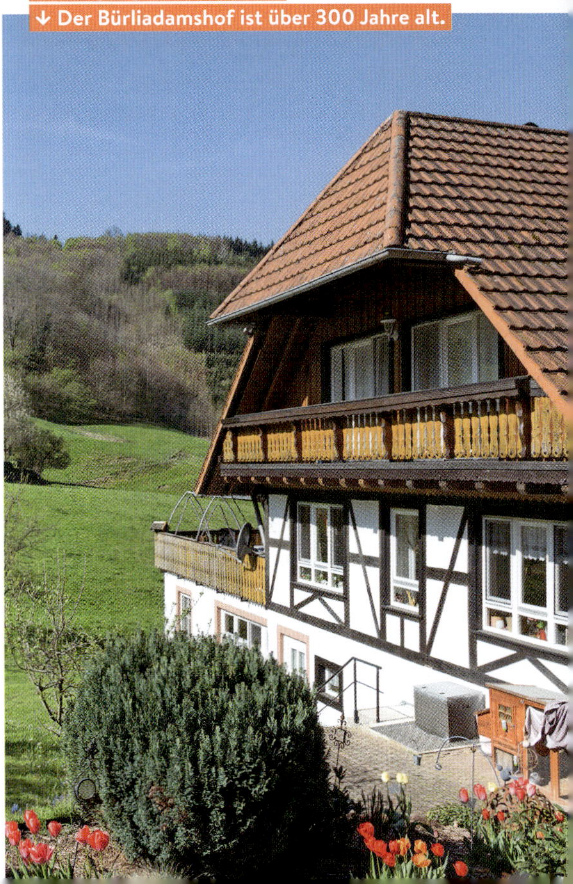

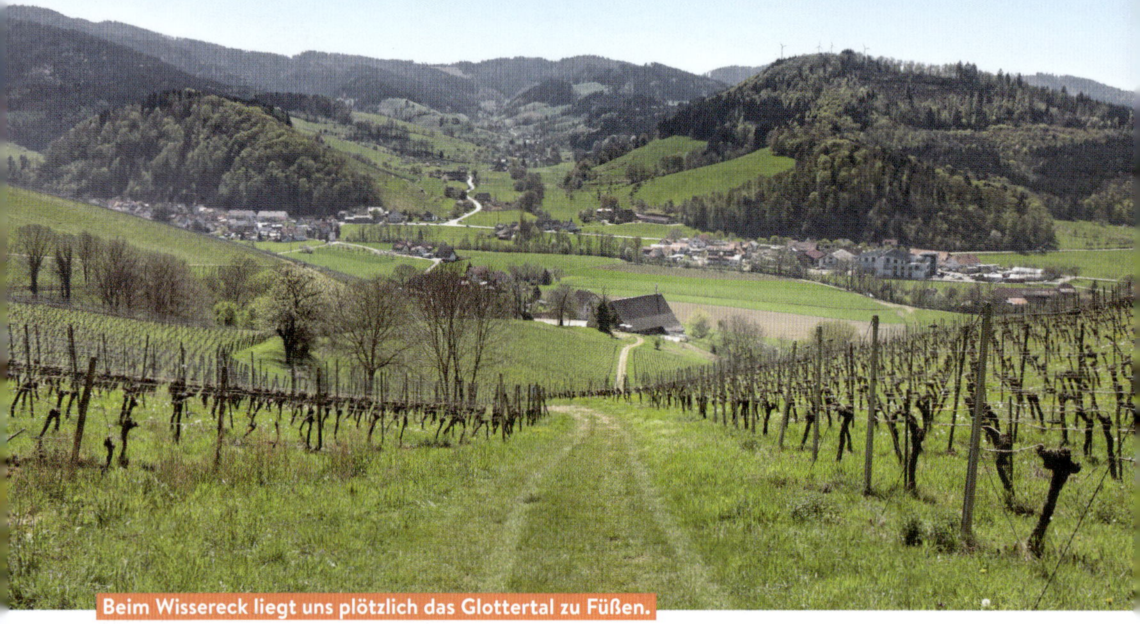

Beim Wissereck liegt uns plötzlich das Glottertal zu Füßen.

AUFSTIEG ZUR SCHWARZENBURG Ab dem Engebuck verläuft der Rundweg 2 erst auf dem Hornbühlweg, dann mit der gelben Raute auf wechselnden, aber gut gekennzeichneten Wegen zum **2 Grabenhofrank**. Von dort führt der Rundweg über die Ostseite des Stalzenbergs herum bis zu einem ersten Ausblick auf die Schwarzenburg, eh wir uns beim Wäldele links, dann rund 100 Meter weiter beim Wegweiser Überm Hinteren Bauer rechts orientieren. Über den Heuweg wandern wir schließlich hoch zur **3 Schwarzenberghütte**. Durch die Schwarzenbergtour und den Zweitälersteig herrscht bei der Grillhütte ein ständiges Kommen und Gehen. Sobald wir den Fußweg durch den inneren Halsgraben hoch zur **4 Ruine Schwarzenburg** genommen haben, sollten wir auf dem weitläufigen Burggelände aber bald einen freien Rastplatz finden.

GESCHICHTE DER SCHWARZENBURG
Die früher Schwarzenberg genannte Festung geht auf die Schirmvögte des Frauenklosters St. Margarethen in Waldkirch zurück. Als Bauherr gilt Conrad von Waldkirch, der sich ab der Fertigstellung der Burg im Jahr 1136 »de suarcinberc« nannte und so das Adelsgeschlecht derer von Schwarzenberg begründete. Nachdem ein Zweig der Familie Mitte des 13. Jahrhunderts die Kastelburg bei Waldkirch errichtet hatte, starb die alte Schwarzenberger Linie mit Ulrich II. im Jahr 1347 aus. In der Folge war die Schwarzenburg zunehmend dem Verfall preisgegeben, bis sie im 16. Jahrhundert verlassen wurde und die eingestürzten Mauern als Steinbruch dienten. Auf dem 130 x 40 Meter großen Areal haben nur wenige, aber dennoch beachtliche Reste eines Schalenturms und des Pallas die Zeit überdauert. Im Norden der Ruine öffnet sich der Blick auf Waldkirch und das Elztal.

AUF DER SCHWARZENBERGTOUR ZUM WISSERECK Zurück bei der Schwarzenberghütte teilen wir uns auf dem nächsten Abschnitt den Weg mit der Schwarzenbergtour. Somit geht es erst mit der gelben Raute durch den Wald zum Wegweiser Über dem Heuweg, dann mit der blauen Raute über den Rastplatz und das Christuskreuz beim Luser zum **5 Vogesenblick**. Da sich dieser mitten im

Wald befindet, fehlt die zu erwartende Aussicht. Wir können also der blauen Raute gleich weiter über das Heidelbeereckle und das Schlosswaldeck sowie über den Wegweiser Im Schlosswald bis zum **6 Wissereck** folgen. Nachdem die Bäume auf dem Weg dorthin kurz die Sicht zur Hochburg Emmendingen freigegeben haben, finden wir hier den perfekten Ort, um die Aussicht über die Weinberge und das Glottertal zu genießen. Passend dazu lädt am oberen Rand des Weinbergs eine Himmelsliege zum Verweilen ein.

VEREINTER SILBERSTEIG Ebenfalls auf dem Wissereck treffen wir auf den Rundweg 1 des Silbersteigs. Auf dem letzten Abschnitt führen beide Varianten des Themenwegs durch den Wald zum Naturdenkmal, einer alten Kastanie, und ab dort weiter bergab zum Reschhof nahe dem **E Wanderparkplatz**.

Tipp

SILBERBERGWERK SUGGENTAL

Seit Mitte der 1980er-Jahre legt der Verein Silberbergwerk Suggental die alten Stollen frei und dokumentiert die Spuren des historischen Bergbaus sowie seine Auswirkungen auf die Geschichte der Region. Führungen sind nach vorheriger Anmeldung sowie beim Stollenfest am jeweils zweiten Septemberwochenende möglich. Die kleine Führung führt 56 Meter weit ebenerdig in den St.-Anna-Stollen hinein. Auf der großen Führung lernen Besucher den mittelalterlichen St.-Josephi-Stollen kennen. Dieser ist auf etwa 340 Meter öffentlich zugänglich und erfordert Trittsicherheit, Schwindelfreiheit sowie Kleidung, die schmutzig und nass werden darf (www.silberbergwerk-suggental.com).

INFO

TOURENCHARAKTER

Waldreiche Runde auf ruhigen und bequem zu gehenden Wegen mit mehreren herrlichen, wechselnden Aussichten; an Proviant denken

AUSGANGS-/ENDPUNKT

Parkplatz Bergwerk Suggental
GPS 48.0656, 7.9368

ANFAHRT

ÖPNV: Die nächste Bushaltestelle ist Suggental Kirche (ab Waldkirch mit der Linie 7206). Der 1 km lange Zuweg erfolgt auf der Talstraße.
Auto: Von der B 294 Freiburg–Haslach die Ausfahrt nach Suggental nehmen. Der Talstraße durch den Ort bis zum Bergwerk folgen.

Mittel | 12 km | 450 Hm | 3.30 Std.

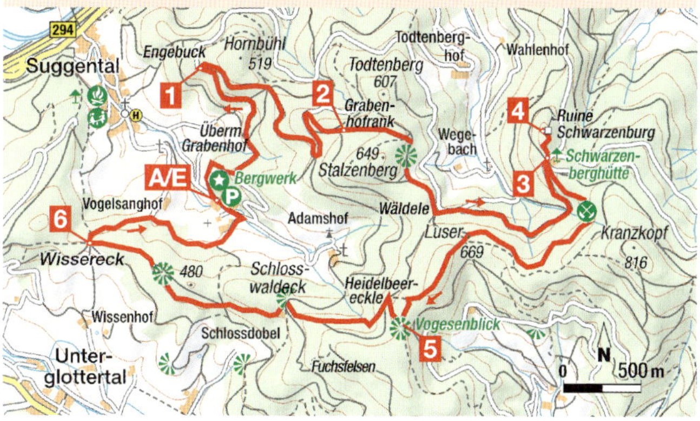

EINKEHR

Auf der Strecke keine, großzügige Rastmöglichkeiten bei der Burg

INFORMATIONEN

ZweiTälerLand Tourismus,
Tel. 07685/19433,
www.zweitaelerland.de

HERAUSRAGEND BEI EMMENDINGEN

Eichbergturm versus Hochburg

Die Hochburg ist die drittgrößte Burganlage in Baden. Um die Festung ranken sich mehrere Sagen, die von verborgenen Schätzen berichten. Bevor wir uns auf Schatzsuche begeben, führt uns der Weg auf den bewaldeten Schlechtberg. Von dort geht es durch zwei Täler auf den Eichberg.

14

Aussicht von der Hochburg zum Kandel

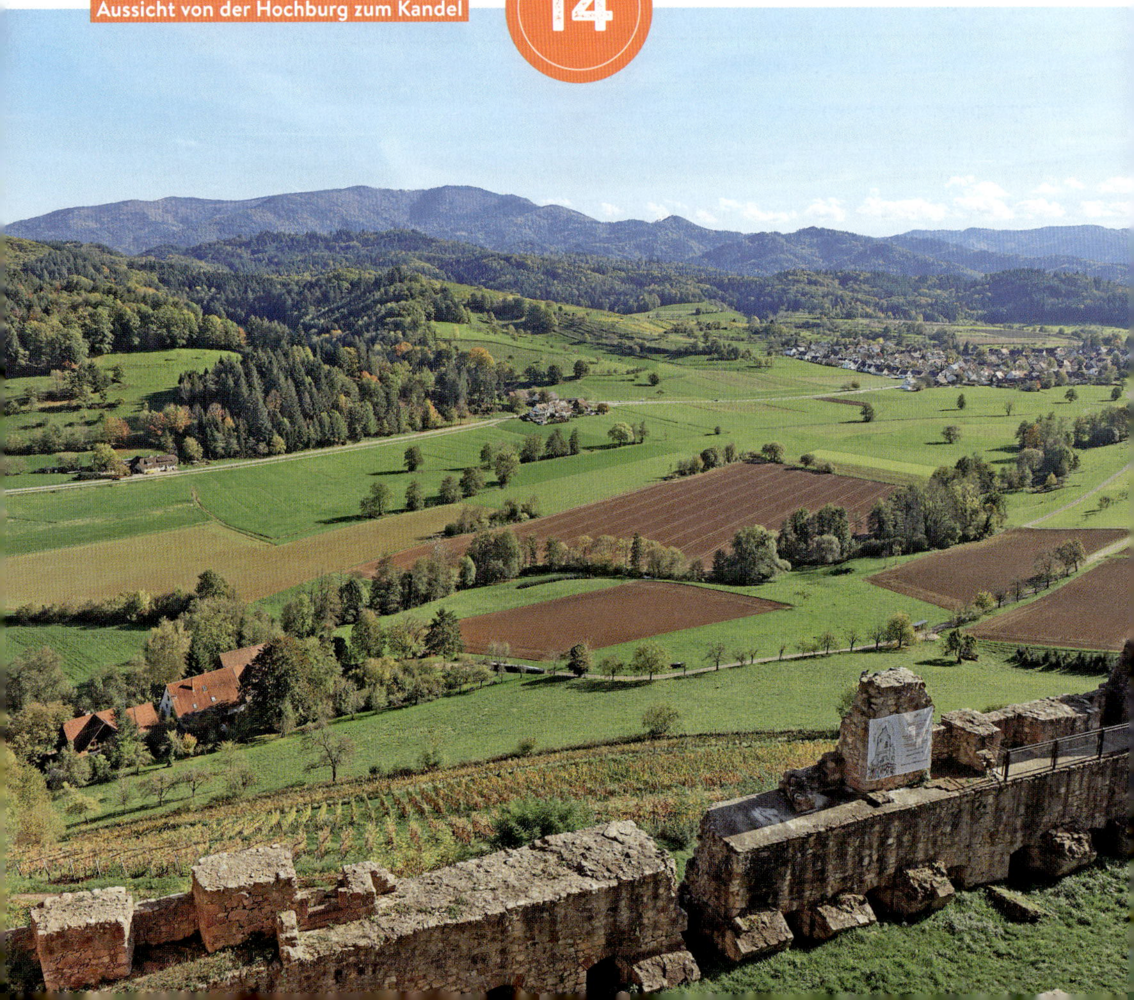

CAROLINENGRUBE IM WANNENDOBEL

Bei der Anfahrt sowie am Ausgangspunkt beim **A Parkplatz Caroline** bekommen wir einen ersten Eindruck von der imposanten Ostseite der Hochburg. Bis dorthin wären es anderthalb Kilometer. Die Wanderung ist allerdings entgegen dem Uhrzeigersinn beschrieben. Damit wenden wir der Ruine den Rücken zu und folgen der gelben Raute zur Carolinengrube. Die ersten 800 Meter erfolgen auf einem Fahrweg bis zu einem kleineren, privaten Parkplatz. Links geht es zur **1 Carolinengrube.** Als Besonderheit der mittelalterlichen Silbergrube befindet sich das Bergwerk weitgehend unter dem Grundwasserspiegel. Neben den Gängen zum Abbau silberhaltiger Blei- und Kupfererze mussten sogenannte Wasserlösungsstollen angelegt werden, über die das Wasser ablaufen konnte. Weil sich diese nach Aufgabe des Bergbaus rasch mit Wasser und Schlamm verfüllten, ist die Carolinengrube eine bedeutende Fundstätte für montanhistorische Zeugnisse. Heute sind Führungen durch den Hauptgang möglich (www.carolinengrube.de). Im Umfeld der Grube sind alte Erzlöcher zu finden.

ÜBER DEN SCHLECHTBERG IN DIE TÄLER

Vorbei am Bergwerksgelände geht es mit der gelben Raute auf breiten Forstwegen über den Wegweiser Sandrank ins Brettenbachtal zu den Staudenhöfen. Rechts passieren wir als Nächstes das ehemalige Gasthaus **2 Staude.** Nach knapp 700 Metern entlang der Landstraße kommen wir links zum Wegweiser Sonnenziel. Laut Beschilderung ginge es geradeaus zum Eichbergturm. Schöner finden wir jedoch den kurzen Umweg durch das Tal des Tennenbächles. Somit biegen wir rechts in Richtung Tennenbach ab. Beim Wegweiser **3 Am Laberberg** haben wir anschließend die Wahl. Für eine Einkehr ginge es geradeaus zum Landgasthaus zum Engel. Ansonsten biegen wir beim Wegweiser sogleich links ab.

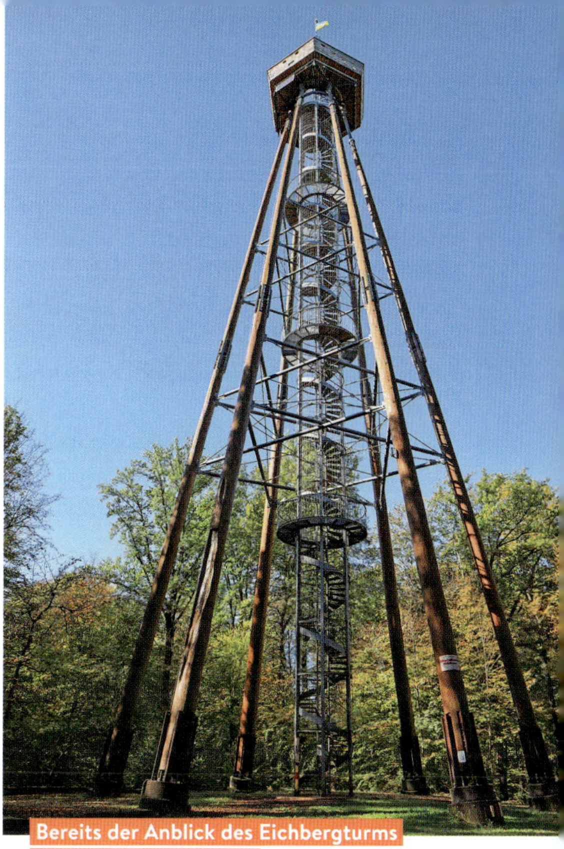

Bereits der Anblick des Eichbergturms ist schwindelerregend.

LABERBERG UND EICHBERG Auf dem folgenden Abschnitt gewinnen wir auf einem schmalen Waldpfad rasch einige Höhenmeter. Am oberen Ende des Pfads biegen wir links auf einen Forstweg ab, verlassen diesen nach 100 Metern aber schon wieder rechts zur **4 Laberhütte.** Ab der Hütte wandern wir in westlicher Richtung am Teufelsloch vorbei und treffen auf den Oberen Laberweg. Diesem folgen wir geradeaus bis zum Wegweiser Wachtel, wo wir links abzweigen. Auf wechselnden Pfaden, über die »Nett bächle Brücke« und den »Lapátos forrás« sowie den Rotmeerweg finden wir zur **5 Emil-Scheer-Hütte.** Direkt nach der Hütte biegen wir mit dem Rotmeerweg links ab. Dieser führt uns weiter durch den Wald bis zur K 5100. Jenseits der Kreisstraße passieren wir den Parkplatz und gelangen schließlich über den Wegweiser Tennenbacher Straße zum **6 Eichbergturm.**

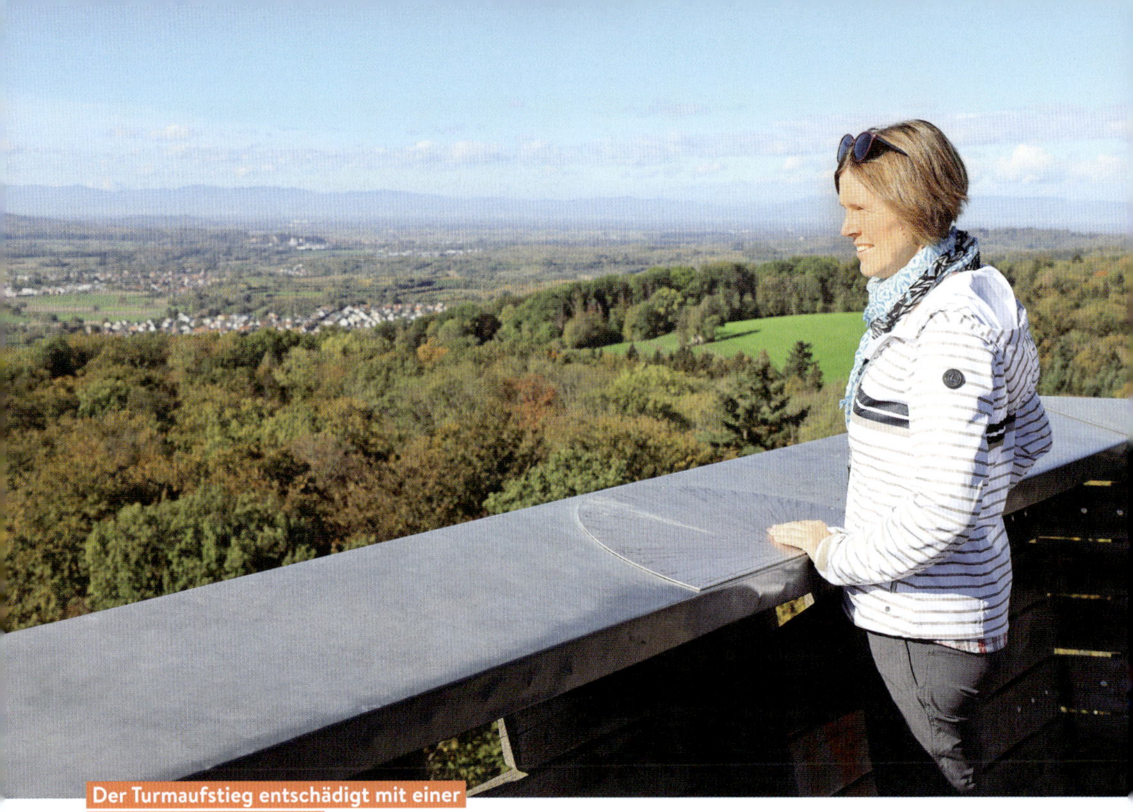

Der Turmaufstieg entschädigt mit einer perfekten Rundumsicht.

Tipp

SCHÄTZE IN DER HOCHBURG

Bei der Hochburg geht bei Mondschein eine weiße Frau fröhlich in das Brettental, doch weinend zurück zur Burg. In ihrer Hand hält sie einen Schlüsselbund, von dem es heißt, er öffne den Zugang zu einem Schatz. In einer zweiten Legende verrennt sich ein Jüngling in die Idee, in den unterirdischen Gängen der Ruine einen Goldschatz zu finden, bis er seinem Wahnsinn erliegt und stirbt. Etwas mehr Glück war einem Hirtenjungen beschienen. Er fand in der Schlossruine einen prunkvollen Saal, in dem ihn zwölf Männer königlich bewirteten und mehrere Goldstücke schenkten. Allein als der Hirte mit den Dorfbewohnern zur Hochburg zurückeilt, sind weder der Saal noch die Männer zu finden.

GRANDIOS AUF DEN EICHBERGTURM

Das Rohgerüst des Eichbergturms wurde zum 50-jährigen Gründungsjubiläum von Baden-Württemberg am 25. April 2002 errichtet. Bei der Fertigstellung im September 2005 war der Eichbergturm mit 53,20 Metern der höchste reine Aussichtsturm Deutschlands. Wer die 240 Stufen hoch zur obersten Plattform nimmt, wird mit einer grandiosen Sicht nach Westen zum Kaiserstuhl und den Vogesen belohnt. Links davon verliert sich der Blick in der meist diesigen Burgunder Pforte. Wenden wir uns nach Süden und Südosten, rücken der Hochschwarzwald mit dem Blauen, dem Schauinsland und dem Feldbergmassiv ins Bild. Weiter nördlich schließen sich der Kandel als höchste Erhebung des Mittleren Schwarzwalds und der Gebirgszug mit dem Brend und Gschasikopf an. Auf dem Turm helfen mehrere Tafeln, die vielen Berge und Kuppen zuzuordnen.

AUF DEM BREISGAUER WEINWEG ZUR HOCHBURG Nach dem Abstecher kehren wir zurück zum Wegweiser Tennenbacher Straße. Auf dem Breisgauer Weinweg geht es weiter durch den Eichenwald nach Hinterhau. Abermals haben wir die Wahl: Wer die lange Tour abkürzen möchte, kann auf dem Vierburgenweg direkt zur Hochburg wandern. Schöner ist auch hier die längere Variante. Hierfür folgen wir dem Weinweg über die Landstraße hinweg bis zum Aussichtspunkt **7 Wilhelmshöhe**. Ab dort verläuft der Themenweg mal entlang von Weinreben und Obstgärten, dann durch den Wald zum Landgasthaus Waldschänke. Nach einem Schlenker durch den Ort Windenreute folgen wir den Markierungen des Weinwegs erneut durch einen Waldstreifen zum Friedhof Windenreute. Nach einem kurzen Stück rechts entlang der Bergstraße führt uns der Breisgauer Weinweg durch die offene Landschaft zur Langgasse sowie rechts über den Schulbauernhof Domäne Hochburg zur **8 Ruine Hochburg**. Für den Rundgang durch die weitläufige Festung und das Studium der Infotafeln vor Ort sollten wir einige Zeit einplanen. Danach kehren wir über den Sexauer Aufgang zurück zum Breisgauer Weinweg. Der weitere Rückweg erfolgt über die **9 Hochburger Rebhalde** und an der Holzmühle vorbei bis zur Landstraße nahe dem **A Parkplatz Caroline**.

INFO

TOURENCHARAKTER

Auf dieser Runde wechseln sich ausgedehnte Wälder mit freien Flächen ab. Im Bereich der Staudenhöfe sind rund 850 m entlang von Straßen zurückzulegen. Sonst bequem zu laufende Wege und Pfade

AUSGANGS-/ENDPUNKT

Parkplatz Silbergrube Caroline an der L 110
GPS 48.1192, 7.9085

ANFAHRT

ÖPNV: Ab ZOB Denzlingen mit der Buslinie 7209 Richtung Elzach zur Haltestelle Eberbächle, Sexau
Auto: Von der B 294 Freiburg–Haslach bei Waldkirch-West nach Buchholz abfahren, dann in Sexau auf die Lörchstraße abbiegen, der Straße bis zum Parkplatz an der L 110 folgen

Mittel | 17,7 km | 450 Hm | 5.00/6.00 Std.

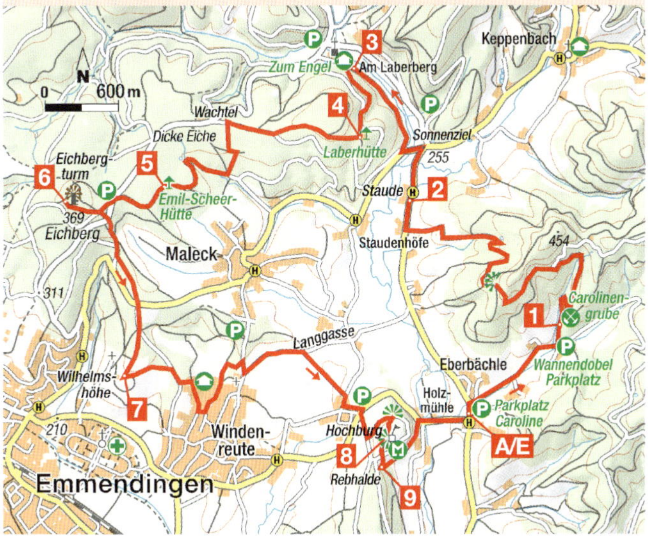

EINKEHR

Gasthaus Zum Engel, Waldschänke, Schwatzhüsle auf der Hochburg

INFORMATIONEN

ZweiTälerLand Tourismus, Tel. 07685/194 33, www.zweitaelerland.de

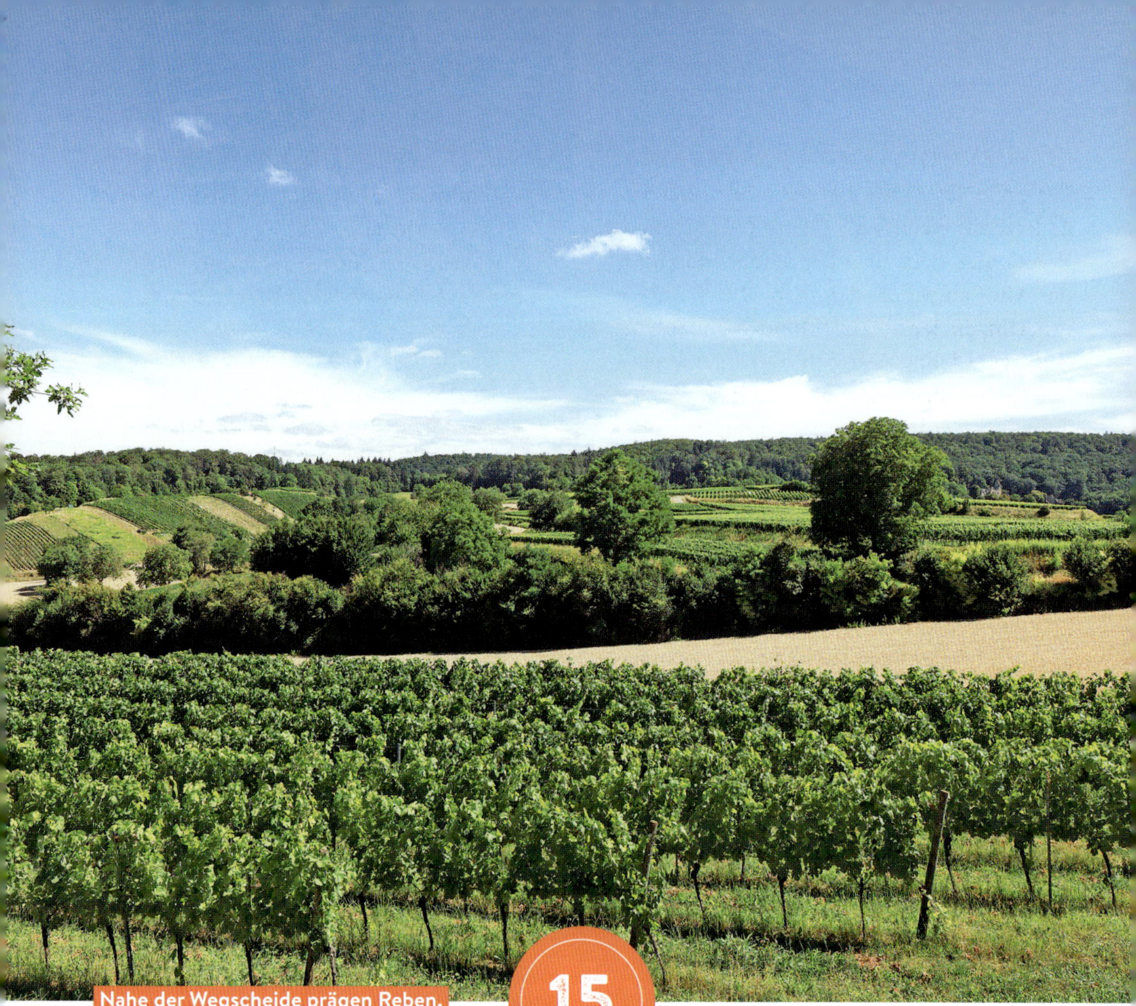

Nahe der Wegscheide prägen Reben, Weizen und Feldhecken die Landschaft.

15

EINMAL MITTELALTER UND ZURÜCK

St.-Gallus-Rundweg Heimbach

Der St.-Gallus-Rundweg führt Wanderer seit 2009 zu historisch bedeutsamen Stätten rund um Heimbach. Anlass war die 1250-Jahrfeier des Orts. Neben spannenden Einblicken in die Geschichte können wir uns über eine landschaftlich attraktive Tour durch die Vorbergzone des Schwarzwalds freuen.

VON DEN SCHLÖSSERN ZUM SEILBERG Der offizielle Startpunkt befindet sich beim **A Rathaus Heimbach**. Bereits hier bieten der Waldteufel- oder auch Narrenbrunnen und das Alte Schloss ein dankbares Motiv für Erinnerungen. Jenseits der Köndringer Straße verbirgt sich das Neue Schloss hinter einer Sandsteinmauer. Es wurde durch den Freiherrn Maximilian von Duminique erbaut und vereint Elemente des Klassizismus mit früher Romantik. Heute befindet sich das Anwesen samt seinem Englischen Garten im Privatbesitz und ist öffentlich nicht zugänglich. So kehren wir den beiden Schlössern schon bald den Rücken und folgen dem Themenweg erst entlang der Köndringer Straße, dann links durch die Straße Am Seilberg. Sobald wir Heimbach verlassen haben, steigt die Straße über zwei markante Kurven zum Waldrand und – rechts haltend – dem Grillplatz auf dem Seilerberg an. Vor Ort informiert eine Tafel über den früher hier betriebenen Kalksteinbruch und die Überformung der Landschaft durch den Menschen.

DURCH WALD UND WEIN Vom Grillplatz führt der Rundweg durch den Wald zum Kaplonerloch. An dieser Stelle soll im Juni 1724 der Kaplan Christian Nopper in die Schlucht eines Rinnsals ausgerutscht und zu Tode gekommen sein. Am Ende des Wegs halten wir uns zunächst links, eh wir am Waldrand rechts zum Wegweiser **1 Fuchsbug** gelangen. Hier bietet sich ein Abstecher zur Ruine Landeck an. Vor Ort wird die Distanz mit 500 Metern angegeben. Inklusive der Wege innerhalb der Burg muss man für hin und zurück rund 1500 Meter einrechnen. Von Fuchsbug führt der St.-Gallus-Rundweg in südlicher Richtung durch die Reben zur **2 Wegscheide**. Dort treffen wir auf den Breisgauer Weinweg, dem wir mit weiteren Aussichten über Wein- und Weizenfelder sowie zur Ruine Landeck zum Vögelisberg folgen.

Tipp

KNOCHENJOB IM STEINBRUCH

Über 1000 Jahre bildeten die Buntsandsteinbrüche die Lebensgrundlage für viele Heimbacher Familien sowie auch für Steinhauer aus anderen Teilen Deutschlands und Italiens. Die wirtschaftliche Bedeutung war so hoch, dass im 19. Jahrhundert eine Bahnlinie für den Abtransport der gebrochenen Steine geplant wurde. Ebenfalls ab dem 19. Jahrhundert wurde in Heimbach Sprengstoff eingesetzt, um den Abbau zu beschleunigen. Auf der Schattenseite forderte die schwere Arbeit einen hohen Tribut: durch den Kieselsäuregehalt im Gestein litten die Arbeiter unter Silikose (Staublunge). Das ließ die Lebenserwartung unter 40 Jahre sinken.

AUSSICHTEN AM SCHADMANNS- UND BLUMBERG Auf der Anhöhe biegen wir mit dem Weinweg erneut rechts ab. Nach

Kreuz auf dem Blumberg

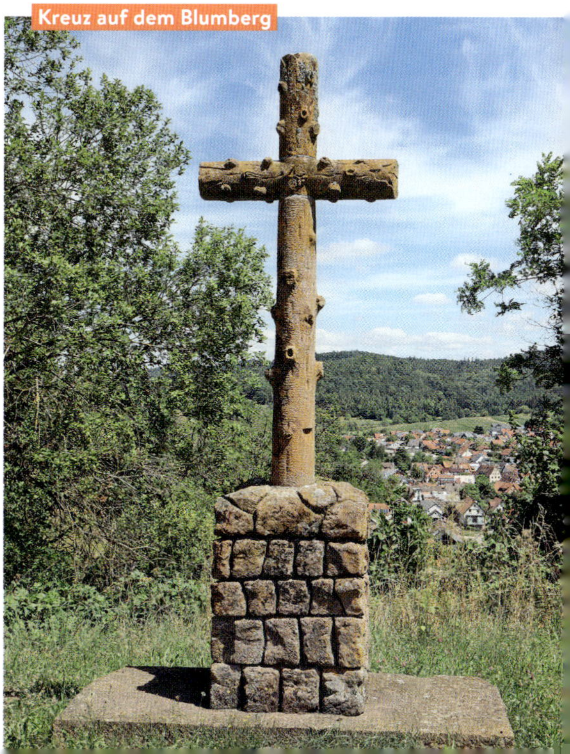

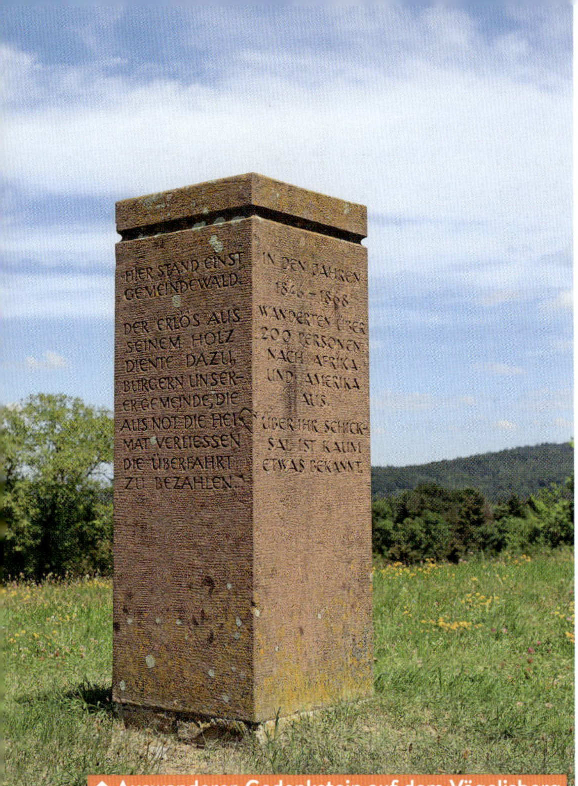

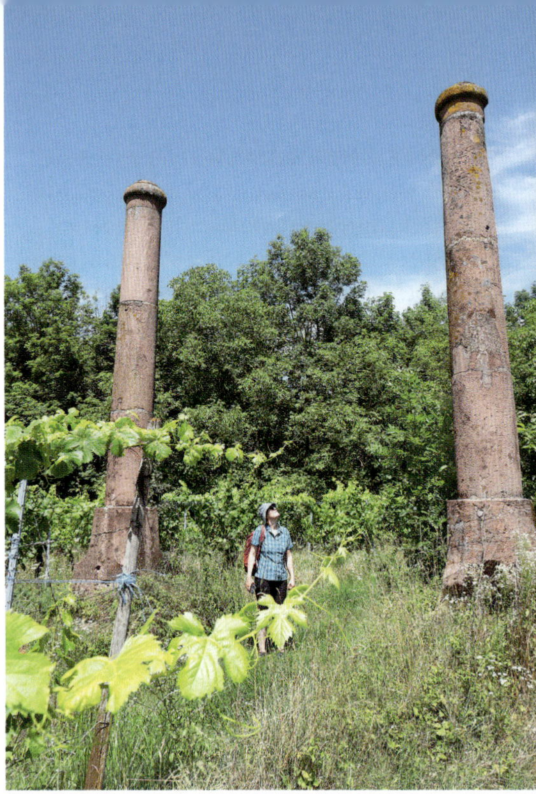

↑ Auswanderer-Gedenkstein auf dem Vögelisberg
↗ Zum Heimbacher Galgen fehlen Hinweise auf Hinrichtungen.

mehreren Kurven stoßen wir am Fuß des Weinbergs auf die alte Hauptverbindung von Heimbach nach Köndringen. Der Wanderweg setzt sich um wenige Schritte nach rechts versetzt über den Seegraben bis zur Kreisstraße fort. Jenseits davon biegt der St.-Gallus-Rundweg mit dem Weinweg erst rechts, dann 100 Meter weiter links ab. Damit folgen wir den Wegmarkierungen wieder bergan durch die Reben zum Wegweiser **3 Schadmannsberg**, wo wir zum Blumberg abbiegen.

Nach einer Passage am Waldrand trennen sich beide Themenwege: während der Weinweg den direkten Weg auf den Blumberg nimmt, biegt der St.-Gallus-Rundweg am Waldeck rechts ab und führt östlich um die Reben herum bis zu einer Panoramatafel. Von dort geht es links zum Kreuz auf dem Blumberg, ehe sich beim Wegweiser **4 Blumberg** beide Wege wieder vereinen. Vor Ort lernen wir die Legende vom irischen Mönch St. Gallus und seinem Bären kennen. Auf der Anhöhe ermöglicht eine Verbindung nach Heimbach, den Rundweg in zwei kürzere Touren aufzuteilen.

ABSTECHER UND GRENZSTEINE Für die gesamte Runde folgen wir dem Breisgauer Weinweg in Richtung Malterdingen am Rangackerkreuz vorbei bis zum **5 Zielgrüble**. Dort lohnen sich links die beiden Abstecher zum Heimbacher Galgen und dem Auswanderer-Gedenkstein. Zurück beim Zielgrüble wandern wir dann geradeaus, kreuzen die Kreisstraße und finden am Waldrand eine weitere Panoramatafel samt Rastplatz. Ab dort führt uns der St.-Gallus-Rundweg durch den Wald und über die Landstraße zum Wegweiser Forsterloh (rechts) und ab dort an mehreren alten Grenzsteinen vorbei bis zum Wegweiser **6 Beim Kreuzweg**, wo die Landstraße ein zweites Mal gequert wird.

STEINREICHES HEIMBACH Der nächste Abschnitt des Themenwegs führt in südlicher Richtung durch den Wald zum **7 Oberen Steinbruch**. Nachdem zunächst nur ein paar Trampelpfade an die im Mittelalter bedeutende Abbaustätte führen, öffnet sich die Sicht auf eine beeindruckende Wand aus rotbraunem Buntsandstein. Noch heute sind die Arbeitsspuren deutlich zu erkennen. Am Ende des Wegs, nahe eines Rastplatzes, biegen wir erst links, dann mit der inzwischen vertrauten Beschilderung rechts zum **8 Unteren Buntsandsteinbruch** ab. Weiter geht es erst noch im Wald, dann entlang des Waldrands zum Hinweisstein mit weiteren Infos über den Sandsteinabbau. Wo der breitere Weg anschließend wieder in den Wald eintaucht, erfolgt rechts der Abstieg nach Heimbach, um am Ende der Straße Brotacker links in die Straße Am Gallenbach abzubiegen. Wo auch diese endet, kommen wir abermals rechts zum Gedenkstein der St.-Gallus-Kapelle. Ab dort geht es durch die Anton-Scheer-Straße, die Dreibrunnenstraße und die Köndringer Straße zurück zum Ausgangspunkt beim **E Rathaus Heimbach**. Dort können wir auf eine zwar längere, aber durch ihre vielen Eindrücke gelungene Runde zurückblicken.

INFO

TOURENCHARAKTER

Historisch interessante Runde auf Waldwegen und -pfaden sowie auch auf landwirtschaftlichen Wegen.
Die Abstecher auf den Vögelisberg und Galgen lohnen sich.

AUSGANGS-/ENDPUNKT

Rathaus Heimbach an der Köndringer Straße
GPS 48.1624, 7.8300

ANFAHRT

ÖPNV: Ab der S-Bahn-Station Heimbach mit der Buslinie 7200 zur Haltestelle Heimbach Rathaus, Teningen
Auto: Von der B 3 Freiburg–Offenburg in Köndringen in die Heimbacher Straße abbiegen. Der Straße bis Heimbach folgen

EINKEHR

Keine

INFORMATIONEN

Touristinformation Emmendingen,
Tel. 07641/194 33,
www.tourismus.emmendingen.de

Mittel | 14,8 km | 420 Hm | 4.30 Std.

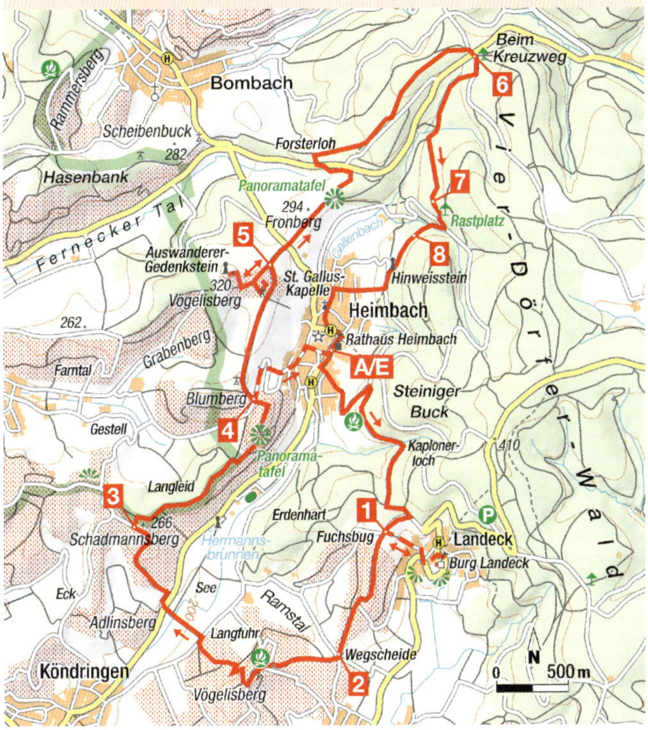

EINE WALLFAHRT UNTER STRAFE

Von Schonach zur Laubwaldkapelle

Marienerscheinungen, das Wirken einer mildtätigen Persönlichkeit sowie heilsam wirkende Quellen sind gängige Auslöser einer Wallfahrt. War ein solcher Ort gefunden, freuten sich zumeist auch umliegende Gemeinden über die neue Wallfahrtsstätte. Anders verhielt es sich bei der Laubwaldkapelle.

16

Blick über den Mühleweiher und Kurpark von Schonach

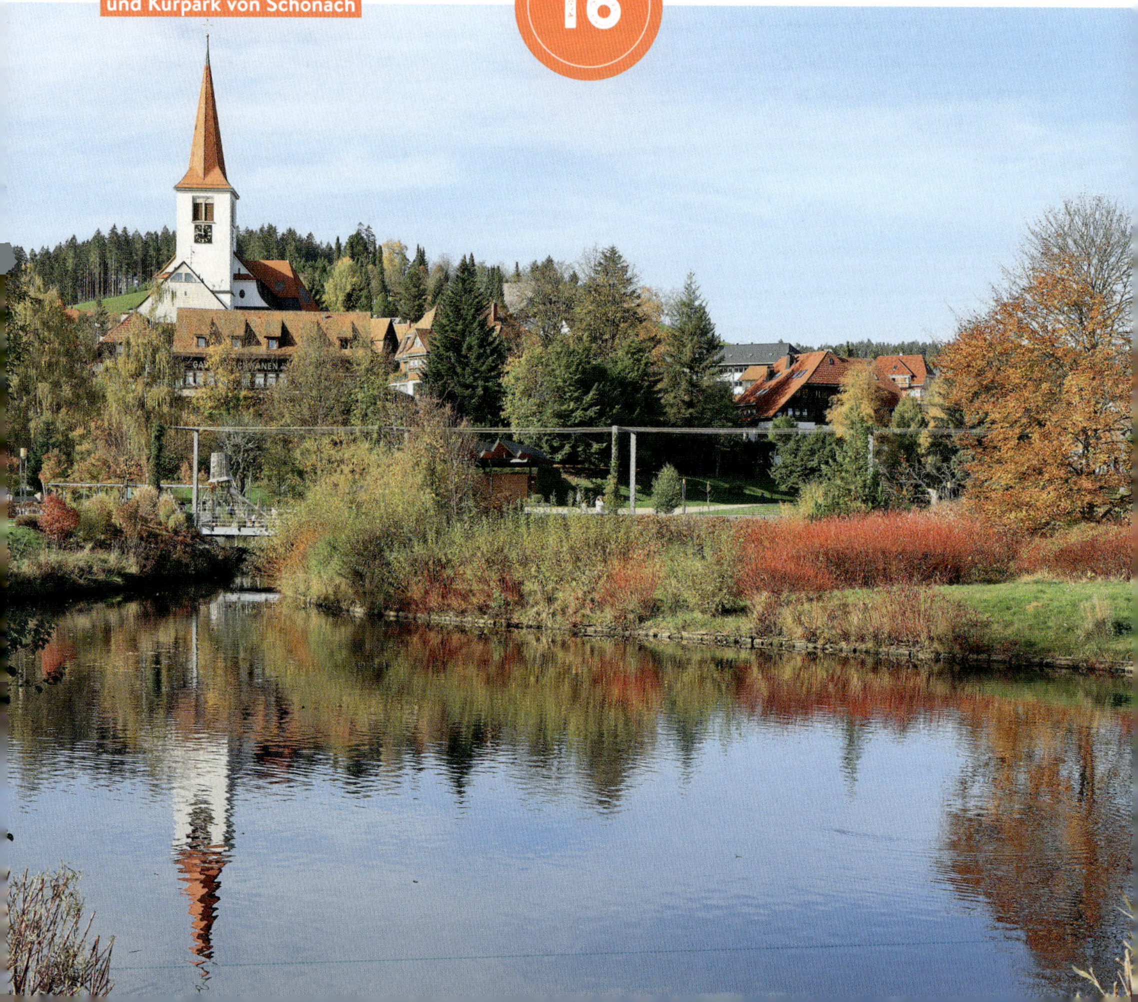

AUF DEM WÄLDERWEG Als Ausgangspunkt haben wir das **A Haus des Gastes** mit der Touristinfo von Schonach gewählt. Auf der Nord- und Westseite des Gebäudes schließt der Kurgarten des Ferienorts an. Mit dem Beachvolleyballfeld, dem Kinderspielplatz und einer Minigolfanlage sowie auch dem Bistro finden wir eine Reihe alternativer Möglichkeiten für einen schönen Ausflug in den Schwarzwald. Für die Wanderung nutzen wir die Brücke zwischen dem Eisweiher und dem Mühleweiher zur Sommerbergstraße. Kurz bevor diese rechts in die Triberger Straße übergeht, biegen wir mit dem Schonacher Wälderweg links in die Friedensstraße ab. Bei der folgenden Gabelung nutzen wir rechts den Weg hoch zum Wegweiser Pfarrer-Fichter-Weg. Einen Steinwurf weiter rechts wechseln wir beim ebenso benannten Wegweiser links auf den Waldpfad. Nach einem schönen Ausblick über Schonach kreuzt der Wälderweg den Seifenbergweg und führt weiter steil bergan bis zum **1 Holzeck**.

LAUBWALDKAPELLE Auf der Anhöhe trennen sich die Wege: Während der Wälderweg zum Sportzentrum abbiegt, laufen wir geradeaus weiter bis zur Rastbank oberhalb eines Einzelhofs. Links geht es auf dem anfangs schmalen Pfad zu einem Forstweg, der uns rechts zum Wegweiser **2 Laubwald** bringt. Es folgt eine Passage auf der Zufahrtsstraße. Schon in der nächsten Kurve wandern wir jedoch erneut geradeaus und folgen der gelben Raute entlang einer Weide, dann links zur **3 Laubwaldkapelle**. Der Blick in das liebevoll instand gesetzte Gebäude lohnt sich. Im Brunnenstock neben der Kapelle symbolisieren die fünf Röhren die fünf Wunden Christi. Begründet wurde die Wallfahrt durch die Schonacherinnen Salome Kienzler und Sabine Schandelmayer. Unheilbar erkrankt, wuschen sich die Frauen mit dem hier zutage tretenden Wasser. Nach ihrer Heilung stiftete die damals unverheiratete Sabine Schandelmayer ein Kreuz und einen Brunnen. Infolge dessen besuchten auch andere Leute den Ort, um von ihren Beschwerden geheilt zu werden.

DEN ÜBERBLICK BEWAHREN Ob das hier zutage sprudelnde Wasser tatsächlich die vor Ort genannten Augenkrankheiten heilte, bleibt Glaubenssache. Wohl aber bietet

Tipp

WALLFAHRT INTERDIKT

Infolge wundersamer Heilungen entstand bald eine Wallfahrt zur Quelle im Laubwald. Damit konkurrierte die zunächst nur mit einem Kreuz und einem Brunnen versehene Stätte bald mit der Wallfahrt zur Maria in der Tanne bei Triberg. Die Obrigkeit erklärte, dass man keine zweite Wallfahrtsstätte bräuchte. Mit dem Erlass des Generalvikars von Konstanz wurde die Wallfahrt zur Laubwaldkapelle am 15. März 1743 mit dem Interdikt belegt. Gottesdienstliche Handlungen waren damit verboten.
Die Tür zur Kapelle sollte geschlossen, der Brunnen vernichtet und die Quelle verstopft werden. Der Besuch der Kapelle stand – wie auch jegliche Andacht oder der Gebrauch des Wassers – unter Strafe. Vor Ort hatte ein Wächter ankommende Wallfahrer über die Verbote zu unterrichten. Trotz einer Verschärfung der Sanktionen blieb die Wallfahrtsstätte erhalten. Im Jahr 1870 wurde die Laubwaldkapelle vergrößert und am 22. Oktober 1871 geweiht. Bis heute ist die Laubwaldkapelle ein beliebtes Wallfahrtsziel geblieben, auch weil die Wallfahrt hier an keine Zeit gebunden und somit das ganze Jahr über möglich ist.

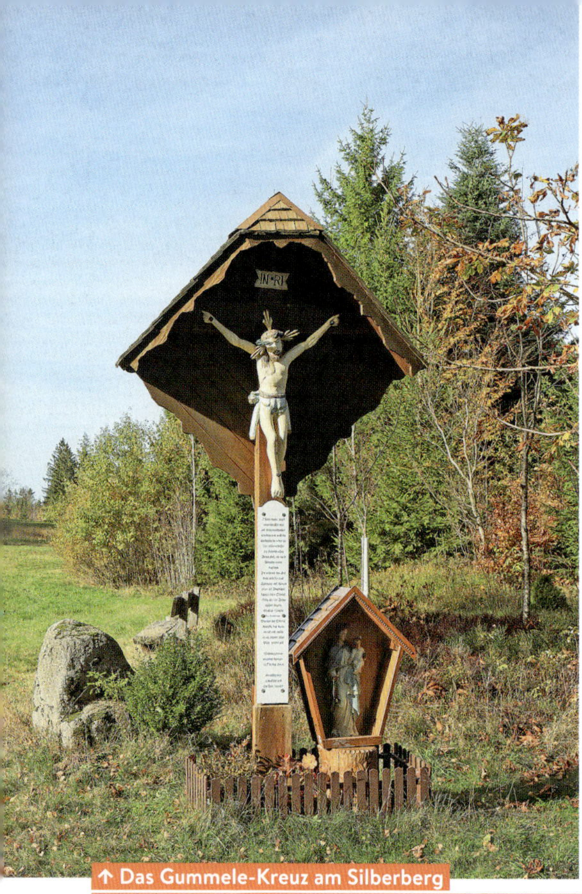

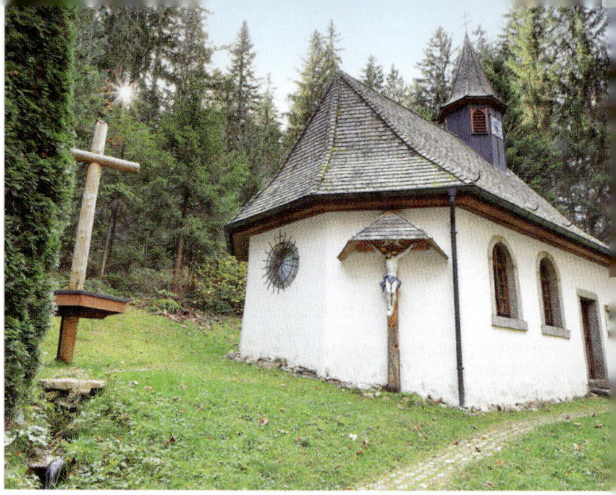

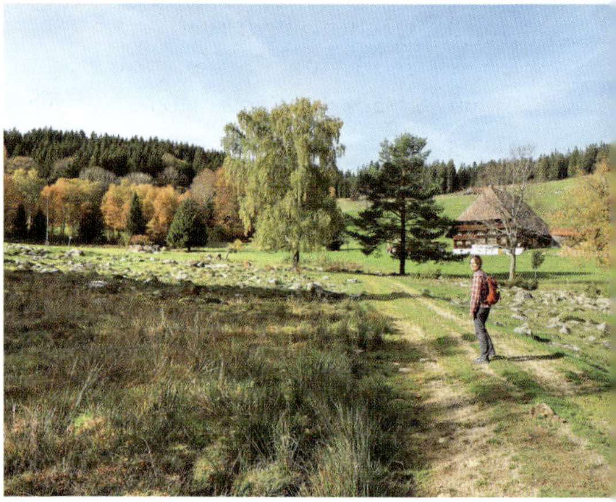

↑ Das Gummele-Kreuz am Silberberg

↗ Laubwaldkapelle samt dem instand gesetzten Kreuzbrunnen

→ Auf dem Weg zum Schärtissenbauer

wenige Schritte weiter eine Wassertretstelle im Bach die Möglichkeit zur spontanen Kneippkur. Einen Sprung weiter kommen wir auf eine Lichtung. Immer mit der gelben Raute geht es im weiten Bogen um den Hof Sägenloch herum. Nach einer weiteren Passage im Wald öffnet sich die Sicht zum idyllisch gelegenen Schärtissenhof. Am Wegende war die Beschilderung bei unserer Begehung lückenhaft. Um auf dem rechten Weg zu bleiben, passieren wir rechts den Schärtissenhof.

Im nächsten Waldstück biegen wir dann links auf den deutlich ansteigenden Waldweg ab. Nachdem uns dieser nochmals eine Aussicht über die Hochfläche eröffnet, kommen wir zum Wegweiser **4 Schärtissenbauer**. Ab dort können wir uns wieder an der gelben Raute orientieren bzw. der Beschilderung über Sieben bis zur Straße oberhalb vom **5 Erwin-Schweizer-Heim** folgen. Das Ferienheim steht am Ende einer längeren Einfahrt. Diese laufen wir nicht hinter, sondern nutzen bereits am Anfang einen leicht zu übersehenden Pfad die Böschung hinunter, wo wir links in den Westweg einbiegen.

WESTWEG, SILBERBERG UND EIN ALTER BEKANNTER Auf dem nächsten Abschnitt geht es mit der roten Raute bereits wieder in Richtung Schonach. Sobald wir einen einzeln stehenden Steinbogen passiert haben, biegt der Westweg am ehemaligen Standort des Herrenwälderhofs links zum Silberberg ab. Nach dem Haus Silberberg halten wir uns bei der Gabelung mit dem Westweg links, um anschließend beim **6 Gummelekreuz** wieder auf den Wälderweg zu treffen. Links führt uns dieser über die Südseite des Silbergs zum Wegweiser Rendsberger Straße, dann an den wenigen Häusern von **7 Laubeck** vorbei zum Feriendorf von Schonach. Ab dort erfolgt der weitere Rückweg über den Wegweiser oberhalb Berghäusle hinunter zur Firma Wiha. Ab dort gelangen wir entlang der Hauptstraße zurück zum Kurgarten, wo wir uns die Abschlussrast im Bistro im **E Haus des Gastes** jetzt sicherlich verdient haben.

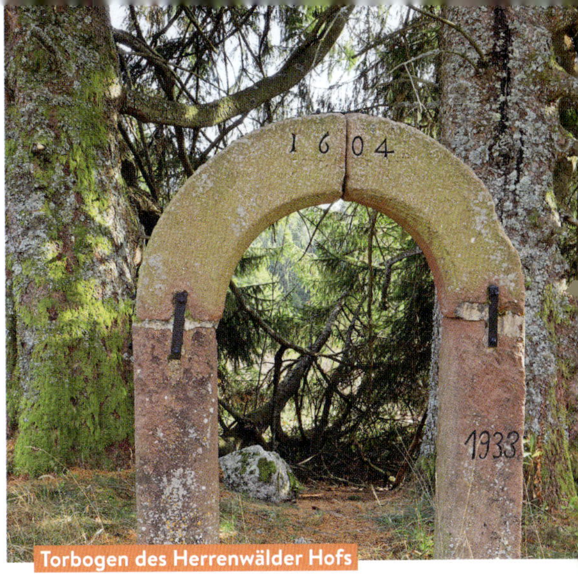

Torbogen des Herrenwälder Hofs

INFO

TOURENCHARAKTER

Die Runde nutzt außerhalb vom Ort Wege, Waldpfade und Wirtschaftsstraßen. Die Höhenmeter verteilen sich gut auf einen zu Beginn steileren, dann mehrere flachere Anstiege.

AUSGANGS-/ENDPUNKT

Haus des Gastes / Kurpark Schonach GPS 48.1422, 8.1983

ANFAHRT

ÖPNV: Ab Triberg oder Elzach mit der Buslinie 7274 zur Haltestelle Triberger Straße, Schonach. Der Zugang erfolgt in westlicher Richtung beim Grubweg.
Auto: Von der B 500 Titisee–Triberg in Triberg auf die L109 nach Schonach abfahren, dort in die Hauptstraße zum Haus des Gastes abbiegen

EINKEHR

Gastronomie in Schonach

INFORMATIONEN

Touristinformation Schonach, Tel. 07722/964 8113, www.hochschwarzwald.de

Mittel	11,5 km	430 Hm	3.30 Std.

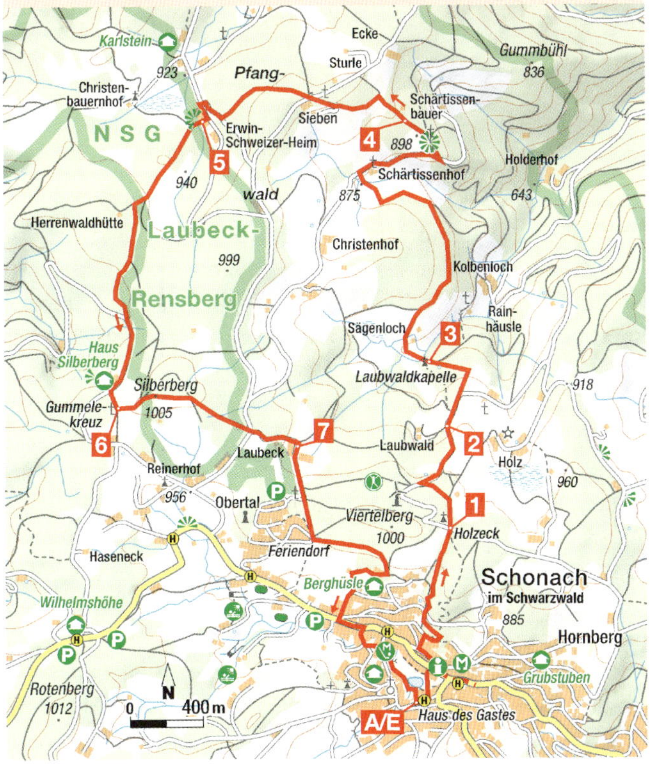

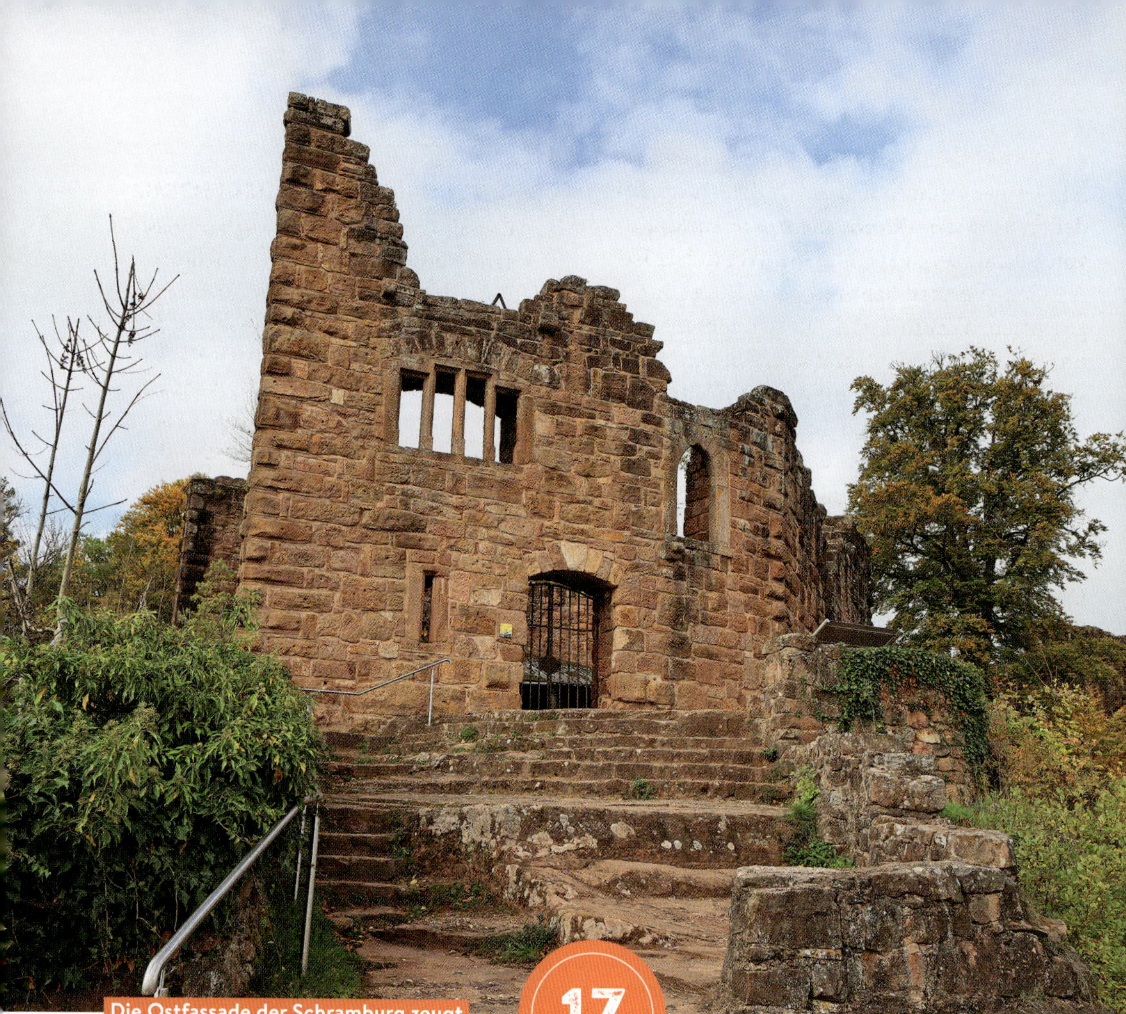

Die Ostfassade der Schramburg zeugt von vergangenem Reichtum.

17

RITTERLICH ÜBER DER FÜNFTÄLERSTADT

Zur Hohenschramberg und Schilteck

Schramberg trägt den Beinamen Fünftälerstadt: Kirnbach, Lauterbach und Göttelbach münden hier in die Schiltach. Letztere zählt doppelt, weil sie beiderseits der Stadt verläuft. Die strategisch besondere Lage ging im Mittelalter mit dem Bau mehrerer Burgen einher.

AUFSTIEG ÜBER DAS AUSSICHTSHÄUSLE

Als Ausgangspunkt haben wir die Brücke bei der **A St.-Maria-Kirche** nahe dem Parkhaus von Schramberg gewählt. Am Wegweiser ist der Genießerpfad Schramberger Burgen angeschrieben. Zum Teil deckt sich dieser mit unserer Runde. Insgesamt aber konzentriert sich der Genießerpfad auf die Anhöhen südlich von Schramberg, während wir uns den Norden mit der Schilteck vorknöpfen. So eingestimmt folgen wir ab der Kirche der Beschilderung über den Wegweiser Überm Schlossbergtunnel zum **1 Aussichtshäusle**. Der Name ist Programm: Bei dem Pavillon liegen uns weite Teile der eng bebauten Stadt zu Füßen. Direkt oberhalb treffen wir auf den Lauterbacher Wandersteig, auf den wir rechts einbiegen. Über einen Treppenweg geht es hoch zum Wegweiser Elefantenkopf. Wer möchte, kann dort mit dem Wandersteig sowie auch Burgenpfad rechts abbiegen. In dem Fall ginge es über den Burgweg hoch zur Hohenschramberg.

BURGRUINE HOHENSCHRAMBERG Um nicht zweimal denselben Weg zu laufen, biegen wir indes links ab und wählen die Route über den Wegweiser Nippenburg. Dort halten wir uns rechts, ehe wir 150 Meter weiter ebenfalls rechts den Pfad hoch zur **2 Hohenschramberg** nutzen. Die Festung direkt oberhalb der Fünftälerstadt wurde ab 1457 als Ersatz für die zerstörte Burg Ramstein bei Tennenbronn errichtet. Damit zählt die Hohenschramberg zu den jüngsten deutschen Burgen. Erste größere Schäden erlitt die Hohenschramberg im Dreißigjährigen Krieg, als Soldaten des Herzogs von Württemberg die Festung belagerten und einnahmen. 1648 wurde die bis dahin zu Vorderösterreich gehörende Herrschaft Schramberg an die Grafen von Bissingen und Nippenburg verpfändet. Im Zuge des Pfälzischen Erbfolgekriegs wurde die Burg 1689 durch

Tipp

SCHRAMBERGER BURGENPFAD

Der als Premiumwanderweg ausgewiesene Burgenpfad verbindet mehrere Aussichtspunkte – wie den Dreiburgenblick – oberhalb der Schiltach und des Kirnbachs mit den Lauterbach-Wasserfällen und den Burgruinen Falkenstein und Hohenschramberg. Weitere Sehenswürdigkeiten entlang der Strecke sind die Villa Junghans und die Falkensteiner Kapelle. Auf der knapp 12 Kilometer langen Runde sind 600 Höhenmeter zu leisten. Da neben einer guten Kondition bei Nässe außerdem Trittsicherheit unabdingbar ist, wird der Burgenpfad nur geübten Wanderern empfohlen.

Treppe vom Aussichtshäusle hoch zum Elefantenkopf

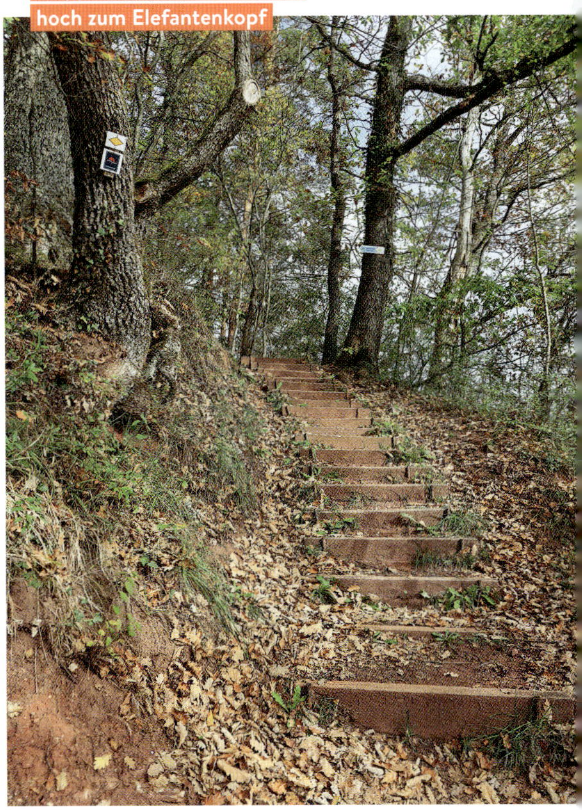

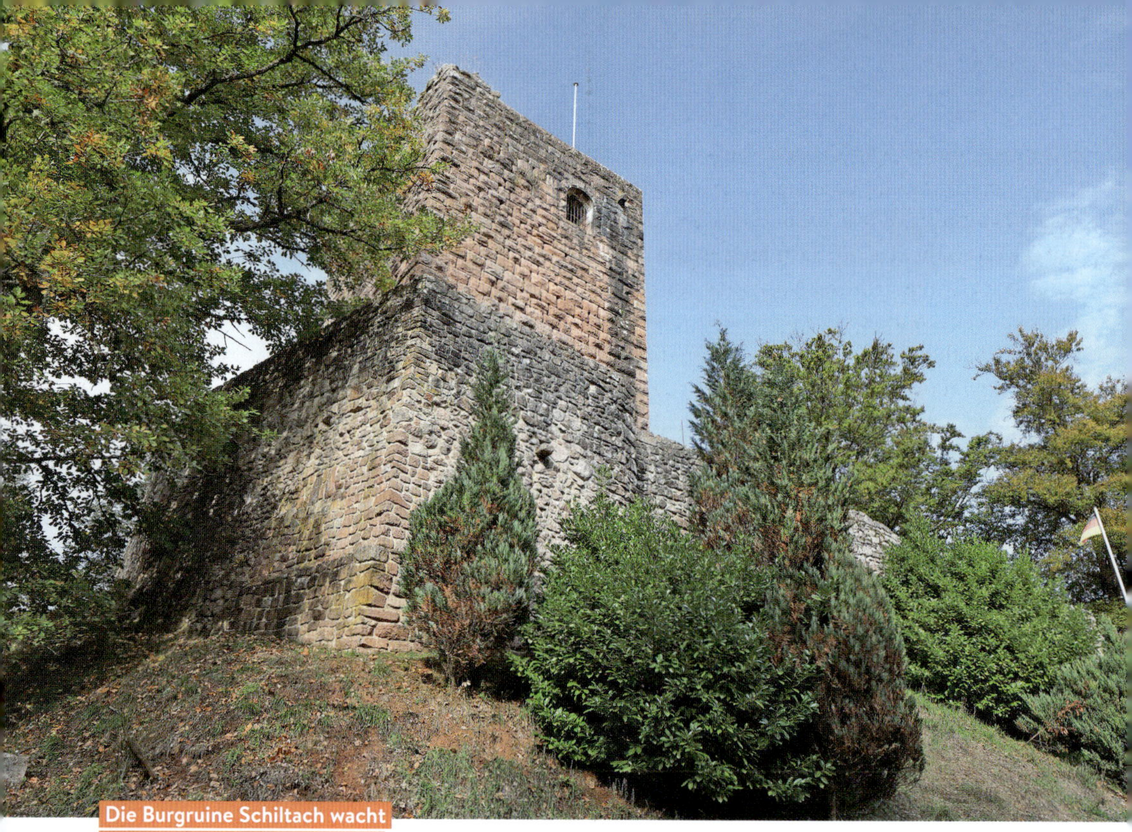

Die Burgruine Schiltach wacht seit 800 Jahren über dem Tal.

Truppen Ludwigs XIV. zerstört. Heute bildet die restaurierte und immer noch stattliche Festung eine beliebte Kulisse für Familien- und Hochzeitsfotos.

BURGRUINE SCHILTECK Nach dem Burgbesuch geht es vom Burgstüble hinunter zum Wegweiser Burgweg (blaue Raute). Scharf links befinden wir uns bis zum Wegweiser **3 Hasenhäusle** auf dem Kinzig-Neckar-Weg, biegen dann aber links ab. Wieder leicht bergan folgen wir damit der gelben Raute auf breitem Forstweg durch den Wald bis **4 Schlossbergweg**, wo wir rechts zur **5 Burgruine Schilteck** abzweigen. Der Zugang zur Festung erfolgt links über eine Treppe. Dort befindet sich eine Toilettenanlage, die aber für gewöhnlich verschlossen ist. Um Reinhaltung der Burganlage wird gebeten. Die Schilteck selbst wurde um das Jahr 1200 auf einem Bergvorsprung unter den Herren von Schilteck errichtet und 1225 erstmals urkundlich erwähnt. Ursprünglich bestand sie aus einem Bergfried, einem Zwinger und zwei Außenmauern und diente der Sicherung des Schiltachtals. Nach mehreren Besitzwechseln wurde die Burg 1395 den Württembergern zugesprochen. Genau 101 Jahre später erfolgte die Vereinigung mit der Herrschaft Schramberg. Anstelle einer neuen Blütezeit setzte daraufhin der schrittweise Niedergang der Schilteck ein. Zeitweise diente sie gar als Steinbruch. Teile der Verteidigungsmauer und der Bergfried blieben jedoch erhalten. Im Umfeld der Schilteck ist außerdem der Halsgraben gut zu erkennen.

SCHILTACH VERSUS WÄLDER Von der Schilteck folgen wir der gelben Raute über die Zufahrt der Ruine hinunter zum Schiltteckhof sowie weiter bergab ins Gewerbegebiet zur **6 Handelshofbrücke**. Rechts ginge es entlang der Schiltach zurück zur Altstadt von Schramberg. Für die komplette Runde nutzen wir nahe der Einmündung in die B 462 die Übergangshilfe. Nach einer kurzen Passage rechts entlang der Bundesstraße biegen wir (nach dem Getränkemarkt) in die Straße Am Hammergraben ab. Am Ende der Straße wechseln wir auf den nun deutlich ansteigenden Waldweg. Wo dieser in einen breiteren Forstweg mündet, orientieren wir uns rechts, sodass wir in südlicher Richtung durch den Wald zu den Häusern der Tiersteinstraße gelangen.

TIERSTEIN UND PARADIESBERG Links geht es am obersten Haus vorbei zurück an den Waldrand zu einer mit Bänken ausstaffierten Andachtsstätte. Dann tauchen wir in den Wald ein und folgen dem bequem zu gehenden Forstweg zum Wegweiser **7 Tierstein**. Zunächst geradeaus halten wir uns beim Wasserhochbehälter links, um einen Katzensprung weiter rechts auf den Pfad abzubiegen.

Auf halber Strecke zum **8 Paradiesberg** treffen wir auf den Ostweg, womit wir uns auf dem letzten Abschnitt an der schwarzroten Raute orientieren können. Damit erfolgt der Abstieg am Waldfriedhof vorbei hinunter ins Stadtzentrum zur Bushaltestelle am **9 Paradiesplatz** sowie über die Bundesstraße hinweg zur Altstadt mit der **E St.-Maria-Kirche**.

INFO

TOURENCHARAKTER
Die Pfade im Bereich der Hohenschramberg und die letzten Meter zur Ruine Schilteck erfordern Trittsicherheit.
Im Bereich Tierstein bis Paradiesberg ist ein guter Orientierungssinn von Vorteil.

AUSGANGS-/ENDPUNKT
St.-Maria-Kirche in Schramberg
GPS 48.2280, 8.3853
(Parkhaus)

ANFAHRT
ÖPNV: Ab Alpirsbach mit der Ruf-Buslinie 7481 zur Haltestelle Paradiesplatz Schramberg, Tel. 07721/99279 48 (mind. 1 Std. vorher)
Auto: Über die B 462 Rottweil–Schiltach bis nach Schramberg, dort in die Hauptstraße, dann links zum Parkhaus abbiegen

EINKEHR
Gastronomie in Schramberg

Mittel	8,7 km	450 Hm	2.30/3.00 Std.

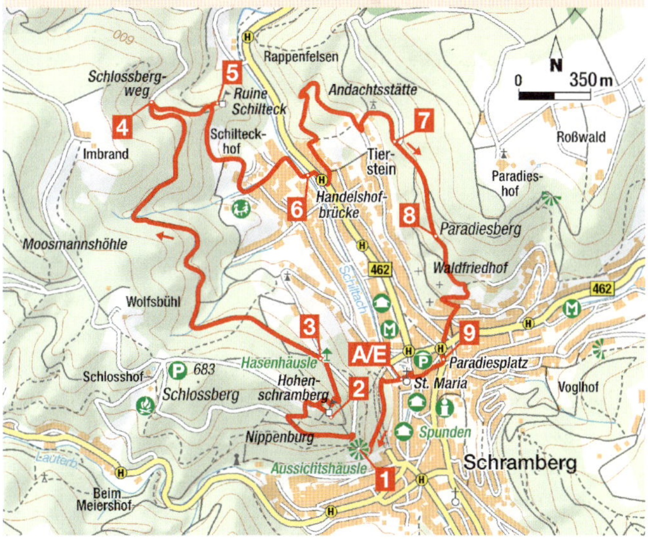

INFORMATIONEN
Touristinformation Schramberg, Tel. 07422/29215, www.schramberg.de

AUF RUHIGEN WEGEN ÜBER DER KINZIG

Historische Runde ab Wolfach

Die Entwicklung Wolfachs ist eng mit dem Holzhandel verbunden. Begünstigt wurde der Aufschwung durch die Fürstenberger, welche den Bürgern der Stadt um 1500 weitreichende Privilegien gewährten. Oberhalb der Kinzig belegt die St. Jakobskapelle die Bedeutung des Tals als Pilgerweg.

18

Beim Wildgehege bekommen wir eine erste schöne Sicht auf Wolfach.

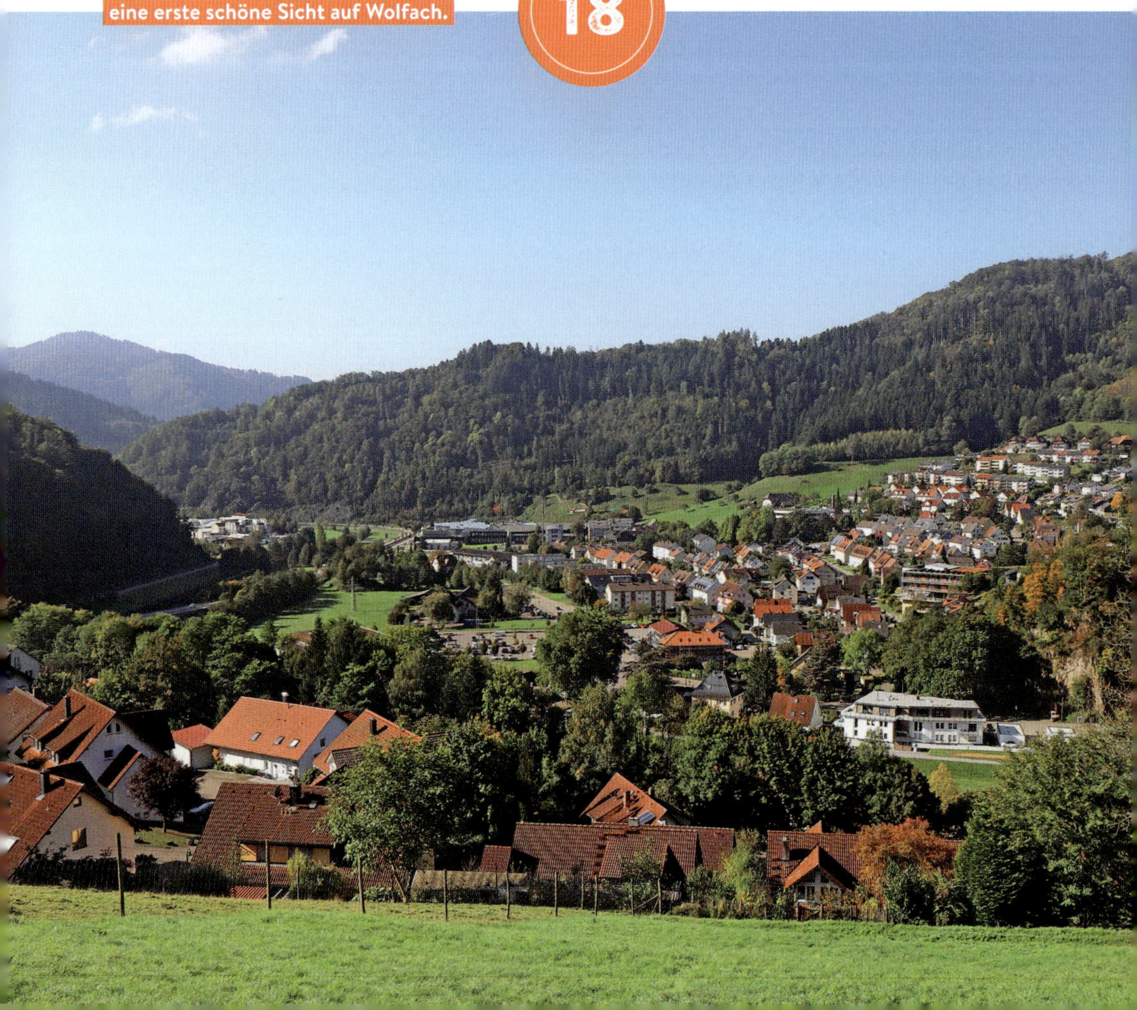

FÜRSTLICHER AUFTAKT Ab dem **A Rathaus von Wolfach** sind es durch die halbwegs verkehrsberuhigte Hauptstraße nur wenige Schritte bis zum **1 Fürstenbergischen Schloss**. Einen bereits im Mittelalter bestehenden Bau ließ Maximilian Franz von Fürstenberg-Stühlingen ab 1670 bis zur heutigen Größe ausbauen. Allerdings wurden seine Pläne jäh durchkreuzt: 1681 starb der Landgraf infolge eines Unfalls in Straßburg, weshalb der große Festsaal nie fertiggestellt wurde. 1947 brannte der Nordflügel mitsamt etlicher Kunstschätze und der geschnitzten Decke des Schöffensaals nieder, wurde aber wieder neu aufgebaut. Heute sind in dem stattlichen Gebäudekomplex Museen und Behörden untergebracht. Leicht zu übersehen ist an der linken Seite des Stadttors (stadtauswärts) das Wolfacher Bettelmännle. Der Sage nach kam beim Bau des Tors ein Bettler herbei und bat um Almosen. Als ihm die Wolfacher jedwede Spende verweigerten, habe sich das Männle wütend unters Tor gelegt, das Hemd hochgezogen und den Bürgern seinen blanken Hintern präsentiert. Heute ist das Bettelmännle das Wahrzeichen Wolfachs.

ÜBER DEN KÄPFLEFELSEN… Stadtauswärts passieren wir die parkähnlich gestaltete Grabenstraße, dann die Sparkassenfiliale und den Raiffeisenmarkt. Beim Genossenschaftsgebäude nutzen wir den Bahnübergang und biegen rechts ab. Bis zum unteren Wegweiser am **2 Siechenwald** befinden wir uns auf einem Teilabschnitt vom Hansjakobweg. Dann biegen wir links ab, orientieren uns beim nächsten Wegweiser erneut links zum Wildgehege. Nach einer ersten Aussicht über Wolfach und das Wolftal geht es zurück in den Wald und über zwei Kehren zum **3 Käpflefelsen**. Der Zugang auf die Aussichtskanzel mit ihrer goldenen Kugel erfolgt über eine Brücke.

Tipp

WALLFAHRT ZU ST. JAKOB

Als Ursprung der Wallfahrt gilt eine Legende. Dieser zufolge hüteten Kinder das Vieh im Wald, als plötzlich ein schöner und anmutige Gesang durch die Bäume zu ihnen drang. Bald standen sie vor der Tanne, aus der die Klänge kamen. Flugs griffen sie zur Waldaxt und fällten den mächtigen Baum. Damit verstummte der Gesang, doch in dem hohlen Stamm fanden die Hirtenkinder ein Bildnis, in dem sie den heiligen Jakob den Älteren erkannten. Bald holten sie die Talbewohner herbei, die vor dem Gnadenbild niederknieten und beteten. Die Wallfahrt zu St. Jakob besteht bis heute. Sie wird am Festtag des Apostels, dem 25. Juli und am darauffolgenden Sonntag abgehalten. An diesen Tagen gibt es neben der Kapelle eine Bewirtung. Pilger erhalten einen Pilgerstempel in der benachbarten Klause und bei der Touristinfo in der Hauptstraße.

Durch das Untere Tor erfolgt der Zugang in die Altstadt von Wolfach.

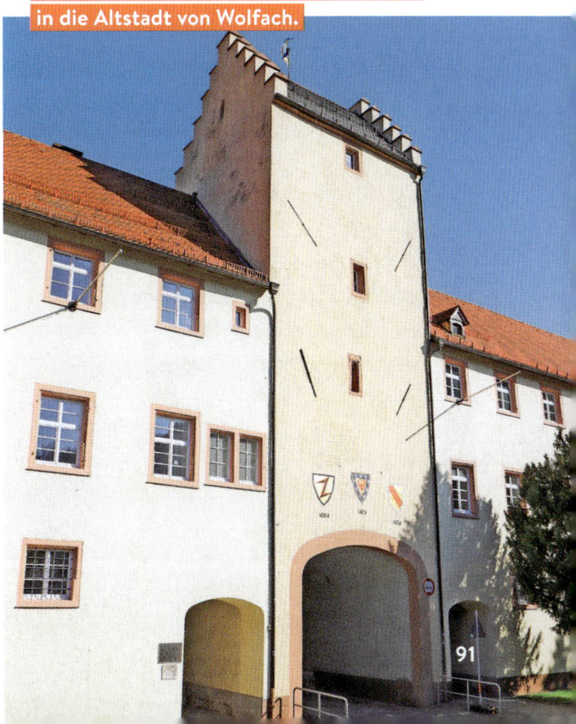

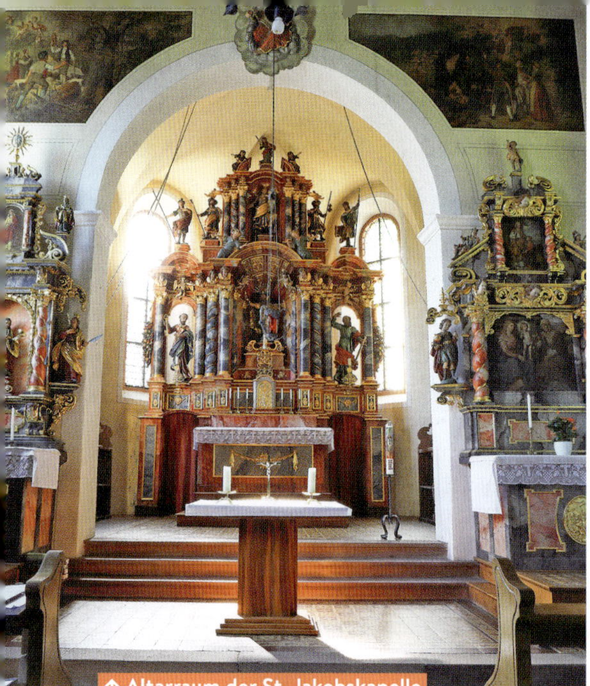

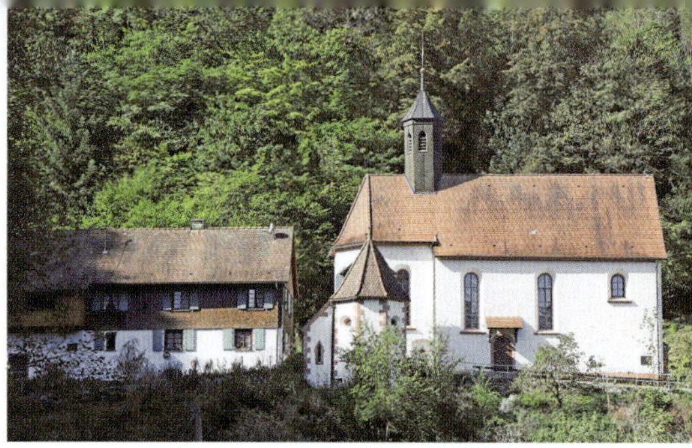

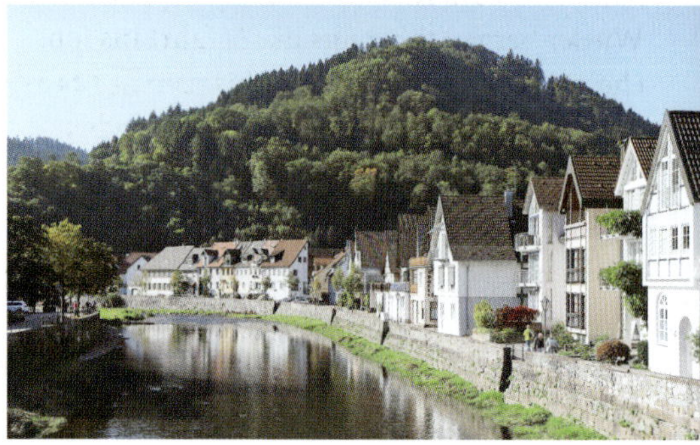

↑ Altarraum der St. Jakobskapelle
↗ Blick zurück zur Wallfahrtsstätte
→ Malerisch reihen sich die Bürgerhäuser an den Unterlauf der Wolf.

... ZUR ST. JAKOBSKAPELLE Zurück beim letzten Wegweiser folgen wir anschließend der gelben Raute weiter bergan zu einem Rastplatz mit Infos über das Fürstenberger Schloss und die nördlich von Schramberg stehende Ruine Schlössle. Bei der folgenden Gabelung nehmen wir rechts den Pfad hoch zum Gesundheitsbrünnele, biegen rechts auf den Forstweg ein und folgen schließlich der Beschilderung auf wechselnden Wegen bergan zum Pavillon. Ab dort führt uns die gelbe Raute sicher durch den Wald bis zur **4 St. Jakobskapelle**. Auf der Nordseite der idyllisch gelegenen Wallfahrtsstätte bieten mehrere Bänke reichlich Rastmöglichkeiten. Eine erste, wahrscheinlich aus Holz errichtete Kapelle wurde während der Wirren des Dreißigjährigen Kriegs zerstört, von den Wolfacher Bürgern aber wiederaufgebaut. Mit der wachsenden Zahl der Wallfahrer war diese jedoch bald zu klein, weshalb sie 1680 durch die heute noch bestehende Kapelle ersetzt und in der Folgezeit im Barockstil ausgeschmückt wurde. Auf der Südseite der St. Jakobskapelle finden wir außerdem die deutlich kleinere Bruder-Otto-Kapelle.

ABSTIEG INS KINZIGTAL Vorbei an den Wohn- und Wirtschaftsgebäuden eröffnet uns der Fahrweg weitere Aussichten auf die wie ein Riegel am Hang stehenden Gebäude. Wo die Straße eine enge Linkskurve beschreibt, wechseln wir auf den Vogtsbachweg. Beim nächsten Wegweiser setzt sich der Pfad um wenige Schritte nach links versetzt fort, ehe wir der gelben Raute hinunter ins Tal zum **5 Schmelzegrün** folgen. Wer es bei einer kurzen Wanderung belassen will, gelangt links zur Schmelzlebrücke, von wo Verbindungen entlang der Kinzig nach Wolfach oder über den Fluss hinweg ins gegenüberliegende Langenbachtal bestehen. Für die komplette Tour biegen wir bei Schmelzegrün rechts ab und wandern entlang der Bahnlinie, im weiteren Verlauf an der Kinzig bis zum **6 Serrersteg**. Nebst einem Rastplatz informiert eine Tafel des Flößerpfads über die historische Grenze im Kinzigtal und die damit verbundenen Hürden im Handel und Transport.

RÜCKWEG MIT UMWEG ÜBER DAS IPPICHENTAL Jenseits des Stegs folgt links eine Passage entlang der B 294, die wir bei der Bushaltestelle zum Klausenbauernhof queren. Wieder bergan führt uns die Zufahrt ins Ippichental am Bartleshof vorbei bis zum **7 Abrahamshof**. Ab dem bereits 1504 bestehenden Hof zweigen wir links ab, halten uns beim Wegweiser Hirzebel abermals links und nehmen den Forstweg bis zum Wegweiser Vor Langenbach. Ab dort geht es in einem Zacken hoch an den Waldrand sowie mit der gelben Raute an einem weiteren Rastplatz vorbei zum Wassertretbecken beim **8 Eckerlesbrunnen**. Der weitere Rückweg nach Wolfach verläuft schräg zum Hang bis zum Kurgarten, dann links zur Vorstadtstraße. Ein Durchlass ermöglicht den Wechsel zur Dammstraße an der Kinzig. Dort können wir dann über die nahe Stadtbrücke zurück zum **E Rathaus** laufen. Oder wir nehmen die entgegengesetzte Richtung bis zum Bistro-Café Flößerpark – einem herrlichen Ort zum gemütlich Einkehren.

INFO

Mittel | 12,5 km | 440 Hm | 4.00 Std.

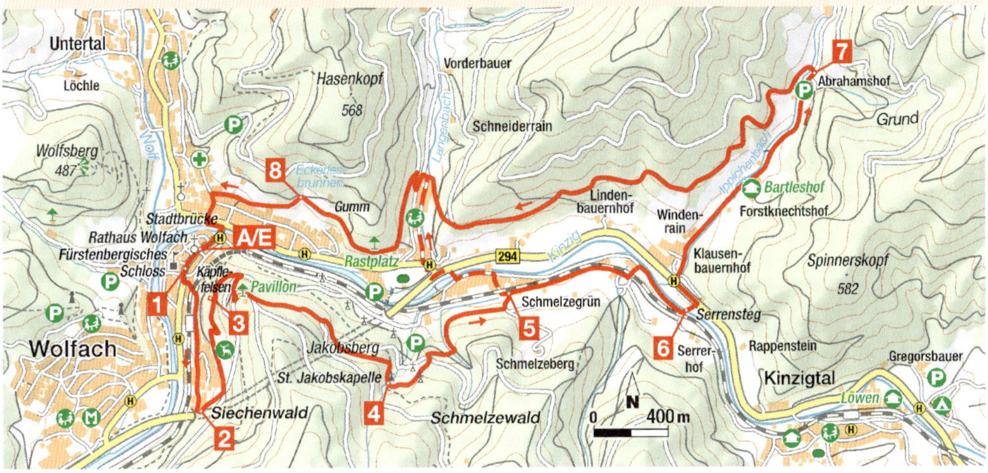

TOURENCHARAKTER

Abwechslungsreiche Runde auf Waldwegen und Pfaden sowie auf Wirtschaftswegen. Der zweite lange Anstieg zieht sich etwas.

AUSGANGS-/ENDPUNKT

Rathaus Wolfach
GPS 48.2988, 8.2227

ANFAHRT

ÖPNV: Ab Offenburg und Freudenstadt mit der Regionalbahn zum Bahnhof, weiter mit Bus bis zum Rathaus.
Auto: Über die B 294 Haslach–Freudenstadt bei Wolfach in die Schiltacher Straße abbiegen, 1100 m weiter links in die Hauptstraße. Alternativ beim Bahnhof parken.

EINKEHR

Sehr schöne Rastmöglichkeiten, Gastronomie in Wolfach

INFORMATIONEN

Touristinfo Wolfach,
Tel. 07834/835353,
www.wolfach.info

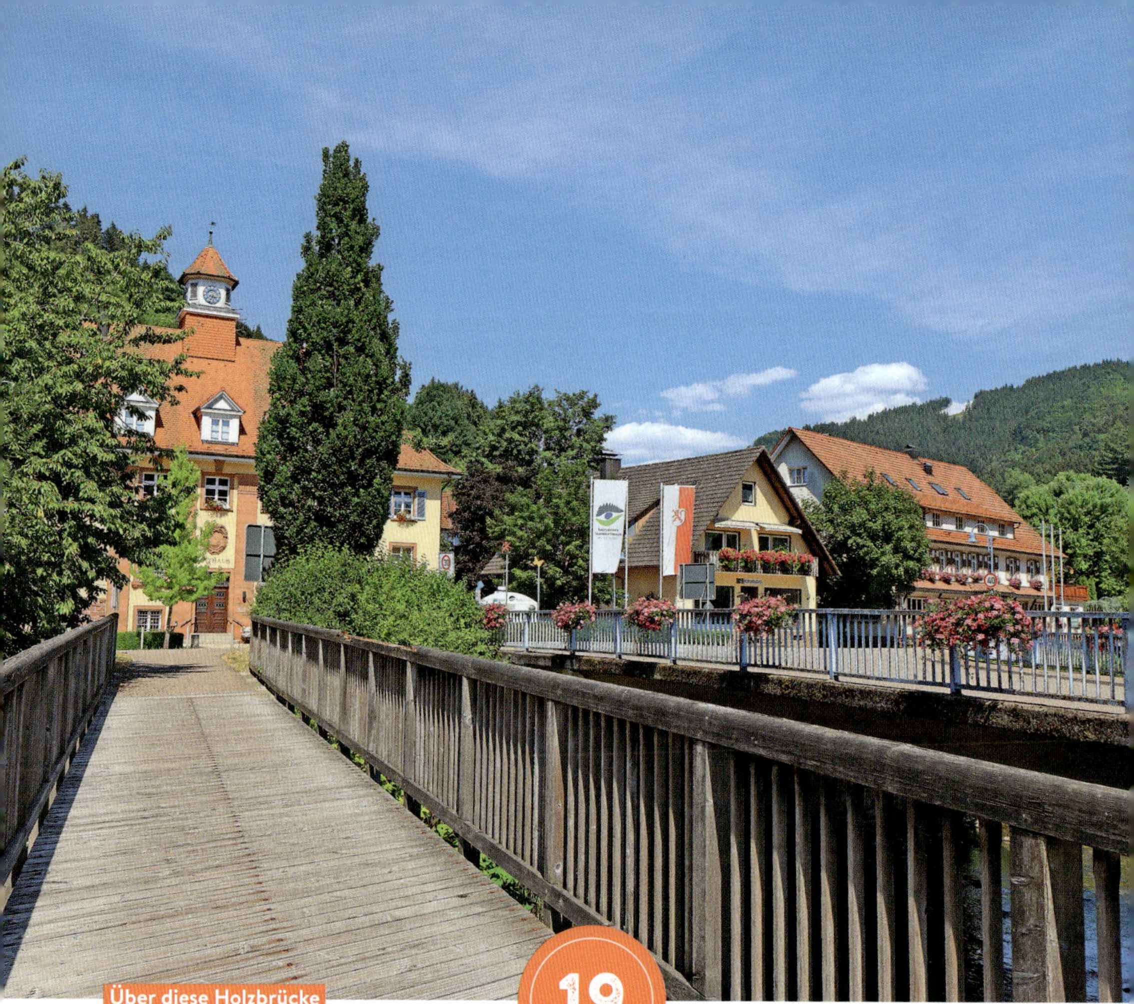

Über diese Holzbrücke gelangen wir zurück nach Walke.

19

AUF DEM BENAU-RUNDWEG

Von Walke zum Schmalzerhisli

Für den Benau-Rundweg wird vor Ort empfohlen, diesen entgegen den Uhrzeigersinn zu wandern. Damit ginge ein steiler Abstieg zum Ende der Tour einher. Sobald wir im Uhrzeiger laufen, liegt der schwerste Abschnitt beim Schmalzerhisli hinter und ein lockerer Rückweg auf dem Wolftalweg vor uns.

AUSBLICK ZUR WALKENSTEIN Los geht es beim Gemeindehaus und der St. Marien-Kirche in **A Oberwolfach-Walke**. Um den Benau-Rundweg im Uhrzeigersinn zu wandern, laufen wir zwischen den beiden Gebäuden hindurch und verlassen den Ort auf der Straße Am Spinnerberg (in Richtung Talblick). Durch die hohe Steigung öffnet sich bald die Sicht über die Dächer von Walke. Jenseits der Wolf sind die spärlichen Reste der Ruine Walkenstein zu sehen. Die auch Falkenstein genannte Burg wird auf das 14. Jahrhundert datiert und soll der Überwachung der mit dem Bergbau einhergehenden Erztransporte gedient haben. Unter der Ruine sollen reiche Schätze verborgen liegen. Nach der ersten und lange Zeit letzten Aussicht biegen wir beim **1 Wegweiser Spinnerberg** rechts zur Schremppenhöhe ab.

AUFSTIEG ZUR SCHREMPPENHÖHE Etwa 60 Meter weiter wechseln wir links auf den Pfad. Wir befinden uns damit auf dem mit gelber Raute markierten Herrenwegle, auf dem es steil bergan geht. Zugleich wird es um uns herum angenehm still. Wir können es also in doppelter Hinsicht ruhig angehen lassen. Dabei kreuzt das Herrenwegle mehrere breitere Wald- und Forstwege. Im Anschluss an eine Lichtung geben die Bäume die Sicht auf den Uhlbauernhof frei. Dort endet das Herrenwegle. Wir wandern in etwa geradeaus weiter auf dem Forstweg bis zur **2 Schremppenhöhe**. Oben angekommen biegen wir links auf den Hansjakobweg ein.

BERGBAU AUF DEM SCHWARZENBRUCH Knapp 200 Meter danach fällt ein Mast rechts im Wald auf. Es handelt sich um die letzte verbliebene Stütze einer **3 Drahtseilbahn**. Sie zeugt von der Zeit, als im oberen Wolftal Schwerspat abgebaut wurde. Nachdem das auch als Baryt bekannte Mineral zunächst mit Pferdefuhrwerken nach Wolfach transportiert wurde, entstand 1907/08 eine knapp drei Kilometer lange Förderbahn. 1967 endete der Betrieb. Während der 59-jährigen Betriebszeit wurden mit der Anlage ungefähr eine Million Tonnen Schwerspat von der vierten Sohle des Bergbaus bis hinunter zur Talstation vor Battengott an der Landstraße befördert.

VESPERSTUBE SCHMALZERHISLI Wo wir anschließend den Wald verlassen, geht es mit dem Jakobsweg rechts entlang von Wiesen zum **4 Schmalzerhisli**. Der Name kennt zwei Herleitungen. So soll Otto Schremp in schweren Zeiten den Kindern des Tals Schmalzbrote gegeben haben. Als wahrscheinlicher gilt, dass der Name vom Schnupftabak stammt, den Otto Schremp stets zu sich genommen und vom Landshuter Hersteller Schmalzer bezogen hatte. Heute können wir uns über herzhafte Vesperteller mit regionalen Produkten freuen. So stammt der Bergkäse vom Mooshof, einem Biolandhof bei

Der Hansjakobstein unterhalb des Schmalzerhisli

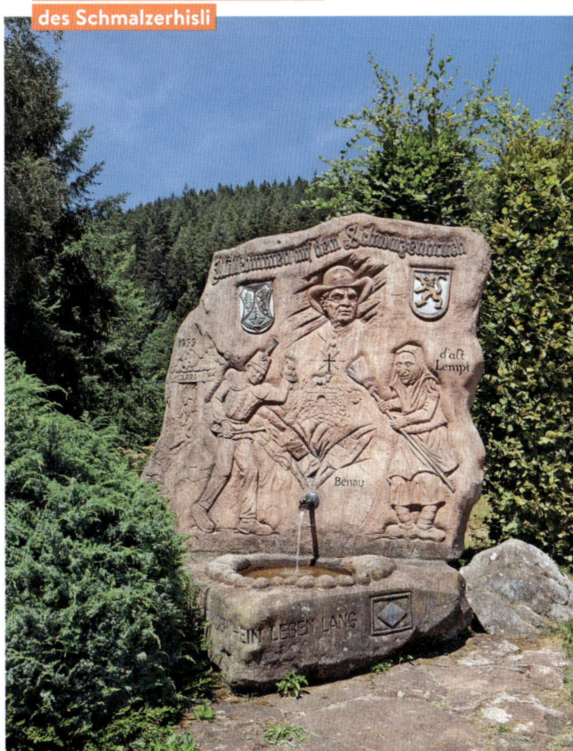

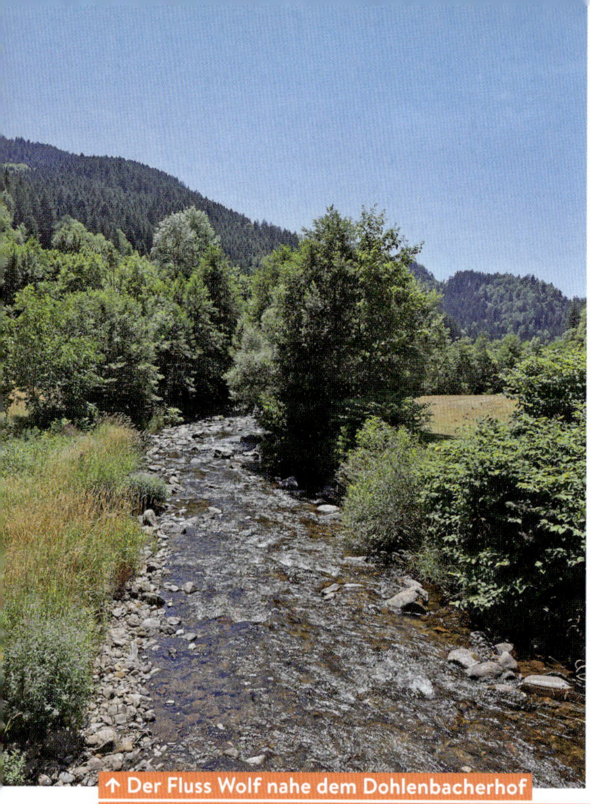

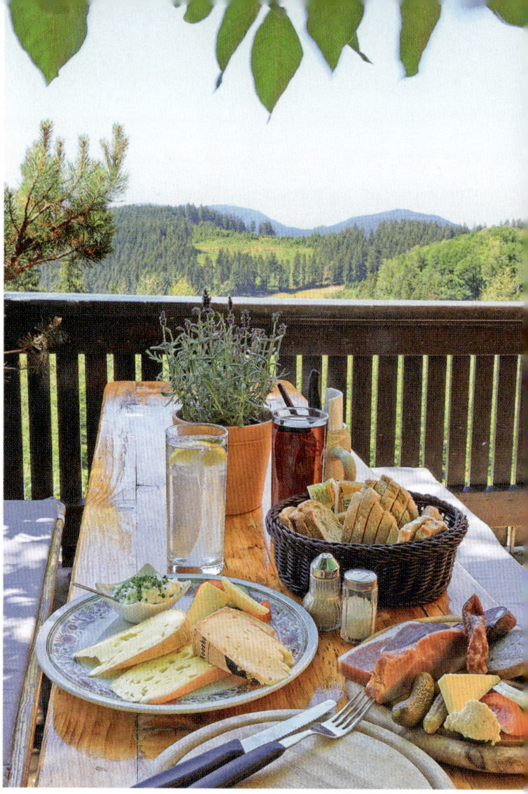

↑ Der Fluss Wolf nahe dem Dohlenbacherhof
↗ Im Schmalzerhisli können wir uns auf herzhaft-leckere Vesperteller freuen.

Schramberg-Tennenbronn. Bei klarem Wetter eröffnet uns die Terrasse eine gute Sicht zum Brandenkopf. Rechts davon schließen sich der Reiherskopf und Regeleskopf an.

Tipp

SPÄT ERKANNTER WERT

Der Bergbau im Mittelalter war im Schwarzwald auf die Gewinnung von silberhaltigen Erzen ausgerichtet. Der Schwerspat, das hauptsächliche Gangmaterial der Gruben im Kinzigtal, wurde indes als wertlos auf die Halden geworfen. Heute ist Schwerspat durch den Einsatz bei Bohrspülungen, als Füllstoff in Farben oder bei der Schalldämmung von Böden und Wänden sowie auch in Autokarosserien von hoher wirtschaftlicher Bedeutung.

DIE VERSUNKENE STADT BENAU Nach der Einkehr trennen uns wenige Schritte vom Hansjakobstein. Dort zweigen wir zunächst links auf den Wiesenpfad ab und genießen die Aussicht über das Wolftal zu den östlich und nördlich gelegenen Bergzügen. Dann orientieren wir uns rechts, sodass wir den unteren Wirtschaftsweg kreuzen. Durch eine Waldecke hindurch biegen wir alsdann beim Wegweiser **5 Auf dem Schlegel** rechts ab. Vor Ort lernen wir die Legende der einst wohlhabenden Bergbaustadt Benau kennen. Demnach sollen sich die Bürger von Gott abgewandt und stattdessen ein goldenes Kalb angefertigt und angebetet haben. Bis die Stadt samt ihren Bürgern und dem Kalb im Berg versank. Zwei Burschen bewiesen später, dass es durchaus möglich ist, bis zu dem Kalb einen Stollen in den Berg hineinzutreiben. Allein auch ihr Schicksal möchte keiner teilen. Einer der beiden Schatzjäger soll blind, der andere wahnsinnig geworden sein.

FINALE AUF DEM WOLFTALWEG Beim **6 Hasenacker** biegen wir erneut erst rechts, dann 200 Meter weiter links ab. Nach einer Passage am Waldrand tauchen wir abermals in den Wald ein und folgen der gelben Raute nun stetig bergab. Sowie wir den Dohlenbach gekreuzt haben, geht es links auf der Straße hinunter auf den Talgrund. Jenseits der Wolf passieren wir den **7 Dohlenbacherhof**, ehe wir nach einem Zwischenanstieg rechts auf den Wolftalweg einbiegen. Hier lernen wir das Schicksal des Zierlebauers kennen. Weil dieser schlecht wirtschaftete, klaute er Flößern wiederholt Holz, um dieses zu Geld zu machen. Bis er schließlich in einer stürmischen Nacht zwischen die Holzstämme geriet und zerquetscht wurde. Danach soll er den Zierlehof als Geist aufgesucht haben. Schließlich hatten die Leute sein Treiben satt und errichteten das Zierlekreuz, um den Geist zu bannen. Nach dieser tragischen Geschichte können wir die letzten vier Kilometer nach **E Oberwolfach-Walke** – erst im Wald, ab etwa der Hälfte auch entlang der Wolf – zum lockeren Auslaufen nutzen.

INFO

TOURENCHARAKTER

Auf den ersten 4 km ist ein Großteil der Höhenmeter auf Waldwegen und -pfaden zu leisten. Es folgen schöne Ausblicke am Gütschkopf und ein lockerer Abstieg ins Wolftal.

AUSGANGS-/ENDPUNKT

Gemeindehaus Oberwolfach-Walke GPS 48.3447, 8.2254

ANFAHRT

ÖPNV: Es bestehen wenige Busverbindungen von Wolfach und Freudenstadt zur Haltestelle Oberwolfach Walke.
Auto: Von der B 294 Hausach–Schiltach bei Wolfach auf die L 96 abfahren, der Straße weiter durch Oberwolfach bis zum Ortsteil Walke folgen

EINKEHR

Vesperstube Schmalzerhisli, So und Feiertags sowie vom 1. Juni–30. September Sa 11–18:30 Uhr, Tel. 07834/1675 und 07834/8370 (Hotel Hirschen), www.schmalzerhisli.de

Mittel | 14,5 km | 510 Hm | 4.30 Std.

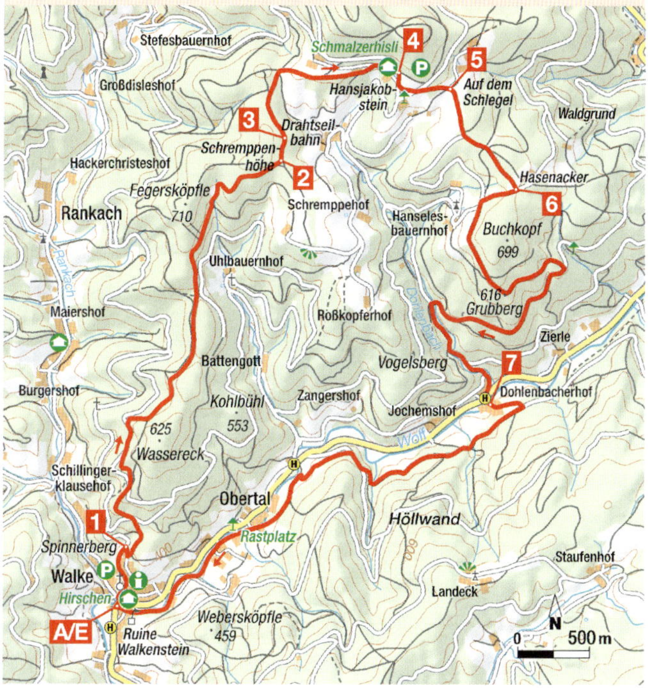

INFORMATIONEN

Touristinfo Wolfach, Tel. 07834/835353, www.wolfach.de

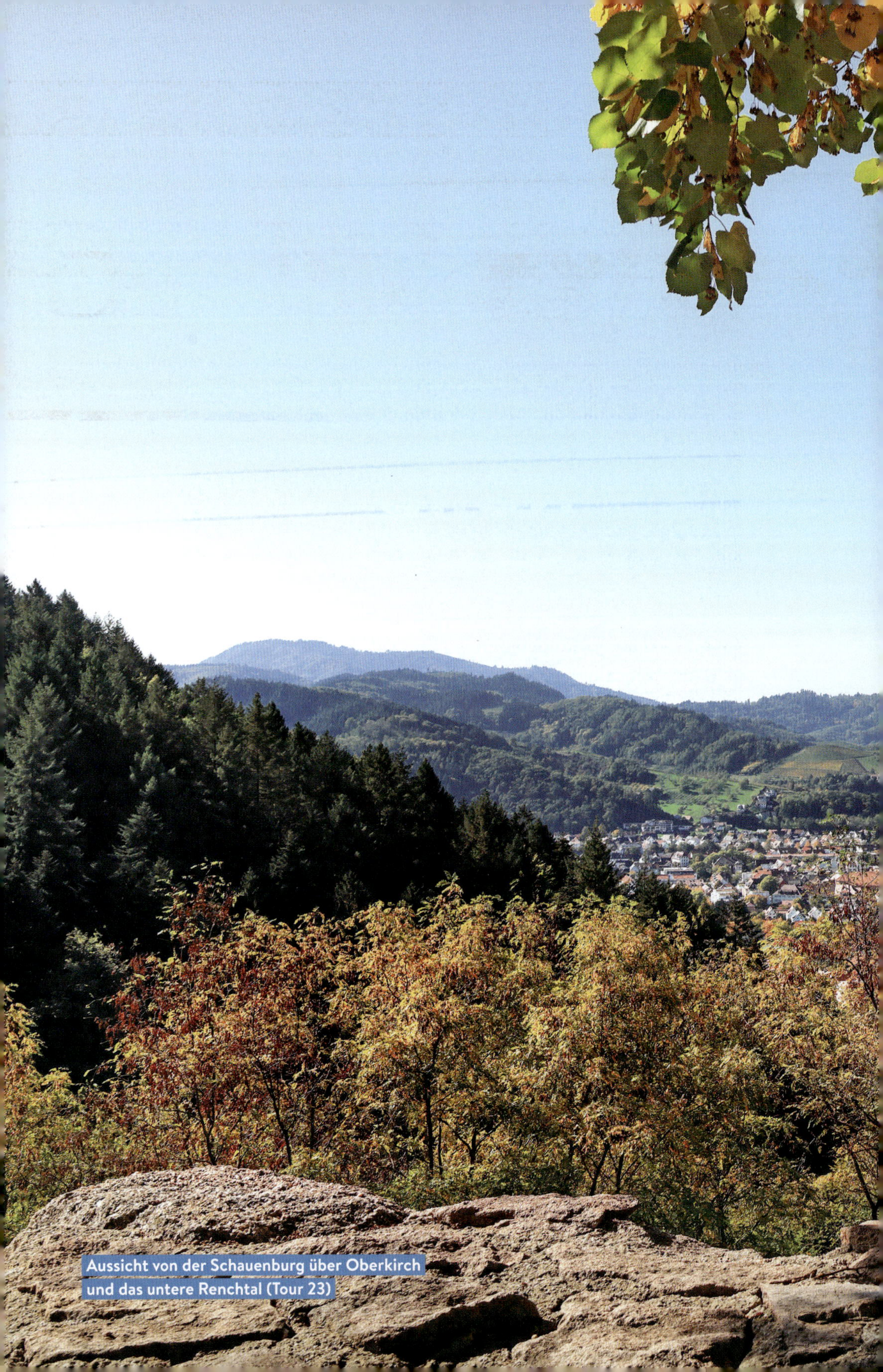

Aussicht von der Schauenburg über Oberkirch
und das untere Renchtal (Tour 23)

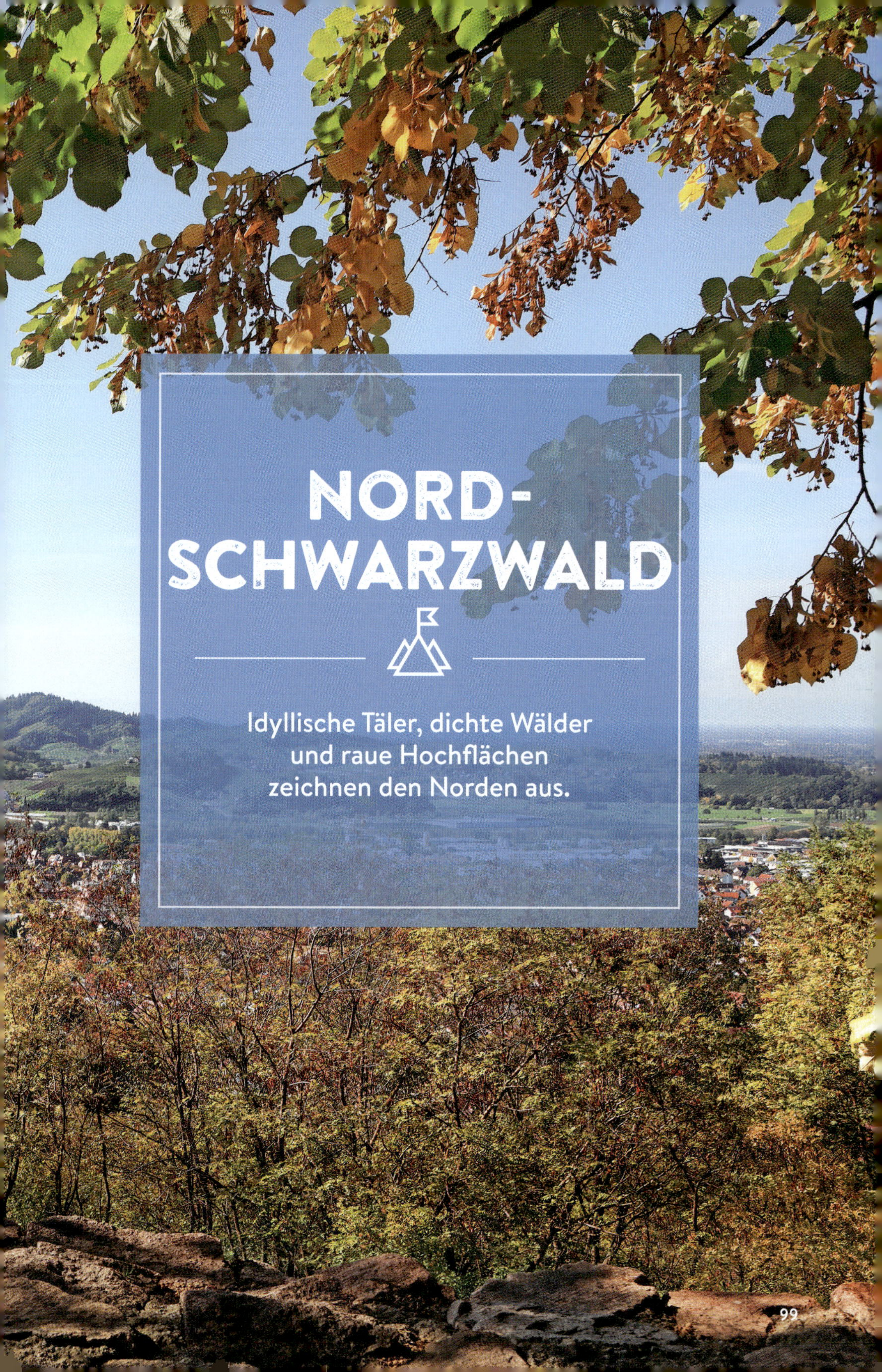

NORD-SCHWARZWALD

Idyllische Täler, dichte Wälder und raue Hochflächen zeichnen den Norden aus.

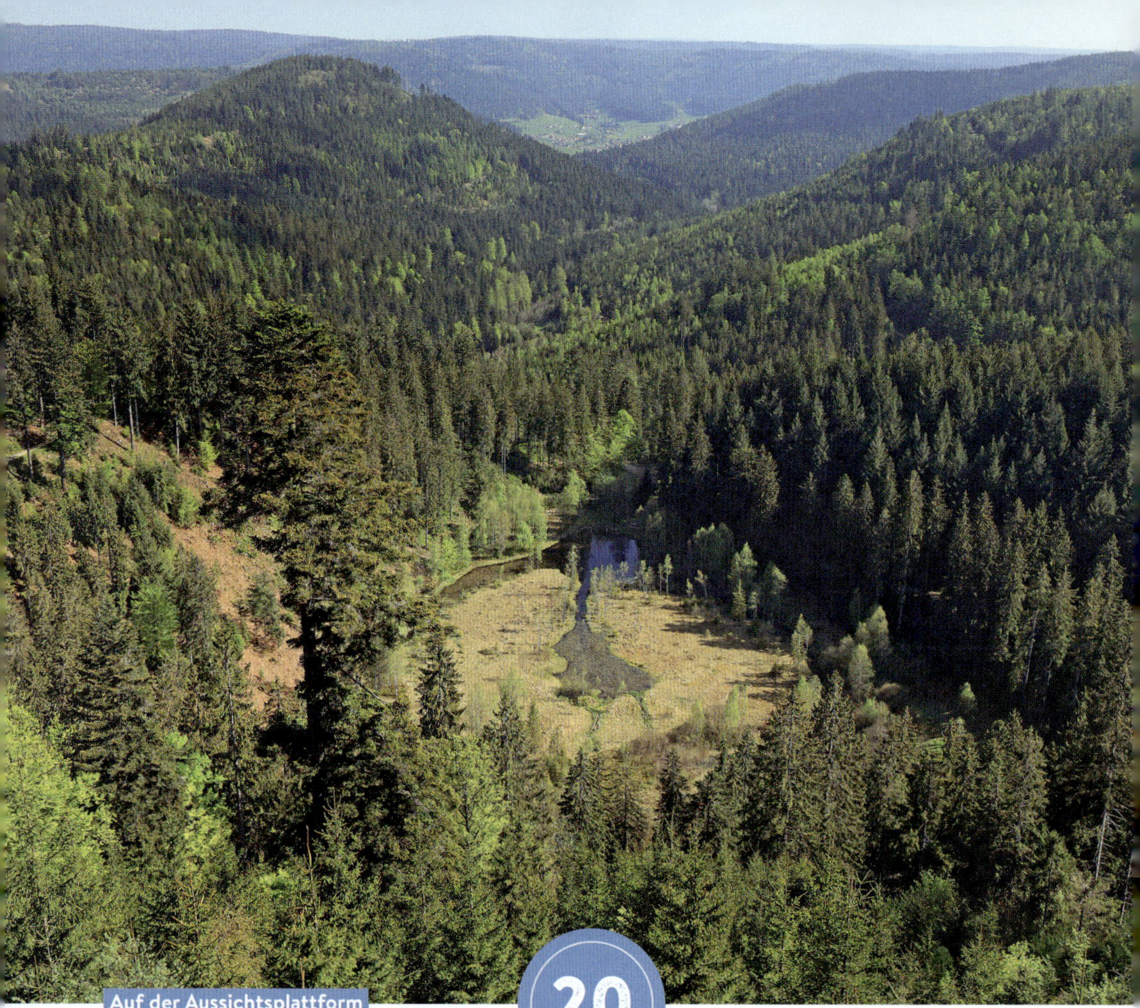

Auf der Aussichtsplattform Ellbachseeblick ist der Name Programm.

20

GRENZERFAHRUNG IM NATURPARK

Auf dem Heimatpfad Kniebis

Der Name Kniebis steht für einen Höhenrücken und das südlich darauf gelegene Schwarzwalddorf. Im Winter ist dieses als Wintersportort mit Langlaufstrecken und einem leichten Skihang bekannt. Auf dem Heimatpfad gewinnen Wanderer Einblicke in die Geschichte dieses Landstrichs.

AN DIE RÜCKFAHRT DENKEN Beiderseits der Schwarzwaldhochstraße gibt es Parkmöglichkeiten. Bequemer zum späteren Ausparken sind die Stellflächen auf der Seite des Besucherzentrums. Dort befindet sich außerdem die Kniebis Hütte, die uns zum Abschluss der Runde eine schöne Möglichkeit bietet, den Ausflug dort ausklingen zu lassen.

ABSTECHER ZUM BUCHSCHOLLEN Auf der Seite des A **Besucherzentrums** bietet sich die Heilklimapforte Freudenstadt-Kniebis als dankbares Motiv für ein Erinnerungsfoto an. Sowie dieses im Kasten ist, überqueren wir die Schwarzwaldhochstraße zum deutlich schlichteren 1 **Tor zum Heimatpfad**. Hier bietet sich links ein Abstecher zum Aussichtspunkt Buchschollen an. Laut der Beschilderung ist dieser auch Teil des Heimatpfads. Sich den Aussichtspunkt bis zum Ende der Runde aufzusparen, hieße jedoch, die stark frequentierte B 28 noch zweimal queren zu müssen. Beim Aussichtspunkt Buchschollen reicht die Sicht über den Schwarzwald hinweg bis zu den Alpen. Vor Ort hilft ein Schautisch, die einzelnen Gipfel zuzuordnen.

RÄUBERPFAD UND FORBACHQUELLE Ab dem Tor zum Heimatpfad geht es dann am Kniebis-Stadion und dem DSV-Zentrum vorbei zum Wegweiser Rodelbahn. Dort biegen wir links ab, sodass wir als Nächstes zum Räuberwegle kommen. Als Teil des Heimatpfads führt es über einen Pfad, den einst der Räuber Feuerstein auf seiner Flucht vor der Polizei genommen und dabei seine Beute weggeworfen haben soll. Der Räuberpfad richtet sich insbesondere an Kinder, welche sich hier auf die Suche nach den verlorenen Dukaten machen dürfen. Am Ende des Pfads geht es rechts zum Muckenloch und der 2 **Forbachquelle**. Vor Ort informiert eine Tafel über die Bedeutung des

Tipp

KLOSTER KNIEBIS

Die Anfänge des Klosters Kniebis werden um das Jahr 1200 datiert. Damals baute der Zisterzienser-Eremit Ulrich nahe der heutigen Alexanderschanze eine Marienkapelle aus Holz. Den bescheidenen Anfängen folgte 1271 die Gründung eines Chorherrenstifts und 1278 die Fertigstellung der Kirche. Nachdem das Kloster im Zuge der Reformation 1544 aufgelöst wurde, fanden in der Kirche evangelische Gottesdienste statt. Am 3. April 1799 fiel diese einem Feuer zum Opfer. Erst 1866 wurde mit dem Bau der bis heute bestehenden Kirche begonnen. Auf dem alten Klostergelände informiert eine Tafel über den Wegezoll, den Händler und Krämer, Reiter und Glasträger ab 1605 in Schilling, Straßburger Pfennig und Heller zahlen mussten.

Mauerreste des Klosters von Kniebis

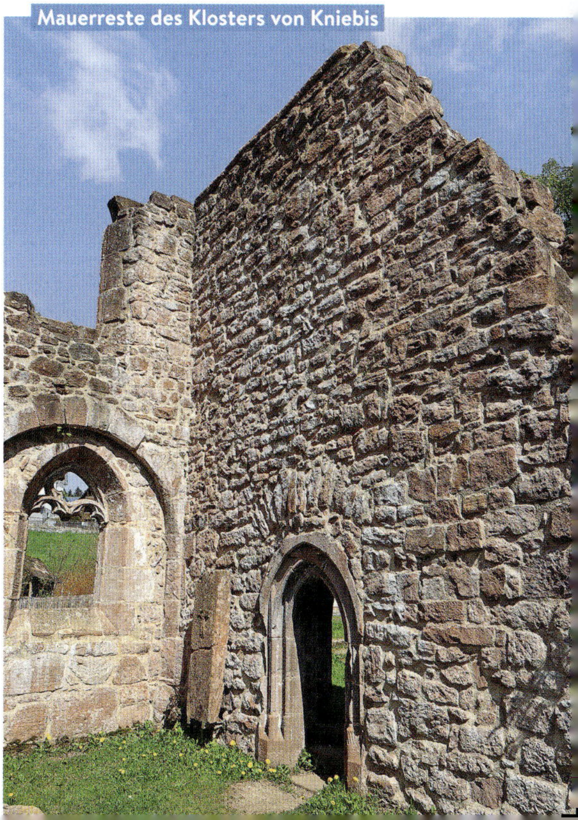

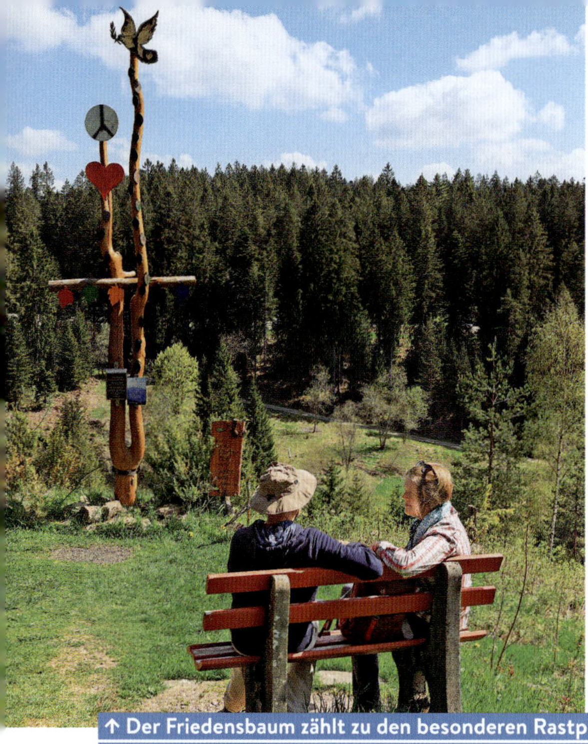

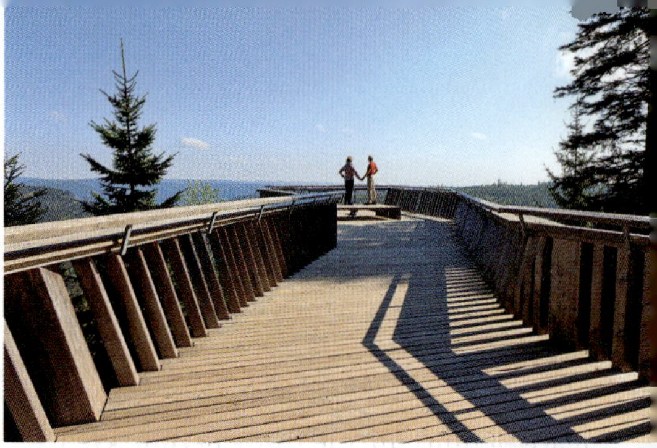

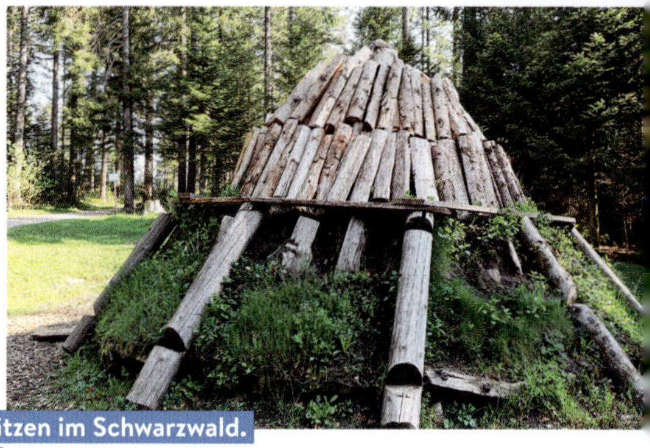

↑ Der Friedensbaum zählt zu den besonderen Rastplätzen im Schwarzwald.
↗ Zugang auf die Aussichtsplattform Ellbachseeblick
→ Schaumeiler des Köhlerhandwerks

Bachs für das ehemalige Kloster sowie für die Mühlen und Hammerschmieden zwischen Freudenstadt und Baiersbronn.

PLATTFORM ELLBACHSEEBLICK Weiter geradeaus kreuzen wir eine asphaltierte Forststraße, ehe wir uns beim Wegweiser Rankweg links halten und bei der folgenden Kreuzung einen Schaukohlenmeiler erreichen. Er erinnert an die Zeit, als auf dem Kniebis massenhaft Buchen, aber auch Nadelbäume für die umliegenden Glashütten und Schmieden geschlagen und zu Kohle verarbeitet wurden. Wir passieren den Meiler auf seiner linken Seite, um uns bei der nächsten Kreuzung rechts zur **3 Plattform Ellbachseeblick** zu orientieren. Die im August 2013 eröffnete Aussichtsplattform aus Douglasienholz ist 33 Meter lang und zwischen 2,40 Metern und 6,40 Metern breit. Damit bietet sie selbst dann genug Platz, wenn mehrere Besucher zugleich die Plattform betreten. Im Mittelbereich laden Sitzmöglichkeiten zum Verweilen ein. Der Blick auf den rund 150 Meter tiefer gelegenen Ellbachsee ist zur Mittagszeit am schönsten, wenn weite Teile des sagenumwobenen Karsees (siehe Tour 21) von der Sonne erreicht werden.

UM KNIEBIS ZUR KLOSTERRUINE Ab der Plattform geht es am Hornisgrindeblick vorbei zur Seehalde. Dort biegt unser Weg zusammen mit dem Seensteig rechts auf den Pfad zum Parkplatz Kohlwald ab. Der nächste Abschnitt führt oberhalb des Orts Kniebis an einer Hexenhütte vorbei bis zum Wegweiser **4 Vorderer Buchschollen**. Dort trennen sich die Wege. Während der Seensteig Kurs auf den Sankenbachsee nimmt, biegen wir rechts ab und folgen der Markierung des Heimatpfads über den Vogelpfad zunächst zu einer weiteren Freifläche, dann durch den Wald zur **5 Klosterruine Kniebis**.

DREIFACHE GRENZE Der Heimatpfad führt südlich über das ehemalige Klostergelände zur B 28, die wir hier über die Fußgängerbrücke sicher überqueren können. Nach einer Passage entlang der Abendwiesen lohnt sich ein Abstecher zum **6 Friedensbaum**. Zurück auf dem Wanderweg kommen wir zur Abendwieshütte. Der Heimatweg führt um die Hütte herum, kreuzt den Salzleckerweg und biegt beim Wegweiser Mooswiese rechts auf den Grenzweg ein. Er folgt der alten baden-württembergischen Grenze. Diese war zugleich von religiöser Bedeutung, da sie den katholisch-badischen vom evangelisch-württembergischen Bereich trennte. Bis heute stoßen hier der schwäbische und der alemannische Sprachraum aufeinander. Nach 600 Metern wechseln wir beim Wegweiser Heide halblinks auf die gelbe Raute. Wenige Meter nach dem Aussichtspunkt Wolftalblick passieren wir das **7 Naturfreundehaus Kniebis**.

HISTORISCHER FERNHANDELSWEG

Nachdem der Heimatpfad die L 96 gekreuzt hat, zweigen wir beim Bürgerwald links zum Hotel Waldblick ab. Nun folgen wir dem Wanderweg um das Hotel bis zum Wegweiser Beim Waldblick und biegen mit der blauen Raute rechts ab. Nachdem wir das Moorbad passiert haben, erwartet uns mit den **8 Alten Gleisspuren** eine weitere Besonderheit. Die Rillen zeugen von einem historischen Fernweg, der im Mittelalter das Herzogtum Schwaben mit dem Elsass verband. Beim nahen Wegweiser Moos biegen wir ein letztes Mal rechts ab und erreichen nach einer facettenreichen Tour wieder das **E Besucherzentrum** Kniebis.

INFO

TOURENCHARAKTER

Trotz der Nähe zur B 28 attraktive und auch ruhige Runde, die überwiegend Pfade und Waldwege nutzt. Beim Hotel Waldblick kann über die Eichelbachstraße abgekürzt werden.

AUSGANGS-/ENDPUNKT

Tor zum Heimatpfad gegenüber dem Besucherzentrum Kniebis
GPS 48.4739, 8.2952

ANFAHRT

ÖPNV: Ab Freudenstadt mit der Buslinie 100 zur Haltestelle Kniebis-Skistadion/Besucherzentrum
Auto: Die Anfahrt erfolgt über die B 28 Baden-Baden–Freudenstadt bis Kniebis. Um später nicht rückwärts auf die Straße ausparken zu müssen, empfehlen wir die Parkplätze auf der Seite des Besucherzentrums.

Leicht | 10 km | 200 Hm | 3.00/3.30 Std.

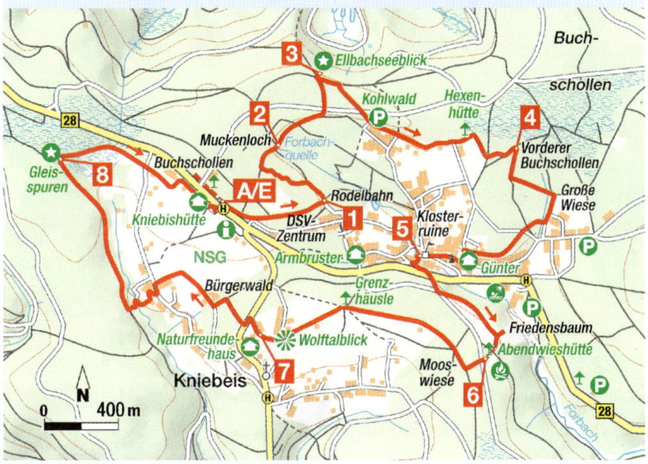

EINKEHR

Kniebis Hütte, täglich ab 11 Uhr,
Tel. 07442/121160,
www.kniebishuette.de

INFORMATIONEN

Besucherzentrum Schwarzwaldhochstraße, Tel. 07442/7570,
www.kniebis.de

VON ELFENMÄDCHEN UND LAUSBUBEN

Ellbachsee und Rosshimmelwasserfall

Vom Besucherzentrum auf dem Kniebis führt ein gemütlicher Spazierweg zur Aussichtsplattform Ellbachseeblick. Entsprechend frequentiert sind die Wege. Sobald wir den sagenumwobenen See von Norden aus ansteuern, erleben wir die ruhige Seite des Nationalparks Schwarzwald.

21

Mündung des Kienbächles in den Guten Ellbach

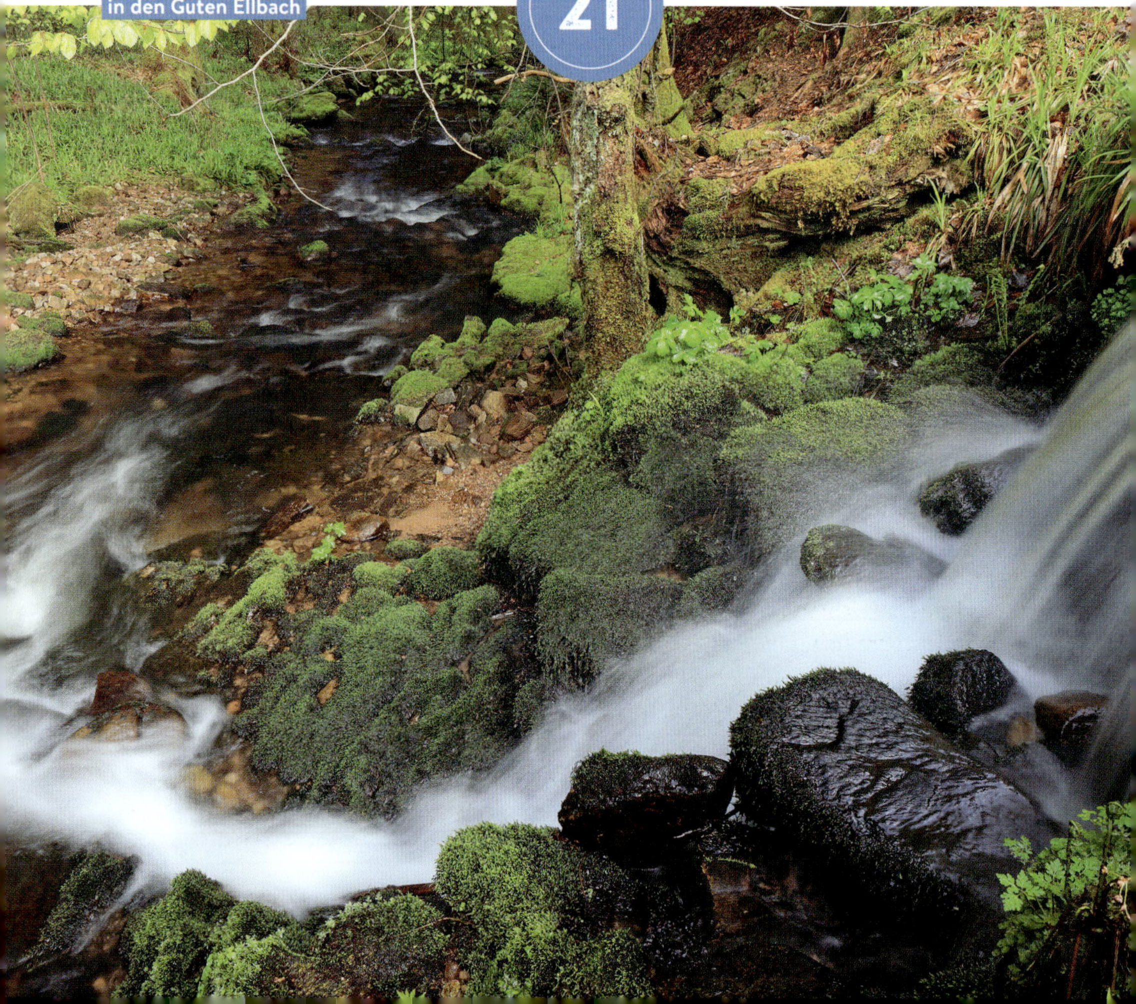

AUGEN AUF FÜR DEN RÜCKWEG Los geht es beim **A Parkplatz Grünes Plätzle**. Am oberen Ende der Stellfläche gibt es einen Rastplatz mit Tisch und Bänken. Der Einstieg in die Tour befindet sich hingegen in der Kurve der Straße, von wo ein Pfad über den Wegweiser Marienwegle zum **1 Gutellbachwegle** führt. Von rechts werden wir später über den Guten Ellbach hierher zurückkehren. Bevor wir weiterlaufen, lohnt sich ein prüfender Blick auf den Wildbach. Oder im Zweifelsfall die 50 Meter dorthin geschwind hinunterzulaufen. Denn der Rückweg erfolgt über Trittsteine im Bachbett, welche bei Hochwasser überschwemmt werden. So vorbereitet wandern wir geradeaus dem Guten Ellbach entgegen und queren bald das malerisch darin mündende Kienbächle. Am Ende der folgenden Lichtung folgen wir der Kennzeichnung des Seensteigs den gestuften Weg hoch auf einen Forstweg sowie rechts bis zu seinem Ende nahe der **2 Wiesenhütte** des Forstamts.

ELLBACHTANNE UND ABENTEUERPFAD
Südlich der Gebäude beschreibt der Wanderweg eine Kurve über einen ebenfalls Kienbächle genannten Zufluss des Ellbachs. Als Nächstes kommen wir zur **3 Ellbachtanne**, einer 45 Meter hohen Weißtanne. Laut dem Schild vor Ort wird das Alter mit 270 Jahren angegeben. Da das Schild schon einige Zeit bei der Tanne steht, dürfte die Ellbachtanne inzwischen die 280 Jahre erreicht haben. 250 Meter weiter haben wir dann die Wahl: Wer technisch einfache Wege bevorzugt, sollte geradeaus auf dem Forstweg bleiben. Spannender ist es freilich, mit dem Seensteig auf den Abenteuerpfad abzubiegen. Der Pfad macht seinem Namen tatsächlich alle Ehre. So müssen wir im relativ steilen Anstieg Wurzeln und Steinblöcke meistern. Weiter oben geht ein Bereich mit mehreren Quellen, die quer über den Pfad fließen, nur allzu schnell mit nassen Schuhen einher. Wo der Abenteuerpfad nach 800 Metern mündet, finden wir schließlich rechts über den Seehaldeweg zum Ellbachsee.

Tipp

DIE ELFENMÄDCHEN VOM ELLBACHSEE

Das im Süden stark verlandete Gewässer ist auch als der See der Elfen und Wassergeister bekannt. Einer Sage nach lebte am Seeufer einst ein Köhler. Bekam er Besuch, so konnte es passieren, dass bis spät in die Nacht gefeiert und gesungen wurde. Immer dann, wenn dies geschah, war es auch den Elfenmädchen erlaubt, unter den Menschen zu verweilen, mit ihnen zu singen und zu tanzen. Doch der Vater der Elfen gestattete es ihnen für nur wenige Stunden. Dann mussten sie wieder in die Tiefe des Sees hinabsteigen. Weil es die Burschen ärgerte, die Mädchen gehen lassen zu müssen, spielten sie ihnen einen Streich. Die Elfenmädchen sollten beim nächsten Tanz in schwarzen Kleidern erscheinen. Also warfen sie den Ruß eines abgebrannten Kohlenmeilers in den See. Die Strafe folgte auf den Fuß: Noch beim Heimweg brach ein Gewittersturm über das Ellbachtal hinein, dass den Menschen Angst und Bange wurde. Der plötzlich zu einem reißenden Fluss angeschwollene Ellbach entwurzelte Bäume und riss Felsbrocken, Geröll und stellenweise den Talboden mit ins Tal. Der Köhler überstand das Unwetter mit Ach und Krach. Auch die Natur erholte sich im Lauf der Zeit wieder. Die Elfenmädchen indes waren von den Menschen nie mehr gesehen worden.

ABSTECHER ZUM ELLBACHSEEBLICK
Heute laden ein ruhiger Rastplatz am Nordende des Sees und die etwas erhöht stehende

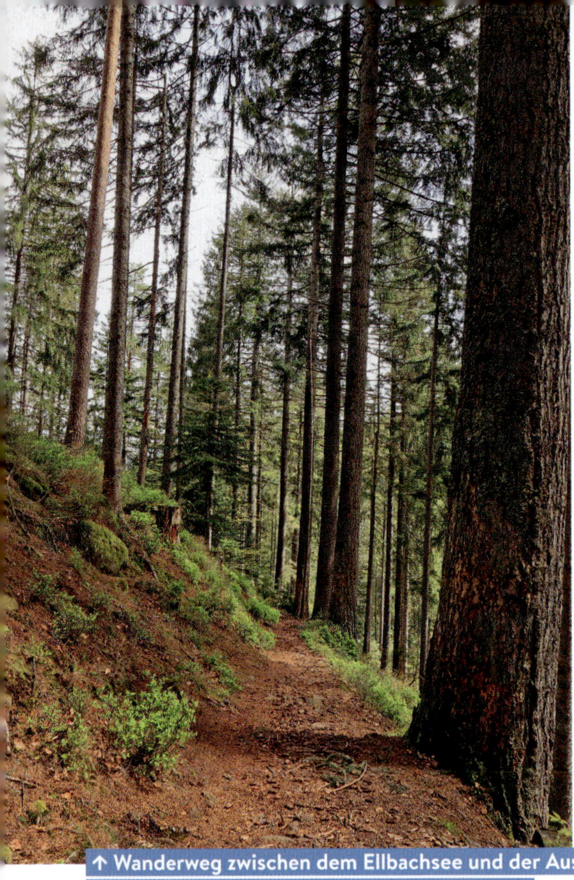

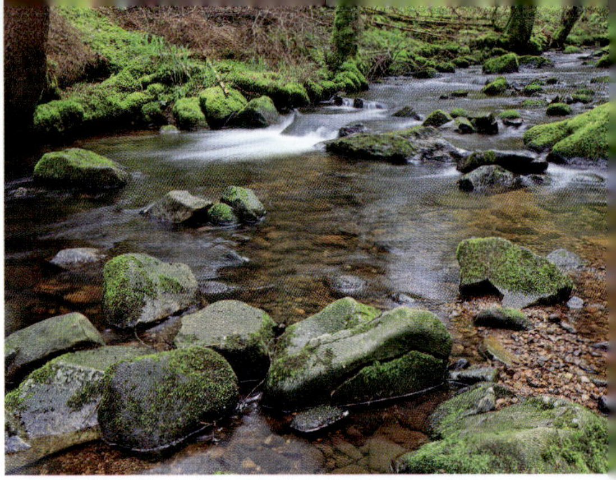

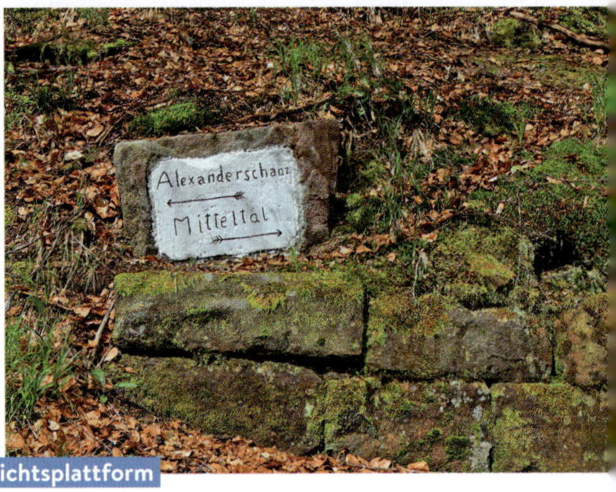

↑ Wanderweg zwischen dem Ellbachsee und der Aussichtsplattform
↗ Der Gute Ellbach bei niedrigem Wasserstand
→ Bei dieser Tour unterstützen alte Wegmarkierungen die Orientierung.

4 **Ellbachseehütte** zum Verweilen ein. Um den See verläuft ein breiter Rundweg. Dieser steigt einige Meter an, ohne dass damit attraktive Aussichten einhergingen. Wer eine schöne Sicht auf den See mit in die Tour einbauen möchte, dem empfehlen wir, dem Seensteig bis ganz hinauf zur 5 **Plattform Ellbachseeblick** zu folgen. Mit diesem 800 Meter langen Abstecher kommen etwa 150 Höhenmeter hinzu. Auf der Strecke zweigt ein mit gelber Raute markierter Weg zum Rosshimmel ab. Leicht gerät man beim Rückweg in Versuchung, der vermeintlichen Abkürzung zu folgen. Zwischen dem Rosshimmel und unserer Route gibt es allerdings keine brauchbaren Verbindungen. Kurzum: Nach der lohnenden Aussicht von der Plattform müssen wir wieder bis hinunter zur Ellbachseehütte laufen.

ROSSHIMMELWASSERFALL UND RÜCKWEG Ab der Hütte geht es links weiter auf dem Seehaldeweg und der gelben Raute zunächst bergab bis zu einem anderen Forstweg, dann links haltend wieder bergan am nicht einsehbaren Ellbachwasserfall bis zum 6 **Rosshimmelwasserfall**.

In mehreren, bis zu sieben Meter hohen Stufen stürzt hier das Wasser 30 Meter weit in die Tiefe. Vorausgesetzt, es gibt Wasser. Denn selbst kurz nach einem vorangegangenen Regenschauer tröpfelt hier zuweilen nur ein Rinnsal talwärts. Anders ausgedrückt ermöglicht uns der Rosshimmelwasserfall einen fast freien Einblick in die Geologie einer Karwand.

Wo der Weg anschließend beim Wegweiser 7 **Oberes Gewölbe** endet, biegen wir rechts ab. Mit der gelben Raute geht es nun

relativ unspektakulär talwärts bis zum **8 Wildgehege Ellbach**. Dort steht die letzte Entscheidung der Tour an: Bei Hochwasser ist es besser, weiter geradeaus zu laufen und die Gutellbachbrücke zu nutzen. Über den Höllweg kommt man so sicher zurück zum Grünen Plätzle.
Sind die Bedingungen gut und ausreichend Geschick vorhanden, biegen wir rechts auf den Seensteig ein. In diesem Fall erfolgt der Rückweg über mehrere **9 Trittsteine** durch den Gutellbach zum Gutellbachwegle sowie links auf bekanntem Weg zurück zum **E Parkplatz Grünes Plätzle**.

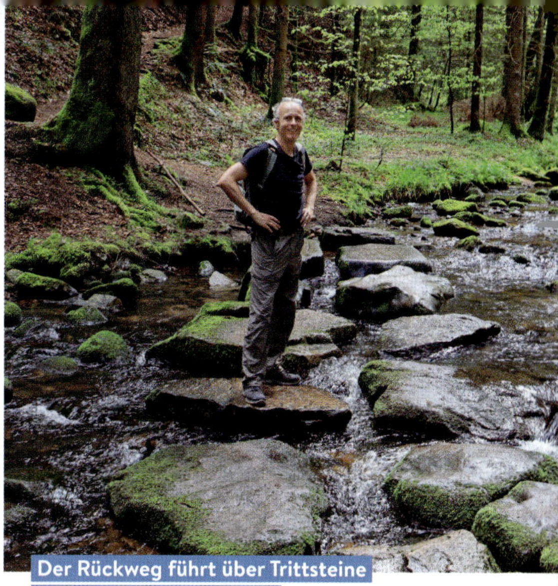

Der Rückweg führt über Trittsteine durch den Guten Ellbach.

INFO

TOURENCHARAKTER

Waldreiche Wanderung in ein Seitental der Murg. Für den Abenteuerpfad braucht es festes Schuhwerk. Der Rückweg erfolgt über Trittsteine durch den Guten Ellbach. Beides kann umgangen werden.

AUSGANGS-/ENDPUNKT

Parkplatz Grünes Plätzle, Mitteltal
GPS 48.5041, 8.3172

ANFAHRT

ÖPNV: Ab Baiersbronn mit der Buslinie 21 bis Mitteltal Lamm. Der Zugang ist durch die Ellbachstraße bis Forsthaus Mitteltal, dann rechts zum Wildgehege möglich.
Auto: Von der B 462 in Baiersbronn auf die L 401/Ruhesteinstraße nach Mitteltal abfahren, dort in die Ellbachstraße, 1,2 km weiter in die Höllstraße zum Parkplatz abbiegen.

EINKEHR

Rastmöglichkeit am Ellbachsee

INFORMATIONEN

Baiersbronn Touristik,
Tel. 07442/84140,
www.baiersbronn.de

Mittel/Schwer | 10 km | 300 Hm | 3.00/3.30 Std.

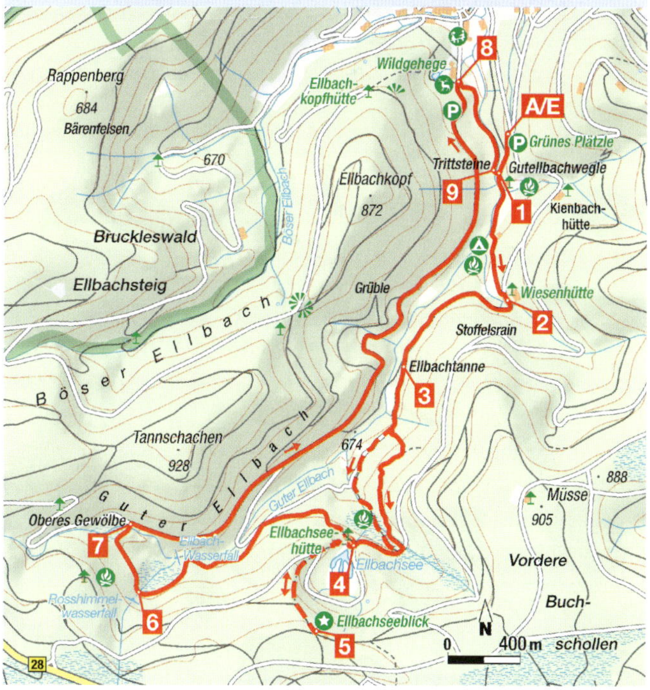

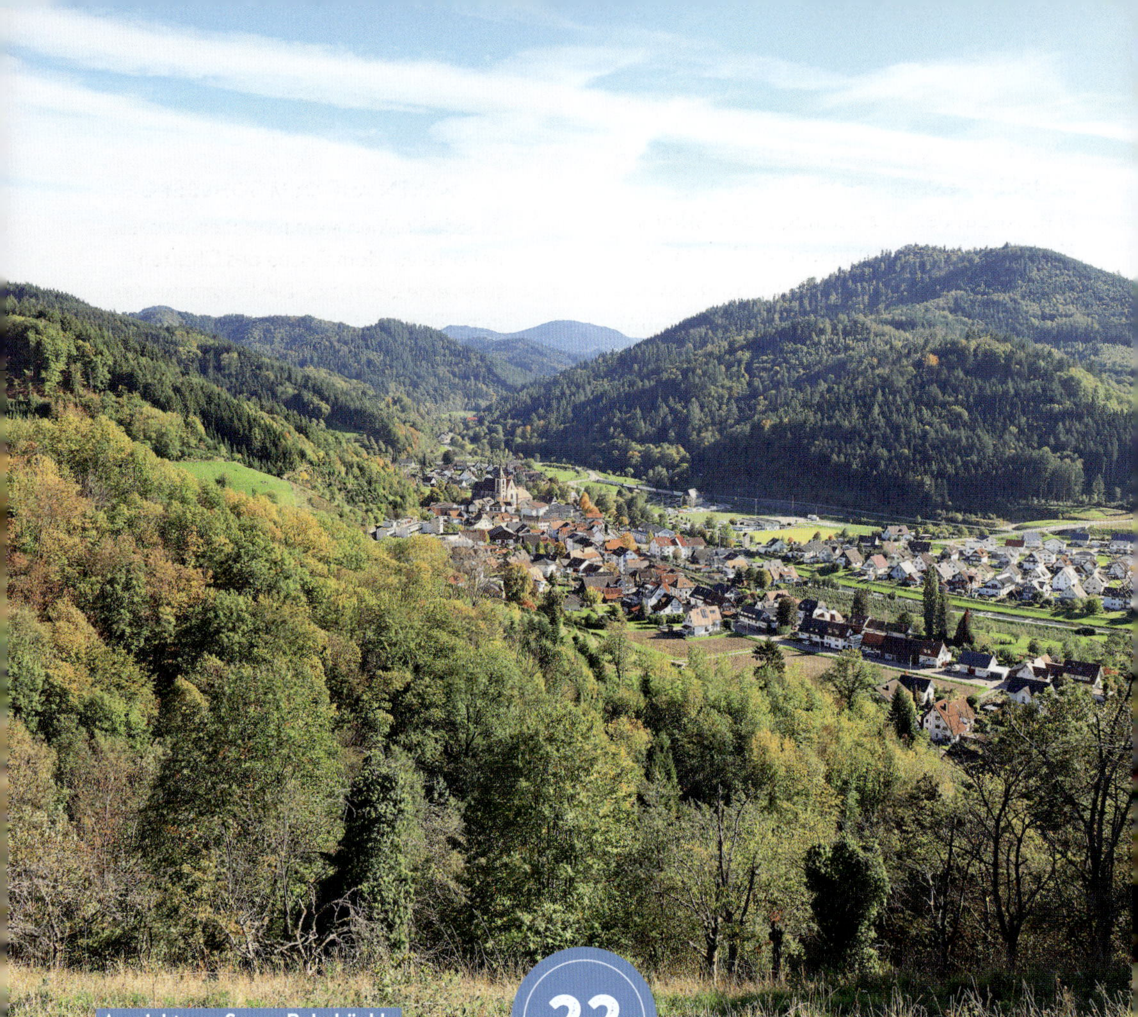

Aussicht von Sepps Ruhebänkle über Lautenbach und das Renchtal

22

LAUTENBACHER HEXENSTEIG

Von der Rench auf den Sohlberg

Oben auf dem Sohlberg zieht ein Hexenhaus die Besucher wie magisch an. Der Name der Bergs leitet sich vom Sonnengott Sol ab. Für die Kelten und Römer war er einst der höchste Gott. Auch den Alemannen vom Renchtal war der Berg heilig. Einzig die Christen mieden den Sohlberg lange.

AUFTAKT NACH MASS Ab dem **A Wanderportal Lautenbach** erfolgen die ersten Schritte auf dem Hexensteig am Gasthaus Kreuz vorbei zur Hauptstraße. Dort biegen wir erst links, dann beim Sonnenhof rechts ab. Nach gut 150 Metern ab dem Startpunkt verlassen wir den Ort. Der Lautenbacher Hexensteig verläuft hier zunächst in östlicher Richtung, beschreibt dann aber eine enge Linkskurve hoch zur **1 Sitzgruppe am Rebberg**. Gerne werden wir schon hier innehalten, um den Blick über das Renchtal schweifen zu lassen. Wer eine längere Anreise hatte, findet hier einen herrlichen Rastplatz für ein frühes Vesper. Oberhalb davon wechseln wir in der Rechtskurve links auf den weniger stark befestigten Weg. Dieser verläuft bald entlang des Waldrands und beschert uns die bereits zweite schöne Aussicht über den Lautenbach zum Gegenhang.

AUF HISTORISCHEN PFADEN ZUR STEIGHÜTTE Wo der Pfad endet sowie beim Wegkreuz Bohnert orientieren wir uns zweimal rechts. Zunächst wandern wir am Waldrand,

Tipp

HEXEN AUF DEM SOHLBERG

Zu jeder kleinen alemannischen Siedlung gehörte vor dem Einzug des Christentums eine Dorfhexe. Die Frauen dienten ihrer Sippe als Kräutermedizinerin, Hebamme und Priesterin und waren meist hoch angesehen. Auch nachdem die Franken die neue Religion bereits etabliert hatten, trafen sich die Frauen noch am jeweils zweiten Vollmond nach der Tagundnachtgleiche im Frühjahr zum Hexenfest. Zunächst sollen die Franken das heidnische Treiben geduldet haben. Für das Jahr 1275 ist jedoch eine erste Hexenverbrennung dokumentiert. In der Folge entstanden gleich mehrere Sagen um den Sohlberg. Sie berichten von den Sohlberghexen, von einem goldenen Geißbock, von Zwergen, Geistern und Gespenstern im Wald. Womöglich versuchten die Alemannen vom Renchtal, ihren heiligen Berg damit zu schützen. Sicher aber ist, dass die Christen den Sohlberg – wie auch den Donon im Elsass – lange Zeit mieden.

↓ »Hoppla, mpf ...!«

↘ Aussicht vom Hexensteig zur Hornisgrinde

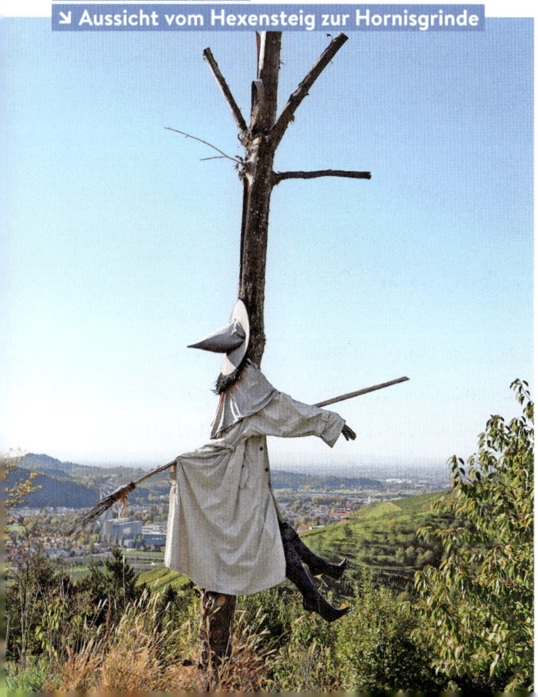

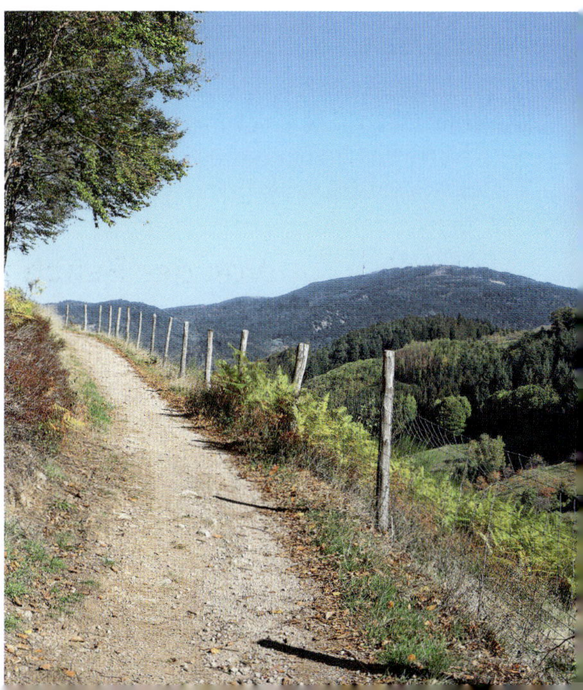

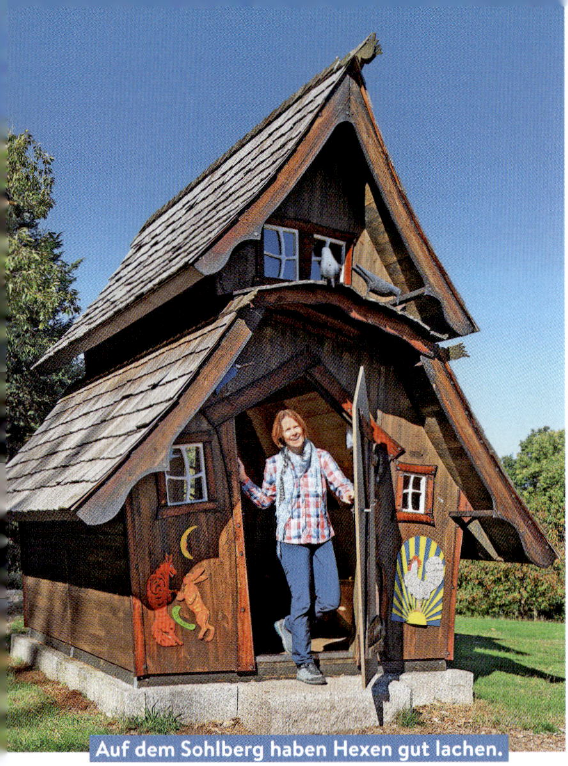

Auf dem Sohlberg haben Hexen gut lachen.

ehe wir im Bereich einer jüngeren Schonung den Wegweiser Allerheiligensteig erreichen. Der Name erinnert an die Zeit, als die Umgebung vom Kloster Allerheiligen noch nicht erschlossen war und es keinen gangbaren Pfad entlang der Lierbachwasserfälle gab. Einiges an Baumaterial für den Klosterbau musste mühsam über den Sohlberg transportiert werden. Heute folgen wir einfach der Beschilderung des Hexensteigs zunächst weiter geradeaus, dann scharf rechts sowie gut 200 Meter weiter links zur **2 Steighütte**. Die auf einer schattigen Lichtung errichtete und mit mehreren Besen dekorierte Hütte ist die zweite Rastmöglichkeit.

ÜBER DIE SATTELEICHHÜTTE ZUR HEXENHÜTTE Rechts an der Hütte vorbei führt der technisch anspruchslose Forstweg hoch zur **3 Satteleichhütte**. Allein auf diesem Abschnitt gewinnen wir gut 150 Meter an Höhe. Damit aber liegt auch bereits ein Großteil der Steigung hinter uns. Nach der Hütte nehmen wir den zweiten Weg rechts. Beim Wegweiser Brandweiher Blust haben wir die Wahl: Wer die Runde etwas abkürzen möchte, kann geradeaus direkt auf den Sohlberg-Kamm wandern. Alle anderen biegen erneut rechts ab. Der Hexensteig verläuft damit weiter im Wald. Kurz nachdem wir den Rüstenbach überquert haben, beschreibt der Steig eine Rechtskurve zum Waldrand. Dort wechseln wir links auf einen Pfad, queren als Nächstes die Straße und gelangen schließlich zur **4 Hexenhütte**. Im Grunde ist es kaum mehr als eine überdachte Sitzbank mit Schornstein, dafür urgemütlich und selbst bei Gegenlicht am Vormittag ein beliebtes Fotomotiv.

HEXENHAUS AUF DEM SOHLBERG Einen Besenstielwurf weiter kreuzt der Hexensteig die Sohlbergstraße, verläuft dann parallel zur Straße und führt vor der nächsten Häusergruppe wieder hinunter zur Straße. Grund für den seltsamen Verlauf ist eine Getränkestation. Neben Likören und Wässern bietet diese eine ordentliche Auswahl an Säften, Limos und Mineralwasser. Danach haben wir erneut die Wahl: Auf der Sohlbergstraße ginge es nun locker zum **5 Parkplatz Sohlberg**. Der Hexensteig nimmt indes nach der Getränkestation den Stich hoch zum Wald, um die Passhöhe dann links auf dem Magnushaldeweg anzusteuern. Geradeaus passieren wir beim Wegweiser Sohlberg-Kamm das Ende der Abkürzung, dann mehrere Höfe und finden schließlich durch den Wald zur Lichtung mit dem **6 Hexenhaus Lautenbach**. Das verwinkelte Gebäude ist den Dorfhexen gewidmet. Davor laden Bänke und Tische zum Verweilen ein.

AUSSICHTEN AUF DEM HÖHENKAMM
Der Hexensteig führt um das Haus herum zum Westrand der Lichtung, dann durch den Wald über den Simmersbacher Kopf hinweg. Auf dem nächsten Abschnitt eröffnen sich uns herrliche Ausblicke nach Norden über das

Simmersbachtal hinweg zur Hornisgrinde. Gut zu erkennen sind der Hornisgrindeturm sowie auch die Ende 2018 fertiggestellte Grindehütte. Beim **7 Simmersbacher Kreuz** biegen wir links ab, halten uns sogleich bei der Gabelung rechts und folgen der Wegmarkierung um ein Waldstück herum **8 Zum Fiesemichel**. Knapp zwei Drittel der Runde liegt dort hinter uns, womit die Bergvesperstube wie gerufen für eine längere Einkehr kommt. Neben wechselnden Tagesgerichten können wir uns hier über eine reichhaltige Vesperkarte sowie Salate und hausgemachte Kuchen freuen.

RÜCKWEG MIT WEITEREN GETRÄNKESTATIONEN Für den späteren Rückweg wechseln wir direkt nach dem Gasthof rechts auf den Weg hoch in den Wald. Dort folgen wir der uns mittlerweile vertrauten Beschilderung über die Wegweiser Beim Fiesemichel, Metzgers Wald und Oberer Burgerwald zur **9 Spitzenberg Pflanzschule**. Auf dem Weg dorthin passieren wir beim Kohlerhof eine weitere Getränkestation. Unterhalb der alten Pflanzschule öffnet sich dann wieder die Sicht über das malerische Renchtal. Im Abstieg finden wir bei Sepps Ruhebänkle eine letzte, mit liebevoll umgesetzten Ideen bereicherte Rastmöglichkeit. Ab dort erfolgt der Abstieg über das Basler Eck hinunter zum Renchdamm. Links ab können wir den letzten kurzen Abschnitt bis zurück nach Lautenbach zum **E Wanderportal Lautenbach** zum lockeren Auslaufen nutzen.

INFO

TOURENCHARAKTER

Abwechslungsreiche Runde auf Waldwegen und Pfaden, bei der eine gute Kondition am Berg von Vorteil ist.

AUSGANGS-/ENDPUNKT

Bahnhof Lautenbach
GPS 48.5196, 8.1163

ANFAHRT

ÖPNV: Ab Offenburg mit der Renchtalbahn zum Bahnhof Lautenbach
Auto: Von der B 28 Appenweier–Freudenstadt bei Lautenbach auf die K 5301/Hauptstraße abfahren, anschließend links in die Bahnhofstraße abbiegen.

EINKEHR

Vesperstube Zum Fiesemichel, Do–Fr ab 12 Uhr, Sa–So ab 11 Uhr, Tel. 07802/59 91, www.fiesemichel.de; Getränkestation Sepps Ruhebänkle

INFORMATIONEN

Renchtal Tourismus, 07804/48 36, www.renchtal-tourismus.de

Mittel	15,1 km	700 Hm	5.00/6.00 Std.

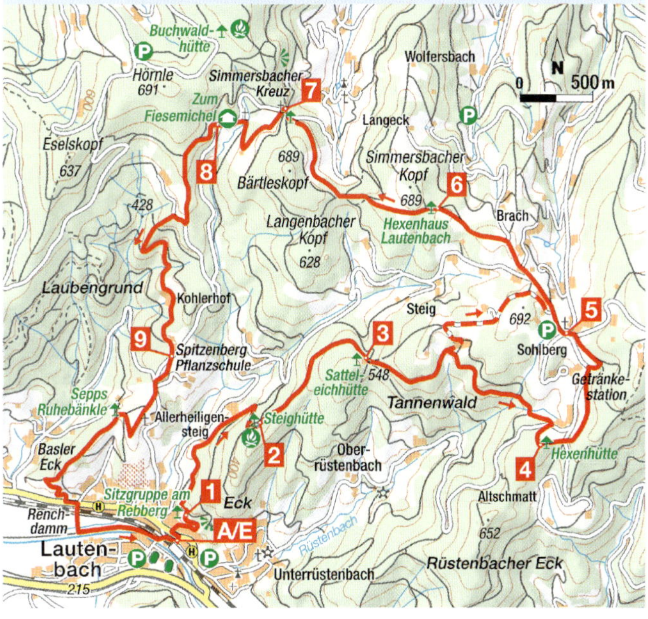

VORSICHT VOR DER WEISSEN FRAU

Von Oberkirch zur Schauenburg

Auf einem Bergsporn oberhalb der Rench wacht die Schauenburg. Das Wahrzeichen von Oberkirch bietet eine herrliche Aussicht über die Stadt und die Rheinebene bis zu den Vogesen. Weitere Ausblicke, die Geschichten am Wegrand sowie auch die Ruhe im Wald machen diese Runde zu einer besonderen.

23

Zugang in die Ruine Schauenburg

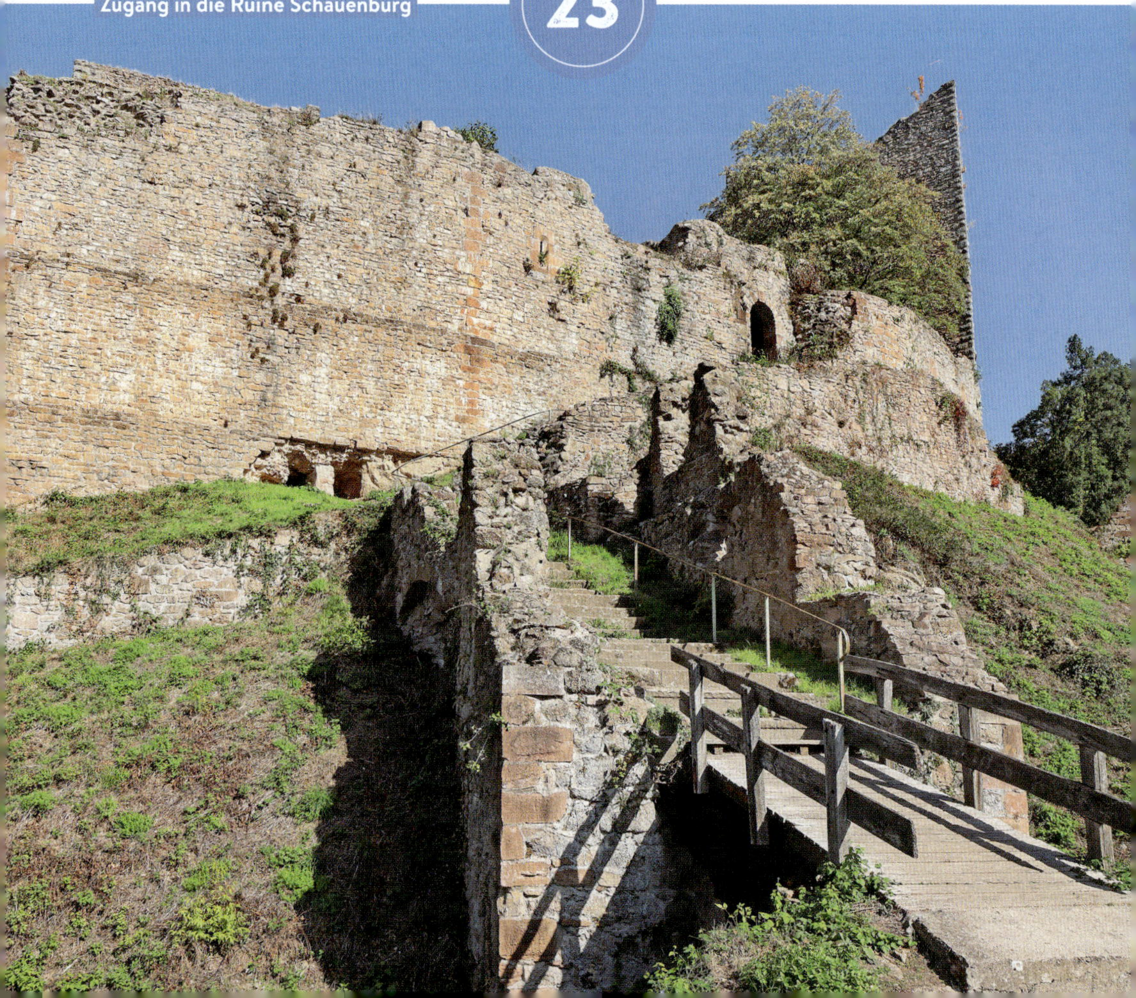

AUFSTIEG AUF DEN SCHWALBENSTEIN … Als Ausgangspunkt haben wir den **A Stadtgarten von Oberkirch** gewählt. Für einen ersten schönen Eindruck nutzen wir den Fußweg von der Lohstraße am Café und Stadtgartenkiosk vorbei. Am Wegende treffen wir auf einen vom Schwarzwaldverein ausgewiesenen Wanderweg. Rechts geht es auf diesem zum Wassertretbecken, von dort zurück an die Lohstraße und durch den Winterbacher Weg zum Haus Pfaff. Auf diesem ersten Abschnitt folgen wir der Beschilderung und der gelben Raute in Richtung Schwalbenstein. Wenige Schritte weiter nutzen wir die Verbindung zu einem mit Gras bewachsenen Weg und passieren eine Hütte mit Getränkestation. Oberhalb tauchen wir in den Wald ein, nehmen die Kehren zum Schwalbensteinweg. Wo dieser den Waldrand tangiert und sich die Sicht über die Weinberge öffnet, biegen wir links ab. Weiter bergan führt der Weg über eine Schlaufe nochmals an den Waldrand, schwenkt dann nach Norden zu einer markanten Felsformation. Oberhalb davon treffen wir beim **1 Schwalbenstein-Brunnen** auf den Renchtalsteig.

… ZUM HUSARENDENKMAL Beim Brunnen biegen wir erst rechts, dann sogleich links mit dem Renchtalsteig ab. Kurz nachdem wir den Ende-Frieder-Brunnen – an dieser Stelle sollen durch Frieder zwei Waldgeister zur Friedfertigkeit bekehrt worden sein – passiert haben, erreichen wir das **2 Husarendenkmal**. Das pyramidenförmige Denkmal auf dem Schwalbenstein wurde zum Gedenken an das 2. Rheinische Husarenregiment errichtet, das 1815 – im Jahr der Verbannung Napoleons – gegründet wurde. Am Rand der Fläche finden wir eine Rastbank mit Blick auf Oberkirch.

AUF DEM RENCHTALSTEIG Wir bleiben auf dem Renchtalsteig, mit dem wir bei der nahen Schwalbensteinhütte rechts in Richtung Lautenbach abbiegen. Der Weg führt

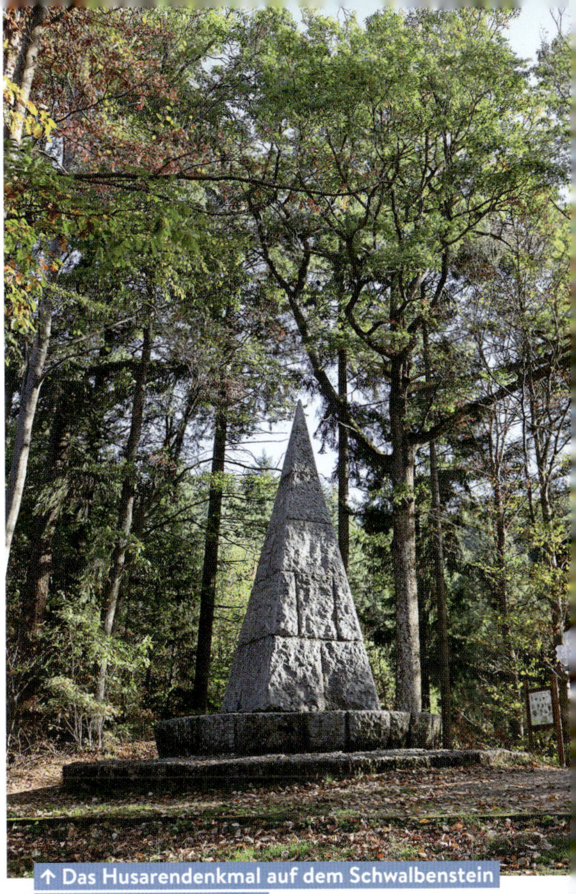

↑ Das Husarendenkmal auf dem Schwalbenstein
↓ Gedenktafel zum Bau des Promenadenwegs im Jahr 1913

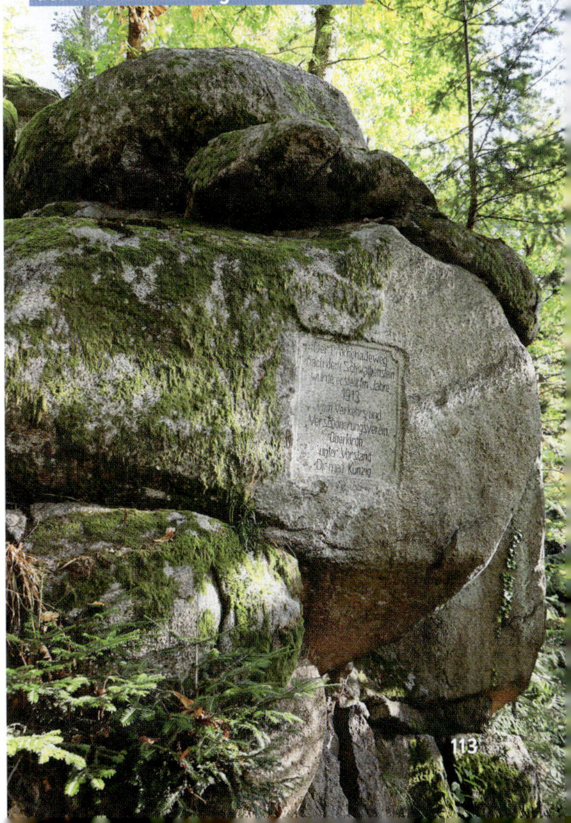

Tipp

DIE WEISSE FRAU DER SCHAUENBERG

Die Legende handelt von einem Ritter von der Schauenburg, der sich von seiner Angetrauten einen Sohn wünschte. Doch sie gebar ihm eine Tochter, was ihn arg erzürnte. Als die junge Mutter aus Kummer starb, übergab der Ritter das Mädchen einer Magd und verließ das Renchtal. 20 Jahre zogen ins Land, eh er ins Renchtal zurückkehrte und nach seiner Tochter forschen ließ. Sowie diese gefunden war, arrangierte der Ritter eine Ehe mit einem reichen Vetter. Bis dahin war der jungen Frau ihre adlige Abstammung unbekannt, weshalb sie mit einem Müllersknecht die Heirat eingegangen war. In der Hoffnung auf ein Leben in Wohlstand verließ sie diesen und nahm das Angebot ihres Vaters an. Doch als Jahre später ein Fest auf der Schauenburg gehalten wurde, erblickte sie ihren ersten Gatten beim Tanz und fiel auf der Stelle tot um. Seitdem soll sie als weiße Frau alle 50 Jahre einem Wanderer begegnen und um Erlösung bitten. Verwehrt man ihren Wunsch, so ist es nach drei Tagen um einen geschehen. So erging es einem Jungen, der ihr kein Wasser aus einer Quelle schöpfen wollte. Als sie einen jungen Jäger nach den Weg nach Oberkirch fragte, habe er ihr hingegen die Richtung angegeben und als Dank einen alten Taler erhalten. Als er später nach der Münze griff, war diese aus seinem Beutel verschwunden. Wohl aber soll der Jäger ein hohes Alter erreicht haben.

durch den Wald zum 3 **Stümmelfelsen**. Dort öffnet sich überraschend die Sicht über das obere Renchtal. Mit zwei Bänken samt Tisch finden Wanderer hier einen herrlichen Platz für eine erste Vesperpause. Weiter durch den Wald biegen wir beim Wegweiser Tannenköpfle links ab. Gut 200 Meter danach mündet der Pfad in einen Forstweg, setzt sich aber um wenige Schritte nach rechts versetzt fort bis zum 4 **Dilgerbrunnen**. Wir haben die Wahl: Wer hier schon müde Beine hat, dem empfehlen wir links abzubiegen und über »Oberer Schauenburgweg« und Schweigmatt zur Schauenburg abzukürzen. Alle anderen biegen rechts ab und folgen dem Fernwanderweg weiter bergan über den Wegweiser Mühlebur und einer Wegspinne (dort rechts an der Bank vorbei) bis zum 5 **Schwend Parkplatz**.

SAGENHAFT ZUR SCHAUENBURG Am höchsten Punkt der Runde wechseln wir links auf den mit gelber Raute markierten Weg zur Fellhauerhütte. Auf dem Weg dorthin biegen wir in Sichtweite eines Spielplatzes sowie 200 Meter weiter beim Forstweg jeweils rechts ab. Bei der 6 **Fellhauerhütte** lernen wir die Geschichte des grünen Jägers und der weißen Frau von der Schauenburg kennen. Bei der Schutzhütte halten wir uns kurz rechts, biegen dann aber beim unteren Wegweiser links ab und nehmen den Weg am Kapuzinerbrunnen vorbei zur 7 **Ruine Schauenburg**. Die Festung geht auf Herzog Berthold II. von Zähringen zurück, der die Burg 1070–1090 über dem Renchtal errichten ließ. Um die Mitte des 13. Jahrhunderts erfolgten der Ausbau und die Erweiterung zur Schildmauerburg mit mehreren Wohntürmen. Der Niedergang der Schauenburg setzte im 17. Jahrhundert ein. So ließ Hans Jakob Christoffel von Grimmelshausen – bekannt als der Verfasser des *Simplicissimus* – Steine für den Bau des Gaisbacher Schlosses entwenden. Dennoch blieben große Teile der Mauern, des Bergfrieds und des südöstlichen Wohnturms – dem sogenannten Volmarsturm – erhalten.

EINKEHR UND RÜCKKEHR Nach der Besichtigung kommt die Burgwirtschaft unterhalb der Schauenburg wie gerufen für eine

Einkehr. An sonnigen Tagen laden die Terrasse und der Biergarten zum Verweilen ein, bei kühlen Temperaturen finden wir ein gemütliches Plätzchen in der seit Jahrzehnten unveränderten Schauenburg-Stube. Die spätere Rückkehr erfolgt dann entweder über den Pfad westlich der Ruine oder ab dem Ausflugslokal über die Burgstraße bis hinunter zum Parkplatz 3. Ab dort führt uns die blaue Raute wieder hinunter in die Stadt zum Bierkeller und über die Stadtgartenstraße zurück zum **E Stadtgarten**.

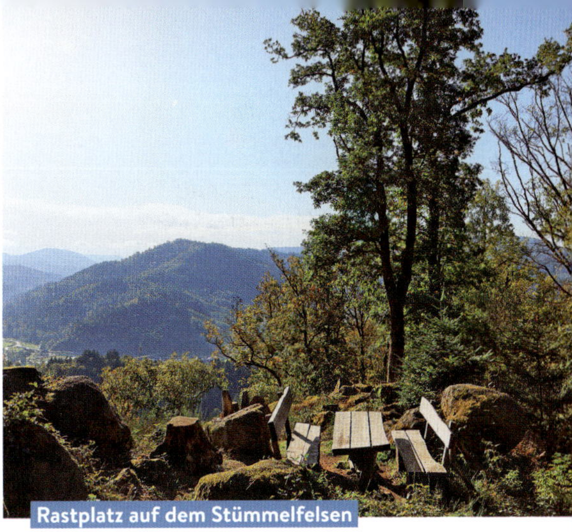

Rastplatz auf dem Stümmelfelsen

INFO

TOURENCHARAKTER

Die Anstiege zum Husarendenkmal sowie zum Schwend-Parkplatz erfordern etwas Kondition am Berg. Ansonsten eher lockere Runde auf Waldwegen und Pfaden.

AUSGANGS-/ENDPUNKT

Stadtgarten Oberkirch
GPS 48.5297, 8.0853

ANFAHRT

ÖPNV: Ab Offenburg mit der Renchtalbahn nach Oberkirch, der Zugang erfolgt durch die Bahnhofsstraße.
Auto: Von der B 28 Appenweier-Freudenstadt beim Kreisverkehr am östlichen Ortsende von Oberkirch zum Strandbadweg abfahren, anschließend links in die Hauptstraße abbiegen.
Die Zufahrt zum Stadtgarten ist über den Winterbacher Weg und Hungerbergweg möglich.

EINKEHR

Burgwirtschaft Schauenburg, Di–Sa ab 11 Uhr, So ab 10 Uhr, Tel. 07802/22 53, www.schauenburg.de, Gastronomie in Oberkirch

Mittel | 11 km | 500 Hm | 3.30/4.00 Std.

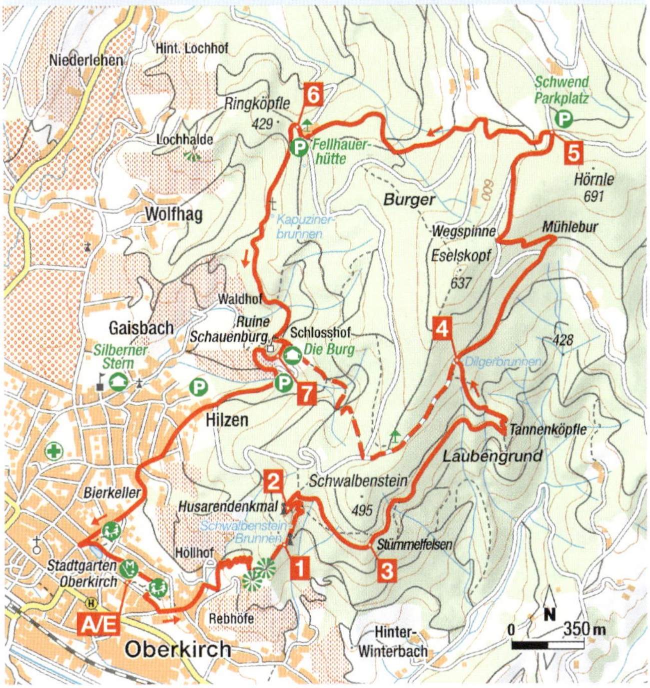

INFORMATIONEN

Renchtal Tourismus, Tel. 07804/48 36, www.renchtal-tourismus.de

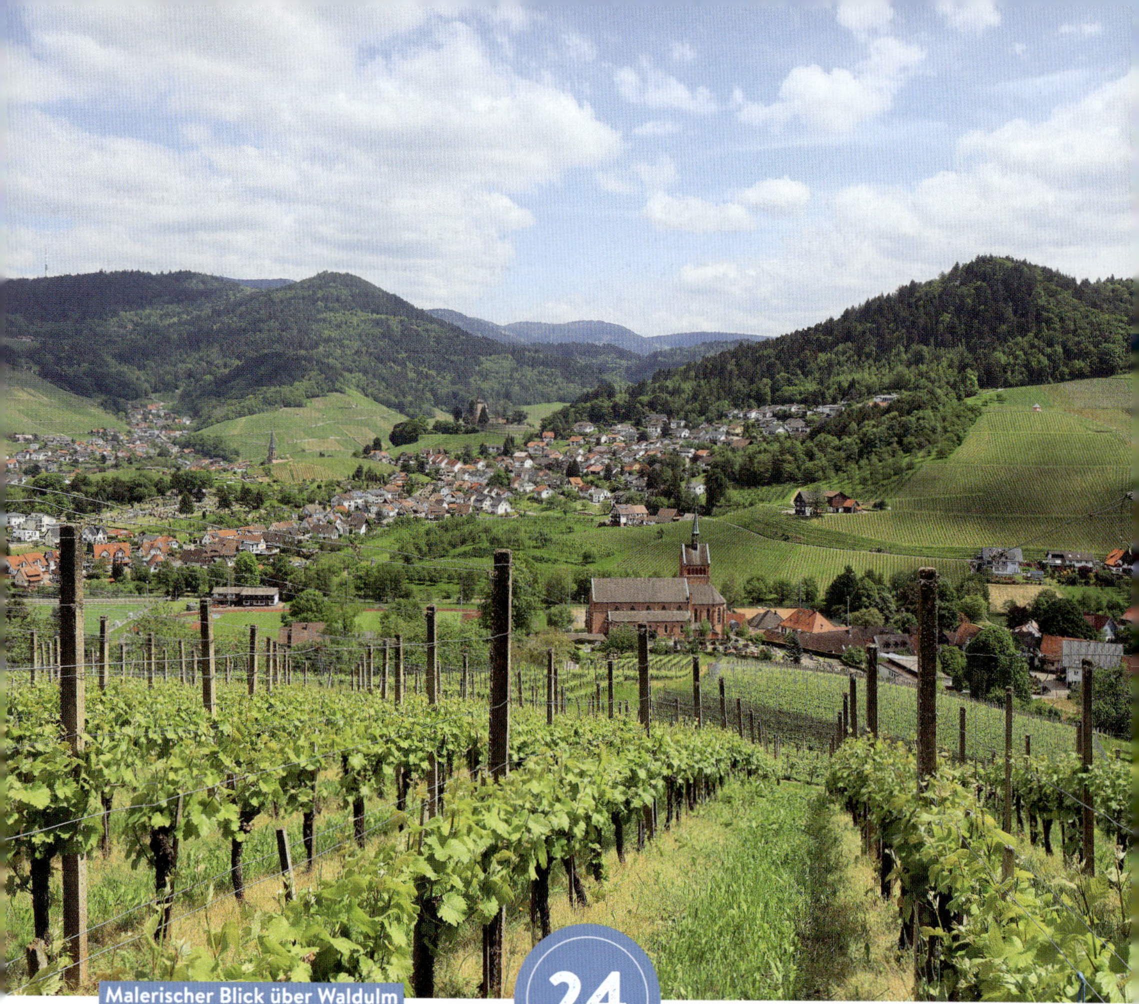

Malerischer Blick über Waldulm nach Kappelrodeck

24

TEUFLISCH SCHWERER KUTZENSTEIN

In den Waldulmer Weinbergen

Als Kutzenstein ist eine markante Felsformation aus Achertaler Granit bekannt. Die Tour kommt gänzlich ohne Pfade aus. Stattdessen verwöhnt uns die Runde mit malerischen Aussichten über die Weinberge rund um Waldulm sowie vom Bergrücken aus ins benachbarte Renchtal.

AUFTAKT IN RODECK Die Wanderung entspricht dem Ortenauer Sagenrundweg Kutzenstein. Damit können wir uns neben den Wegweisern des Schwarzwaldvereins zusätzlich an dem Symbol der Sagenwege – ein Gespenst mit nach oben gestreckten Armen – orientieren. Zudem können wir beim **A Stadion von Rodeck** den Verlauf der Strecke auf einer großen Karte anschauen. So eingestimmt, überqueren wir vom Parkplatz aus gesehen den nahen Fautenbach sowie die Landstraße und nutzen die links abgehende Verbindung hoch zum Himbeerweg. Von dort geht es nochmals zurück an die Durchgangsstraße, wo wir links um den idyllisch gelegenen Friedhof von Kappelrodeck herumgeführt werden. Im Anstieg über das Birkköpfel bis zum Scheuerhof lohnt es sich bereits, innezuhalten und die Aussicht über Kappelrodeck zu den Weinbergen nordöstlich der Acher schweifen zu lassen. Bald bestimmt der Bergkegel vom **1 Schloss Rodeck** die Kulisse. Die Geschichte der früheren Festung reicht bis ins 13. Jahrhundert zurück. Im Jahr 1880 erfolgte der Umbau zu einem Schloss im Spätrenaissancestil. Vor Ort erfahren wir, wie es einem Zwerg gelang, die Burg samt ihrer Bewohner während des Bauernkriegs vor dem Ansturm einer wütenden Meute zu bewahren.

HEXENSESSEL, REBHÄUSEL UND TAL

Von der Rodeck geht es auf der Schlossbergstraße zum Waldparkplatz am Käferwald. Weiter geradeaus ist es nur ein Katzensprung bis zum **2 Hexensessel**. Er ist der Hexe vom Dasenstein gewidmet, die – vom Vater und Geliebten verstoßen – ihr Leben in einer ebenfalls aus Achertaler Granit bestehenden Felsformation jenseits der Acher fristete. Vorbei am Sessel zweigen wir beim Wegweiser Altenberg rechts zum **3 Rebhäusel** ab. Das achteckige Gebäude thront abseits vom Wanderweg auf einer Anhöhe und eröffnet uns eine der schönsten Aussichten über das von Weinbergen umrahmte Waldulm. Zurück auf dem Wanderweg folgen wir nun der Beschilderung über die Rußhalde und den

Tipp

MORD BEIM RINGELBACHER KREUZ

Unterhalb des Ringelbacher Kreuzes markiert ein Feldkreuz die Stelle eines schrecklichen Verbrechens. Die Sage erzählt von einer Bäuerin aus Sasbachwalden, die ins Renchtal gezogen war, um Ochsengeld zu holen. Zu ihrem Unglück hatte das ein Handwerksbursche spitzbekommen, weshalb er ihr auflauerte. Doch die Bäuerin kehrte ohne das erwartete Ochsengeld zurück. Unzufrieden über die wenigen Kreuzer, die sie ihm aushändigte, erschlug er die Frau. Nach kurzer Flucht wurde der Übeltäter gefasst und zur Strafe beim großen Kreuz von vier Ochsen zerrissen.

Hier soll der Teufel seine Finger im Spiel gehabt haben.

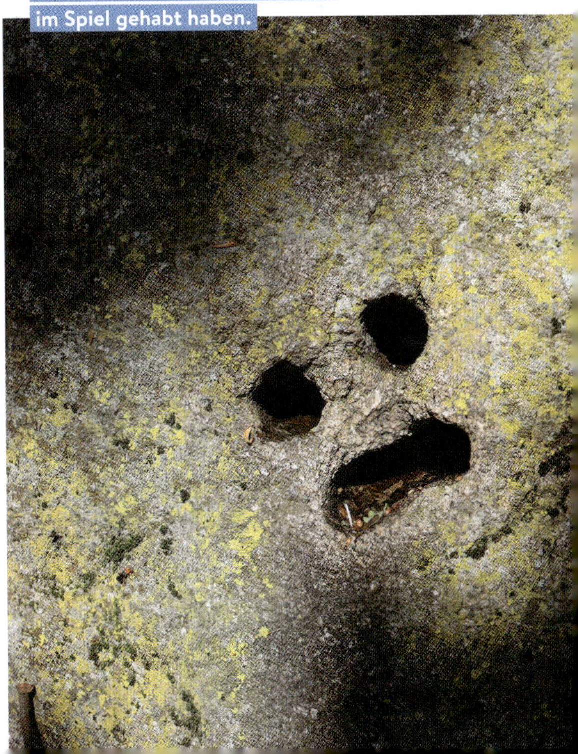

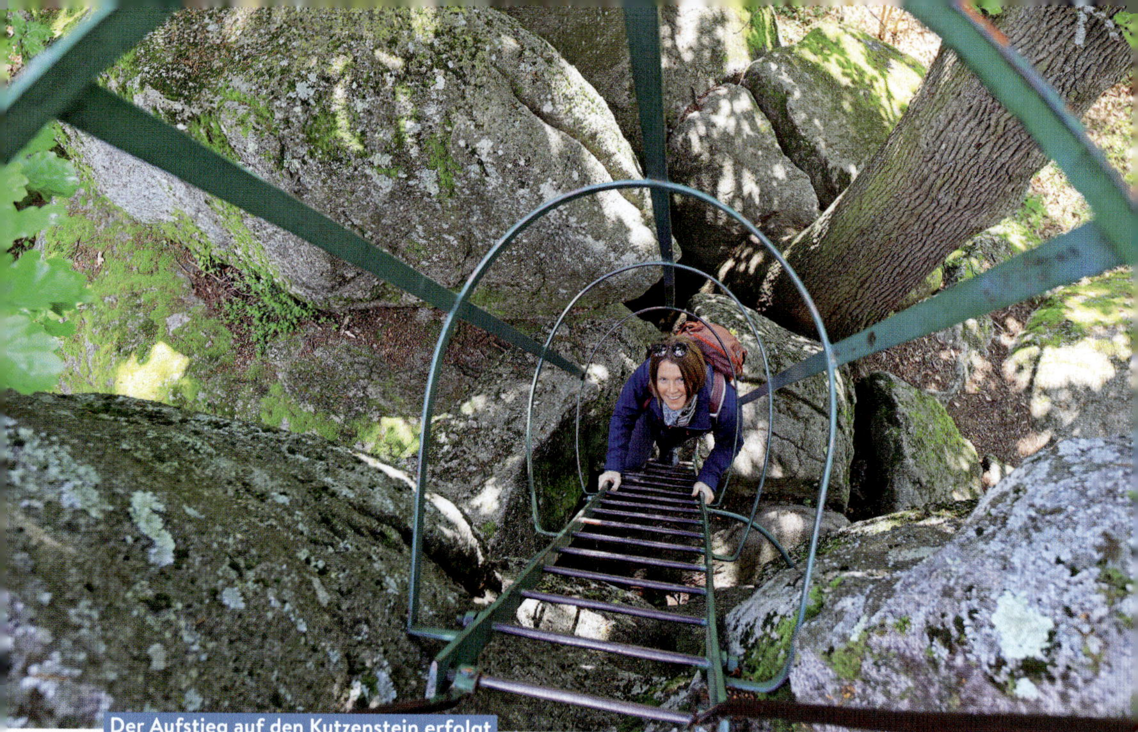

Der Aufstieg auf den Kutzenstein erfolgt mithilfe einer Rückenschutzleiter.

Rußhaldenweg zur Waldulmer Siedlung. Nach einer kurzen Passage rechts auf der Talstraße biegen wir links nach Sieter ab.

AUFSTIEG ZUM RINGELBACHER KREUZ

Im nächsten Abschnitt verläuft der Sagenpfad auf dem Ortenauer Weinpfad. Wo wir die Siedlung wieder verlassen, finden wir eine Getränkestation. Danach zieht der Fahrweg deutlich bergan, womit sich nach der nächsten Rechtskehre wieder malerische Aussichten über die Weinberge eröffnen. Beim Wegweiser Sieter biegen wir links ab, sodass wir bald den liebevoll gestalteten Rastplatz **4 Blick auf Waldulm** erreichen. Der Name hält, was er verspricht: Durch die Lage am Rand der Anhöhe haben wir hier einen besonders schönen Blick auf die von Reben umschlossene Waldulmer Siedlung. Weiter geht es in südlicher Richtung über die Anhöhe hinweg zu einem Bildstock mit der Jahreszahl 1794, und ab dort durch »Fischers Wäldele« bis zum Berggasthaus Zur Einkehr. Unterhalb des Ausflugslokals überqueren der Sagenpfad und der Weinpfad rechts die Landstraße zum **5 Ringelbacher Kreuz**, einer alten Richtstatt.

WALDULMER WEINBLICK UND KUTZENSTEIN Ab dem Kreuz führt der Pfad durch ein weiteres Waldstück über den **6 Waldulmer Weinblick** – einem Rastplatz mit überdimensionierter Aussichtsbank und Blick über das Renchtal – auf die Scherd. Beim zweiten so benannten Wegweiser erfolgt links der Abstecher zum **7 Kutzenstein**. Nüchtern betrachtet handelt es sich um eine Gruppe markanter Granitfelsen, die aus dem Bergrücken ragt. In einem der Felsen fallen unnatürlich wirkende Vertiefungen auf. Beides zusammen liefert den Stoff, aus denen Legenden entstehen. Demnach soll der Bau der Waldulmer Kirche dem Teufel übel aufgestoßen sein. Um ihn sogleich wieder zu zerstören, schaffte er einen mächtigen Granitfelsen herbei. Sowie er den Bergrücken überwunden hatte, holte er mit seinen Klauen zum Wurf aus. Dann aber zwang ihn eine höhere

Macht, den Felsen fallen zu lassen. Der Teufel musste unverrichteter Dinge von dannen ziehen. Seine Krallen jedoch hatten tiefe Löcher ins Gestein getrieben. Sie sind uns als Teufelsfinger bekannt.

WIEDER RUNTERKOMMEN Zurück beim Wegweiser auf der Scherd folgen wir nun der gelben Raute am Chrischtebildstöckl und der Kreuzeiche vorbei zur **8 Fridolinshütte**. Auf der Rückseite der mit Blumen und Reben geschmückten Hütte finden wir einen weiteren idyllischen Ort zum Verweilen samt gekühlter Getränke. Ab dort erfolgt der Rückweg zunächst immer nahe dem Wald über den Wegweiser **9 Pfaffenberg** bis zu einem riesigen Herz. Das 1,2 Tonnen schwere Kunstwerk wurde von Achim Fuchs und Christian Hodapp gebaut und bietet seit dem Frühjahr 2022 neben der ungewohnten Sitz- und Liegemöglichkeit eine weitere tolle Aussicht auf Waldulm. Ab dem Herz erfolgt der Abstieg mit der gelben Raute hinunter an den Pfaffenbach sowie über die Weinstraße zum Ausgangspunkt beim **E Stadion Rodeck**.

INFO

TOURENCHARAKTER

Die technisch einfache Runde verläuft auf weiten Teilen der Strecke auf den Wegen der Weinberge. Der Zugang auf den Kutzenstein erfolgt über eine Steigleiter mit Rückenschutz.

AUSGANGS-/ENDPUNKT

Rodeckstadion in Kappelrodeck GPS 48.5897, 8.1048

ANFAHRT

ÖPNV: Ab Offenburg mit der Achertalbahn bis Kappelrodeck. Der 850 m lange Zugang erfolgt über »Venedig« und den Weinwanderweg bis Scheuerhof.
Auto: Von der A 5 bei Ausfahrt 53 nach Achern abfahren, weiter auf der L 87 bis Kappelrodeck, im Ort in die Waldulmer Straße abbiegen, der Straße bis zum Stadion folgen

EINKEHR

Berggasthaus Zur Einkehr, Mo, Do–Sa ab 11 Uhr, So ab 10 Uhr, Tel. 07842/2619, www.berggasthaus-einkehr.de

Leicht | 9,6 km | 250 Hm | 2.30 Std.

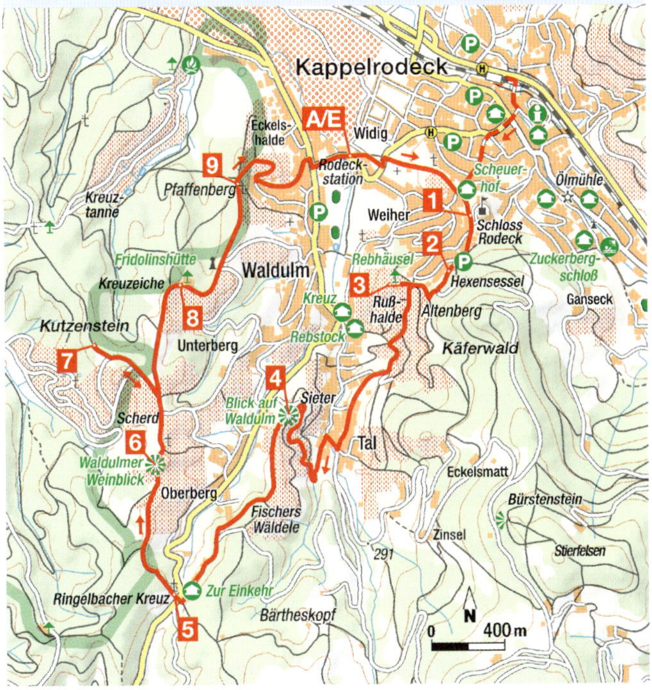

INFORMATIONEN

Touristinformation Kappelrodeck, Tel. 07842/80210, www.achertal.de

ES KLAPPERT AM RAUSCHENDEN BACH

Ottenhöfener Mühlenweg

Ottenhöfen ist seit jeher ein beliebtes Ausflugsziel. Zu den bekanntesten Gästen zählen Kaiser Wilhelm II. und der Autor Mark Twain. In der Neuzeit hat sich Ottenhöfen einen Namen als Mühlendorf gemacht. Der Mühlenweg vereint neun dieser historischen Werkstätten zu einer Bilderbuchrunde.

25

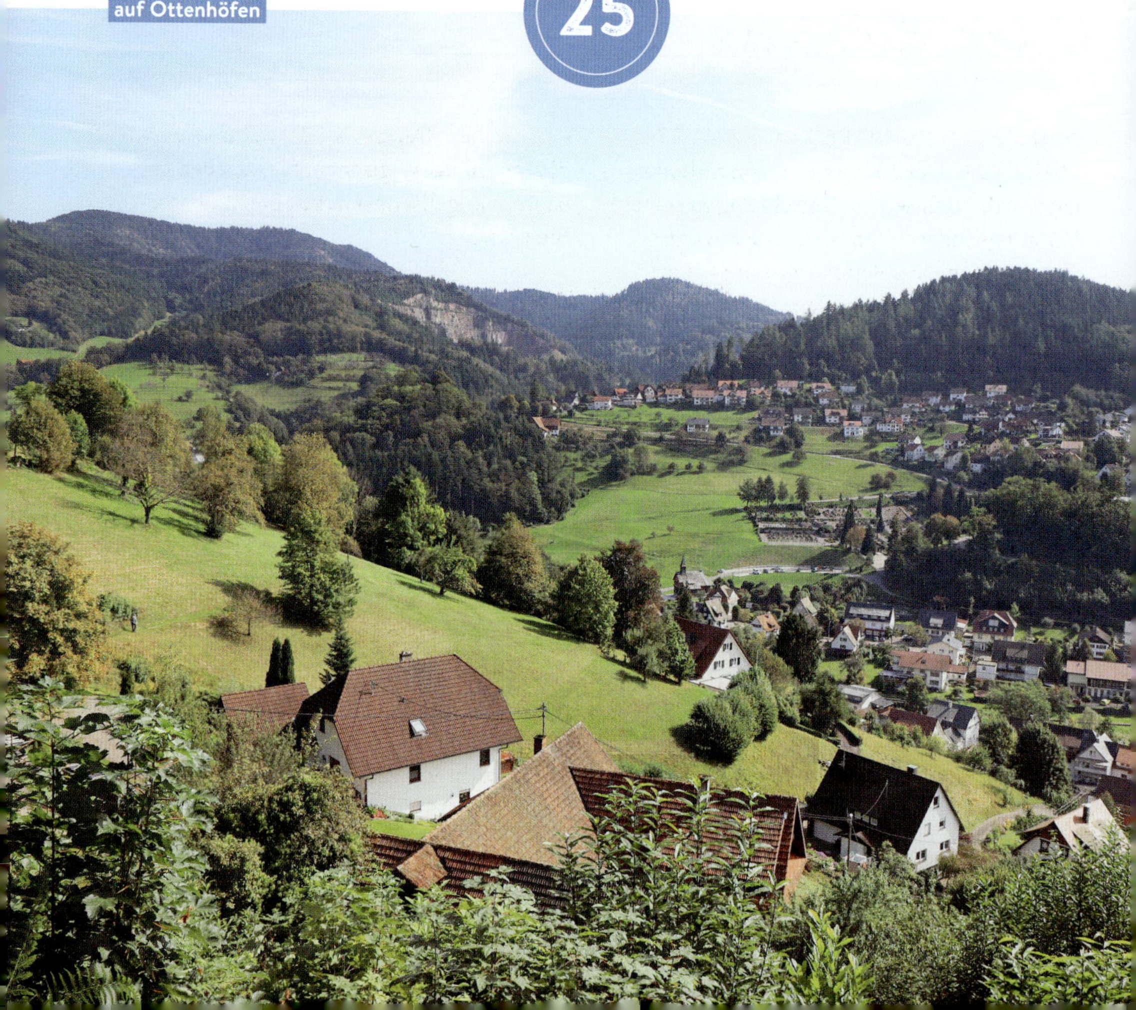

Aussicht vom Zieselberg auf Ottenhöfen

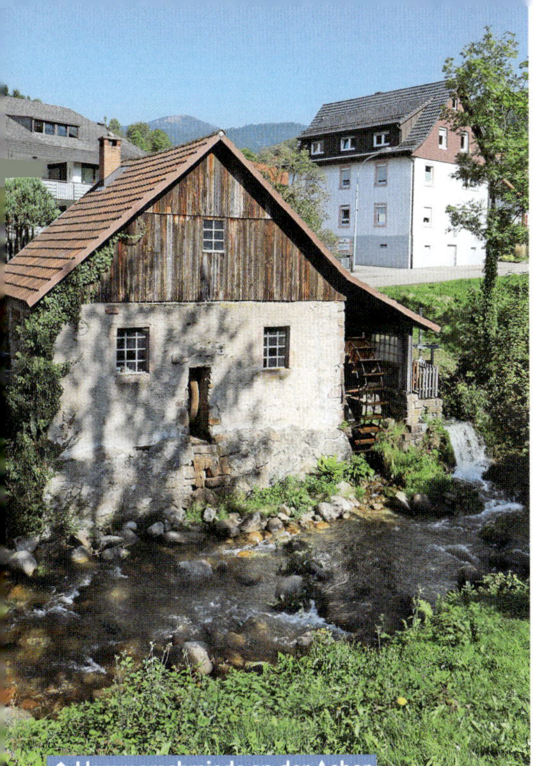

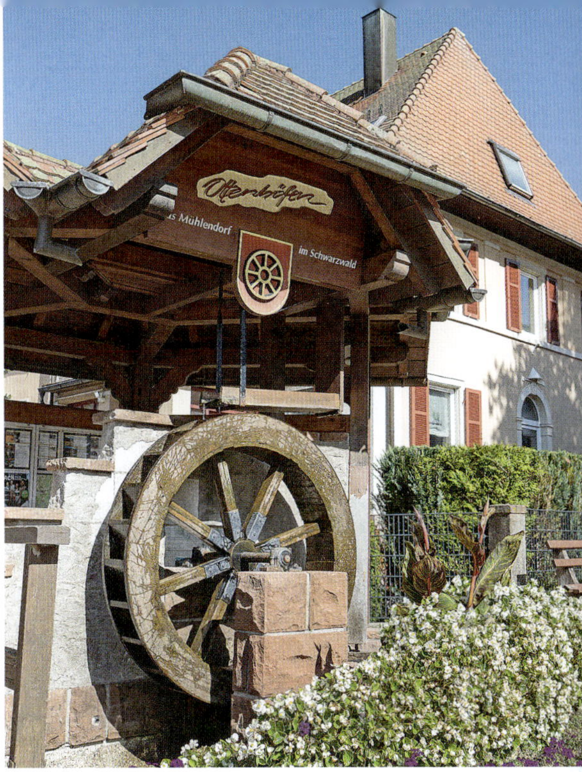

↑ Hammerschmiede an der Acher
↗ Mühlrad im Kurpark von Ottenhöfen

DURCH DEN KURPARK ZUR HAMMERSCHMIEDE Der Mühlenweg von Ottenhöfen wurde nach seiner Einrichtung in seinem Verlauf geändert. Damit ist eine etwas unübersichtliche Straßenüberquerung zur Rainbauernmühle entfallen. Weil der Themenweg in verschiedene Seitentäler der Acher führt, ist es außerdem an mehreren Stellen gut möglich, die Runde zu verkürzen. So eingestimmt erfolgen die ersten Schritte ab dem A **Bahnhof von Ottenhöfen** durch den daran angrenzenden Kurpark zur Allerheiligenstraße. Dort biegen wir noch vor der katholischen Kirche links ab. Bei der folgenden Gabelung halten wir uns erneut links, sodass wir durch die Albert-Köhler-Straße zur 1 **Hammerschmiede** kommen. Als Besonderheit hat die an der Acher errichtete Schmiede ein mittelschlächtiges Wasserrad. Neben dem Gewicht des Wassers wird hier auch die Strömung – also die Stoßkraft – des Wassers genutzt, um den Schmiedehammer anzutreiben. Gegenüber der Schmiede bildet die im Stil norwegischer Stabskirchen gebaute evangelische Kirche einen hübschen Blickfang.

HAGENBRUCK UND KÖNINGERHOF

Nach dem Miniabstecher zur Schmiede geht es mit der blauen Raute weiter der Acher entgegen zur Einmündung des Gottschlägbachs bzw. über den Zufluss hinweg zum Gasthaus Kreuz in Hagenbruck. Gut 200 Meter abseits (nördlich) des Rundwegs steht die Mühle am Hagenstein. Beim Wegweiser überqueren wir die Landstraße und die Acher, um sogleich rechts zur Bußhalde abzubiegen. Dort wechselt der Mühlenweg auf die gelbe Raute zum stattlichen 2 **Köningerhof**. Während auf der Südseite die Terrasse mit Getränkestation und Aussicht über den Ort und die katholische Kirche zum Verweilen einlädt, bietet hinter dem Hauptgebäude die 1850 erbaute Mahl- und Schrotmühle Einblick in die alte Technik.

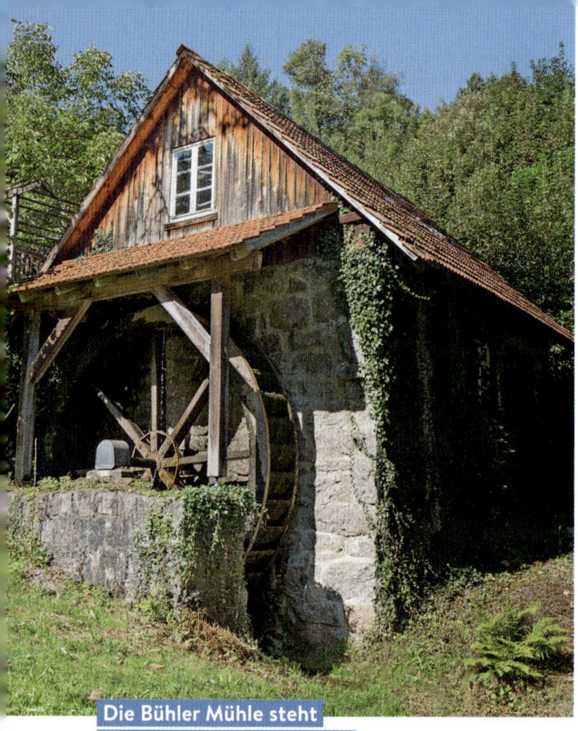

Die Bühler Mühle steht etwas unterhalb des Wegs.

ÜBER DAS GÜNSECK ZUR BENZMÜHLE Oberhalb vom Hof steigt der Mühlenweg weiter bergan an den Waldrand und führt von dort in westlicher Richtung zum Wegweiser Zieselberg. Ab dort folgen wir links der gelben Raute auf wechselnden, aber ordentlich beschilderten Wegen durch den Wald und der Siedlung am Buchwald zum **3 Günseck**. Schon genug gewandert? Dann geht es links über den Günsberghof hinunter ins Tal. Am Ende der Verbindung besteht dann über die Landstraße Anschluss zur Rainbauernmühle. Ansonsten biegen wir rechts ab, womit wir als Nächstes zur 1860 am Furschenbach errichteten **4 Benzmühle** kommen. Stolze 300 Jahre älter ist der Benzmühlehof. Jenseits des Bachs können wir uns dort über Flammkuchen aus dem Holzbackofen und einer Auswahl an Salaten freuen.

Tipp

SCHNAPSBRUNNENPFAD VON KAPPELRODECK

Kappelrodeck ist als das Rotweindorf zwischen Badischer Weinstraße und Schwarzwaldhochstraße bekannt. Ebenso kann der Obstbau auf eine lange Tradition zurückblicken. Noch heute wirtschaften in Kappelrodeck und dem benachbarte Waldulm 400 Kleinbrenner. Ihnen hat die Gemeinde den Schnapsbrunnenpfad gewidmet. Die angenehm zu laufende Runde stellen wir als eine von 50 Touren im J. Berg-Wanderführer »Leichte Wanderungen Schwarzwald« vor.

UMWEG FÜR MEHR SICHERHEIT Weiter geht es entlang des Bachs über den Wegweiser Unterer Bach nach **5 Furschenbach-Dorf**. Geradeaus besteht eine zweite Verbindung hinunter an die Landstraße bzw. dann links zur Rainbauernmühle. Dies entspricht dem alten Verlauf des Rundwegs. Schöner – und sicherer – ist es, am Ortsrand bzw. beim Schmälzlehof rechts abzubiegen. Zu dem Gasthaus gehörte eine Hausmühle, die heute als Frühstücksraum dient. Der neue Verlauf des Mühlenwegs führt nun über den Piushof zum Hinteren Lammhof von Kappelrodeck. Dort biegt der Mühlenweg links auf den Schapsbrunnenpfad ein. Damit überqueren wir den Tunnel der Landstraße. Bei den Wegweisern **6 Kappelrodeck Heidenhof** biegen wir dann jeweils links nach Furschenbach ab.

RAINBAUERN-, BÜHLER- UND SCHULZEBURE MÜHLE Auf dem nächsten Abschnitt befinden wir uns auf dem Achertäler Heimatpfad, der uns über die Siedlung Winterseite zur **7 Rainbauernmühle** an der Acher führt. Weiter flussaufwärts passieren wir einen Rastplatz mit Schnaps- und Most-

brunnen, eh wir beim Unteren Lauenbach erneut die Wahl haben: Geradeaus kürzt der Achertäler Heimatpfad zum Bahnhof Ottenhöfen West ab.
Um auf dem Mühlenweg zu bleiben, biegen wir indessen rechts ab, gönnen uns den kurzen Abstecher zur Mühle der Pension Mühlenhof und folgen dann der gelben Raute zur **8 Bühler Mühle**. Die erst gegen Ende des 19. Jahrhunderts gebaute Mahlmühle steht etwas unterhalb des Wegs und wird über einen Holzkanal, dem Kähner, vom Wasser des Lauenbächles betrieben. Weiter geht es mit der gelben Raute an einer Getränkehütte vorbei zu einer Straßengabelung sowie ab dort durch den Wald zum Wegweiser Simmersbach. Dort treffen wir wieder auf die blaue Raute, die uns nun talwärts zur **9 Schulze-Bure Mühle** bringt. Weiter talwärts biegen wir bei Ottenhöfen-Hof rechts ab. Nachdem wir den Blustenhof passiert haben, besteht eine weitere Abkürzung zum Bahnhof. Um auch die letzten Meter des Themenwegs einzupacken, biegen wir indes erst beim Wegweiser Blustenweg ab und nehmen die Route an der katholischen Kirche vorbei zurück zum Kurpark und **E Bahnhof von Ottenhöfen**.

INFO

TOURENCHARAKTER

Der Mühlenweg nutzt alle im Schwarzwald vorkommenden Wegarten und bietet Wanderern immer wieder schöne Aussichten über das Achertal. An mehreren Stellen sind Abkürzungen möglich.

AUSGANGS-/ENDPUNKT

Bahnhof Ottenhöfen
GPS 48.5673, 8.1514

ANFAHRT

ÖPNV: Ab Achern mit der Achertalbahn bis zur Endstation in Ottenhöfen
Auto: Von der A5 bei Ausfahrt 53 nach Achern abfahren, weiter auf der L87 über Kappelrodeck nach Ottenhöfen. Im Ort in die Straße Am Bahnhof abbiegen

EINKEHR

Straußе Benzmühle, www.benzmuehle.de; Schmälzle-Hof, www.schmaelzle-hof.de; mehrere Getränkestationen am Weg.

INFORMATIONEN

Touristinformation Ottenhöfen,
Tel. 07842/80444,
www.achertal.de

Mittel | 13,5 km | 400 Hm | 4.00 Std.

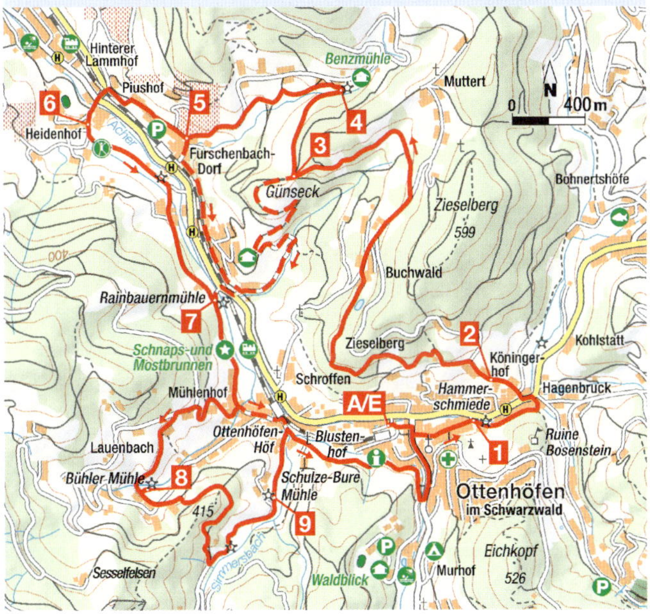

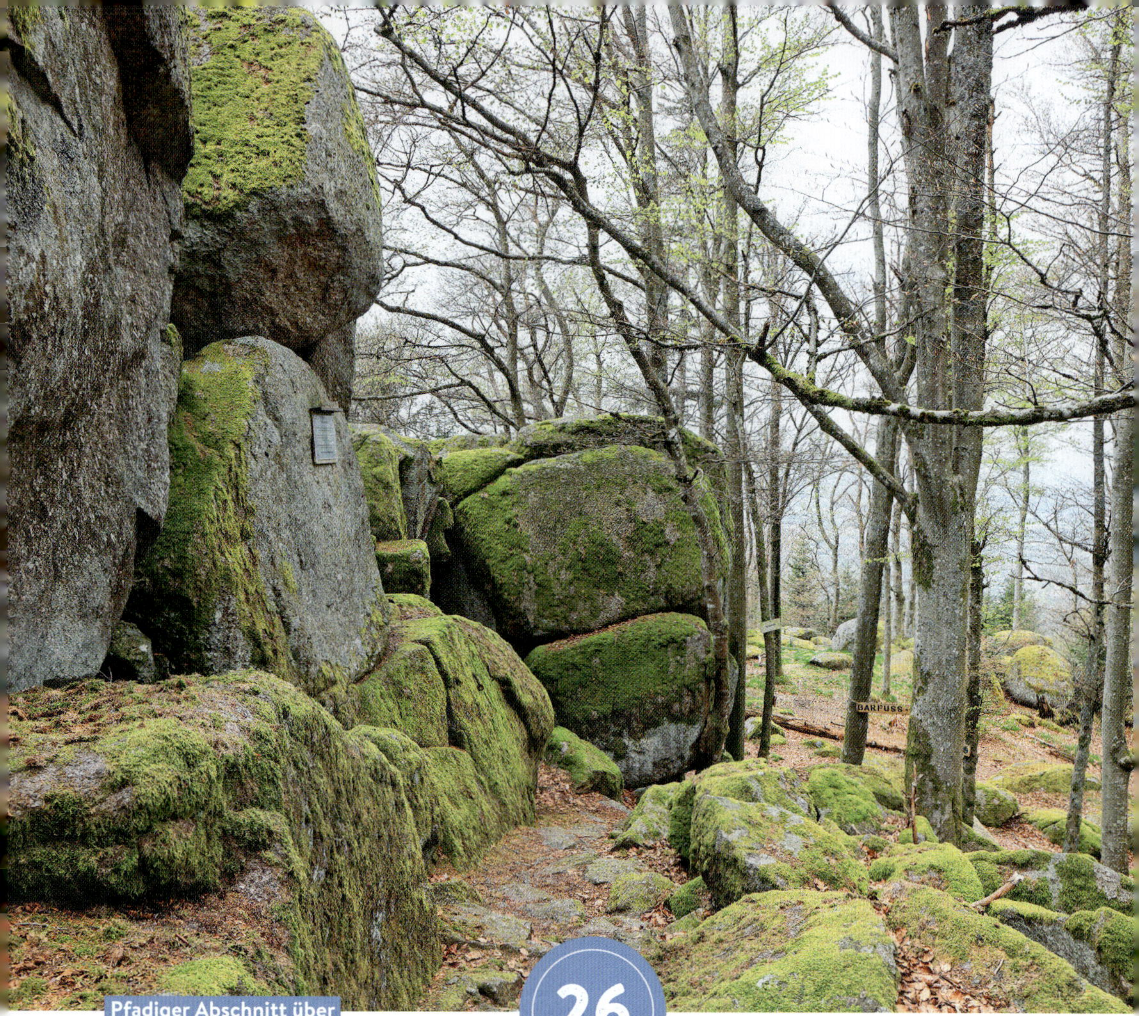

Pfadiger Abschnitt über den Fuchsschroffen

26

BAUERNOPFER BURG HOHENRODE

Von Sasbachwalden zum Brigittenschloss

Sasbachwalden ist bekannt für seine Weine, den reichen Blumenschmuck und für seine liebevoll instand gehaltenen Fachwerkgebäude. Naturfreunde lieben die mit Treppen und Brücken gesicherte Gaishölle. Über alledem wacht die Burgruine Hohenrode, besser bekannt als das Brigittenschloss.

VOM KURHAUS ZUR MARIENSTATUE

Beim **A Kurhaus von Sasbachwalden** finden Wanderer eine Reihe an Vorschlägen für Touren rund um den Ort. Sobald wir uns einen ersten Überblick verschafft haben, überqueren wir die Talstraße zum Kurpark. Nahe dem Sasbach passieren wir eine Wassertretstelle, eh wir uns beim Wegweiser Altenrain links halten. Der erste Anstieg erfolgt auf dem Ortenauer Weinpfad in Richtung Kappelberg. Über die Straße hinweg nehmen wir den Treppenweg, kreuzen eine Zufahrt und erreichen die Reben. Wo wir auf die nächste Straße treffen, setzt sich der Weinpfad nach links versetzt fort. Beim Wegweiser Auf der Eck biegen wir links zur Olenik-Bank ab. Der mit gelber Raute markierte Weg dorthin verläuft entlang einer Obstwiese zu einer liebevoll gefertigten **1 Marienstatue**. Von der Olenik-Bank folgen wir der Beschilderung dann geradeaus über die Wegweiser Birkköpfel (rechts) und Wolfersberg zum **2 Hagenberg**. Knapp ein Drittel der Runde haben wir dort geschafft, womit der Schnapsbrunnen – es gibt auch Softdrinks – wie gerufen für eine erste Rast kommt.

ÜBER DEN HINTEREN WASEN ZUR KREUZBUCHE Ab Hagenberg folgen wir der Beschilderung in östlicher Richtung nach Schönbuch mit dem Haus Peduzzi. Wir kreuzen die Passstraße zur Markteichstraße, wechseln dann aber auf den Wurzelpfad oberhalb der Straße zum Wanderparkplatz **3 Hinterer Wasen**. Links ab folgt ein kurzer Abschnitt auf der Schönbuchstraße bis zum Wegweiser Hilsenberg. Nach einem schönen Ausblick nach Westen über das Achertal zweigen wir rechts auf den Forstweg zum Brigittenschloss ab. Wo der Forstweg rund 350 Meter danach eine markante Rechtskurve beschreibt, war die gelbe Raute bei unserer Begehung leicht zu übersehen. Um auf dem richtigen Weg zu bleiben, laufen wir in der Kurve geradeaus weiter, sodass

Tipp

DER ALDE GOTT LEBT NOCH!

Nach dem Ende des Dreißigjährigen Kriegs waren das Achertal und seine Nebentäler weitgehend entvölkert. Auf seiner Suche nach Überlebenden gelangte ein junger Mann in das Tal des Sasbachs. Als er bei Sasbachwalden auf eine junge Frau traf, soll er vor Freude ausgerufen haben: »Der Alde Gott lebt noch!« Nur wenig später hielten sie Hochzeit und pflanzten im Tal Reben. Auf einer Anhöhe zwischen Sasbachwalden und dem weiter nördlich gelegenen Lauf markiert heute ein Bildstock den Ort, an dem sich die beiden erstmals begegnet sein sollen. Daneben erinnern die Genossenschaften Alde Gott Winzer Schwarzwald und Alde Gott Edelbrände Schwarzwald an das glückliche Aufeinandertreffen der jungen Leute.

In der Gaishölle

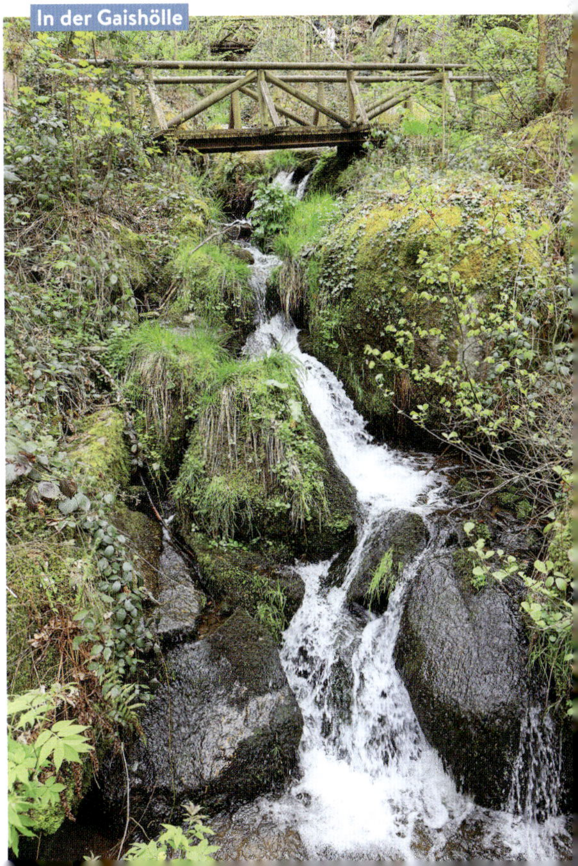

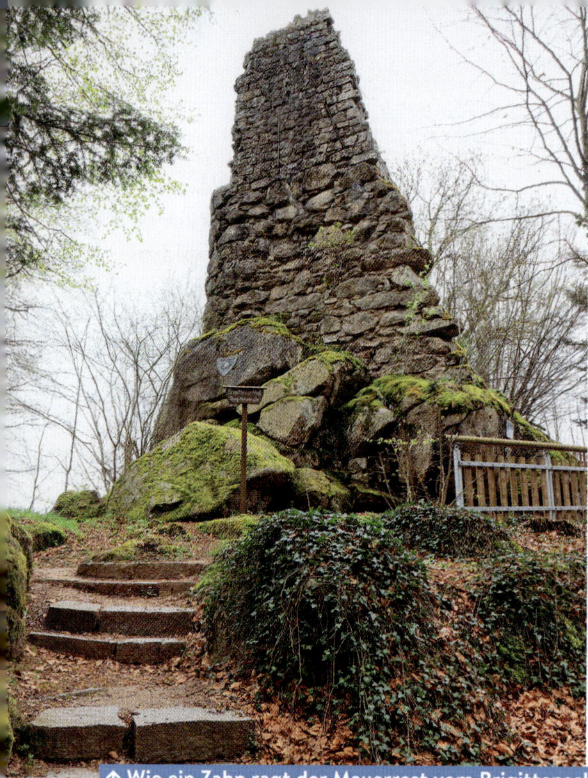

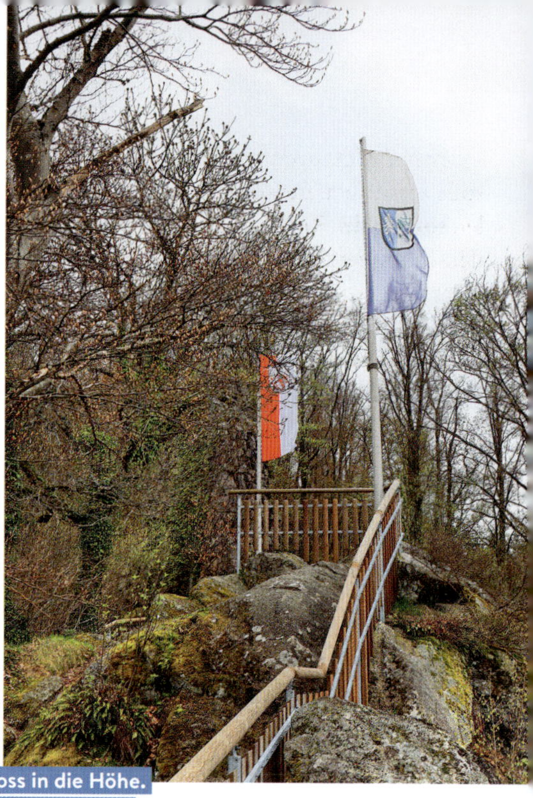

↑ Wie ein Zahn ragt der Mauerrest vom Brigittenschloss in die Höhe.
↗ Auch heute dient die Burgruine wieder repräsentativen Zwecken.

es auf den im unteren Bereich ausgewaschenen Pfad zur **4 Kreuzbuche** geht.

ÜBER DEN FUCHSSCHROFFEN ZUM BRIGITTENSCHLOSS Bei der Kreuzeiche ist das Brigittenschloss in zwei Richtungen angeschrieben. Um Abstecher zu vermeiden, wählen wir die längere Variante. Damit biegen wir links ab, lassen wenige Schritte weiter den Pfad rechts liegen und zweigen beim nächsten Wegweiser rechts ab. Auf diese Weise führt uns die Route erst über den Katzenstein, dann über den aus Granit gebildeten Fuchsschroffen zum **5 Brigittenschloss**. Die Anfänge der ursprünglich Hohenrode genannten Flieh- und Signalburg reichen bis ins 11. Jahrhundert zurück. Allerdings soll die Festung schon während des Deutschen Bauernkriegs wieder verlassen worden sein. Als Grund wird das ungemütliche Wetter auf dem Bergkegel gesehen. Die aus Granit errichteten Mauern überdauerten die nachfolgenden Jahrhunderte. Dass dennoch nur spärliche Reste der Schildmauer stehen, haben wir Bauern zu verdanken. Mithilfe mehrerer Sprengungen versuchten sie 1815, im Gemäuer der Hohenrode und in der Teufelsküche – einer Felsengrotte – vermutete Schätze zu bergen.

SAGEN ÜBER DIE BURG Über die Hohenrode sind zwei Sagen überliefert. So wollten ein Junker von der Rodeck und ein Fräulein von Windeck heiraten, sich aber beide nicht von ihren Eltern trennen. Also suchten sie nach einen Ort, von dem aus sie ihre jeweilige Heimat sehen konnten. Diesen fanden sie oberhalb von Sasbachwalden. Weniger glücklich erging es einem Ritter der Burg Rodeck. Lange Zeit soll dieser um die Gunst des Burgfräuleins Brigitte von Windeck geworben haben. Als alles nichts half, entführte er sie auf die Burg Hohenrode. Leider erfuhren die Windecker von der Zuflucht, weshalb sie loszogen und die Burg Hohenrode zerstörten. Bei dem heftigen Kampf sollen sowohl der Ritter als auch Brigitte unter den Trümmern begraben worden sein. Der Name Brigittenschloss kam im 19. Jahrhundert auf und bezieht sich auf eine nahe Kapelle, welche der heiligen Brigitte geweiht gewesen sein soll.

SCHLOSSBERG, GAISHÖLLE UND BADNER BÄNKL Von der Ruine führen zwei Wanderwege hinunter nach Sasbachwalden. Die kürzere Variante über »Sandgrube« kollidiert jedoch mit einer jüngeren Mountainbike-Strecke. Besser ist daher die Route über Buchwald und Bure Berg zum **6 Weidberg**. Ab dort geht es dann links am Schnapsbrunnen bei Honsmathise vorbei zum Wegweiser Schlossberg. Weiter bergab folgen wir der gelben Raute erst durch den Wald, dann durch die Siedlung Hörchenberg bis zur **7 Gaishölle**. Am unteren Ende der wildromantischen Schlucht zweigen wir links ab, sodass wir als Nächstes zum Wegweiser Hundeberg kommen. Wenige Schritte Unterhalb des Wegweisers haben wir die Wahl: Wer einen leichten Rückweg bevorzugt, wandert geradeaus weiter und folgt der Beschilderung über Hohacker zum Kurhaus. Schöner ist es, wenn wir noch vor den ersten Häusern links auf den Pfad abbiegen. Auf diese Weise gelangen wir zum **8 Badner Bänkl**. Der inmitten von Reben gelegene Rastplatz eröffnet uns eine malerische Aussicht über Sasbachwalden, bevor es wieder hinunter in den Ort und zum **E Kurhaus** geht.

INFO

TOURENCHARAKTER

Der Anstieg ab Sasbachwalden ist durch die Länge eher sanft und dadurch gut zu meistern. Felsige Partie beim Fuchsschroffen. Im Abstieg durch die Gaishölle erfolgt auf gut gesicherten Treppen und Stegen.

AUSGANGS-/ENDPUNKT

Kurhaus Sasbachwalden
GPS 48.6162, 8.1300

ANFAHRT

ÖPNV: Ab Achern zur Haltestelle Sasbachwalden Sparkasse nahe dem Kurhaus
Auto: Von der A5 bei Ausfahrt 53 nach Achern abfahren, weiter auf der L87 und L86 bis Sasbachwalden, dort der Talstraße zum Kurhaus folgen

EINKEHR

Getränkestationen entlang der Strecke, Gastronomie in Sasbachwalden

Mittel | 10,6 km | 650 Hm | 3.30/4.00 Std.

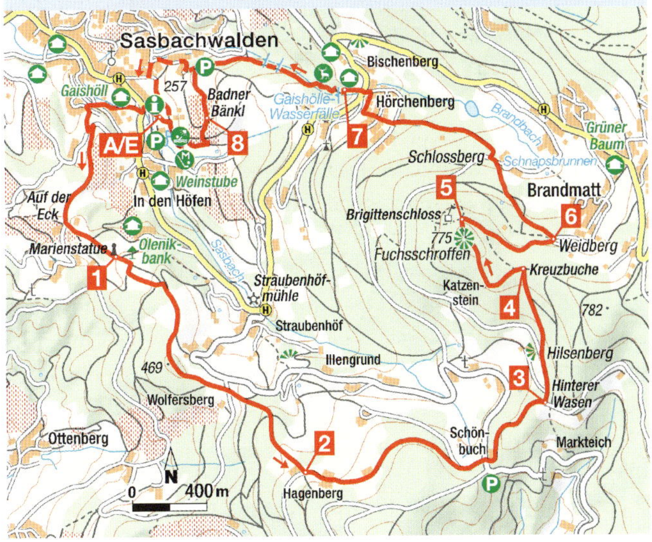

INFORMATIONEN

Touristinfo Sasbachwalden, Tel. 07841/640 79 80, www.sasbachwalden.de

AUF DIE YBURG

Variante mit Klosterschänke und Josefskapelle

Die Yburg bildet mit den Burgen Hohenbaden und Alt-Eberstein den Kranz der drei Burgen auf den Höhen rund um Baden-Baden. Einst soll sich der Markgraf Eduard Fortunat auf der Festung in schwarzer Magie versucht haben. Heute ist die Yburg ein beliebtes Ausflugsziel.

27

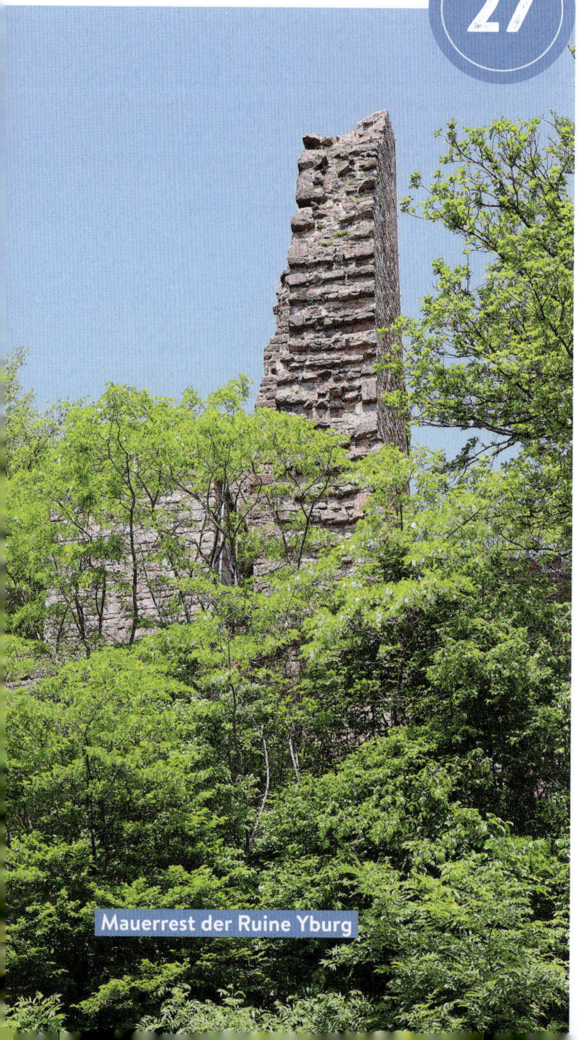

Mauerrest der Ruine Yburg

KLOSTERGUT UND SCHÄNKE FREMERSBERG Ab dem **A** **Parkplatz Grünbachtal** folgen wir der Beschilderung zum Klostergut Fremersberg. Auf dem Weg dorthin biegen wir beim oberen Sinegraben, »unter dem Reitweg« sowie bei der Einmündung des Wegs in eine Zufahrt jeweils rechts ab und treffen dabei auf den Ortenauer Weinpfad. Beim Klostergut öffnet sich die Sicht über einen Weinberg zur Yburg. Das Klostergelände ist hingegen unzugänglich.
So haben wir das Anwesen bald passiert und finden mit der **1** **Klosterschänke** eine frühe Einkehrmöglichkeit. Bis zum Entenstall bleiben wir auf dem Weinpfad. Dann überqueren wir die Landstraße und wechseln auf die gelbe Raute zur Yburg.

AUFSTIEG AUF DIE YBURG Auf den nächsten Metern ist Vorsicht geboten: Der Wanderweg quert einen Golfplatz – also unbedingt auf spielende Golfer und fliegende Golfbälle achten. Beim **2** **Hirschbrünnele** liegt der Gefahrenbereich hinter uns, sodass wir entspannt aufatmen können. Beim Brünnele biegen wir erneut nach rechts ab und folgen der Beschilderung stetig bergan über die Wegweiser Waldeneck, Wernerhütte, Lache Pfeifersfelsweg und Lache Abzweig Italienerweg bis zum Chaisenplatz. Ab dort trennen uns nur noch rund 400 Meter von der **3 Ruine Yburg**.

Nach dem Burgbesuch nutzen wir die Zufahrt bis zum zweiten Wegweiser An der Yburgmauer, wo wir rechts auf den Pfad nach Büchelberg abzweigen. Auf dem Weg dorthin kreuzen wir nochmals die Burgzufahrt, mehrere Wirtschaftswege sowie die Badener Straße.

EIN ALTER BEKANNTER Beim Wegweiser **4 Büchelberg** treffen wir wieder auf den vom Hinweg bereits bekannten Ortenauer Weinpfad. Auf diesem geht es rechts aus dem Wald sowie anschließend entlang der Reben nach Varnhalt. Im Ort biegen wir bei »Auf der Alm« zunächst mit dem Weinpfad rechts zum **5 Varnhalter Steinbruch** ab, wählen dann aber links die Variante über die malerisch in den Weinbergen gelegene **6 Josefskapelle**.

Bei Nellele treffen wir ein drittes Mal auf den Weinpfad, dem wir nun über den Rastplatz Nellenberg bis zu den Teichen im Grünbachtal folgen. Sobald wir den Grünbach überquert haben, geht es schließlich links mit der gelben Raute zurück zum **E Parkplatz Grünbachtal**.

INFO

TOURENCHARAKTER

Für den zum Schluss hin steiler werdenden Anstieg ist eine gute Kondition am Berg von Vorteil. Ansonsten abwechslungsreiche Runde mit mehreren Sehenswürdigkeiten.

AUSGANGS-/ENDPUNKT

Parkplatz Grünbachtal an der L 84a
GPS 48.7426, 8.1891

ANFAHRT

ÖPNV: Ab dem Bahnhof Baden-Baden mit der Buslinie 216 zur Haltestelle Klostergut Fremersberg nahe der Klosterschänke
Auto: Von der B 3 Bühl–Baden-Baden bei Steinbach auf die Poststraße abbiegen, anschließend links der Grabenstraße/L 84a Richtung Baden-Baden bis zum Parkplatz folgen

EINKEHR

Restaurant Die Klosterschänke, Di–Sa ab 17:30 Uhr, So ab 11:30 Uhr, Tel. 07221/258 54, www.restaurant-klosterschaenke.de

Burgrestaurant Yburg, www.burg-yburg.de

Mittel | 12,1 km | 400 Hm | 3.30/4.00 Std.

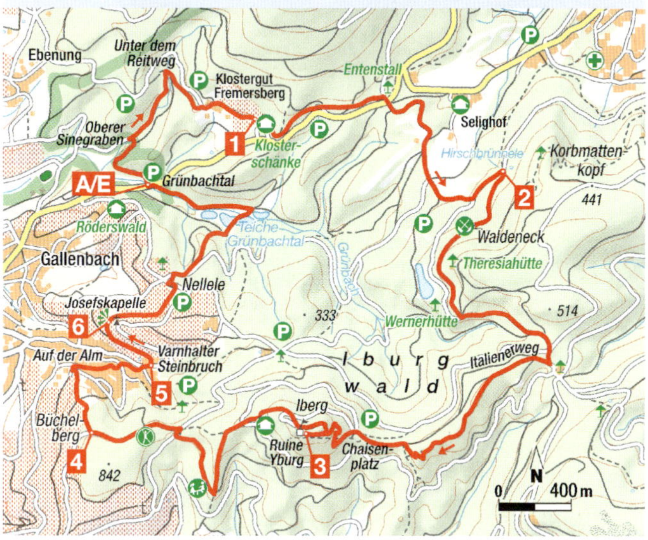

INFORMATIONEN

Touristinformation Baden-Baden, Tel. 07221/27 52 00, www.baden-baden.de

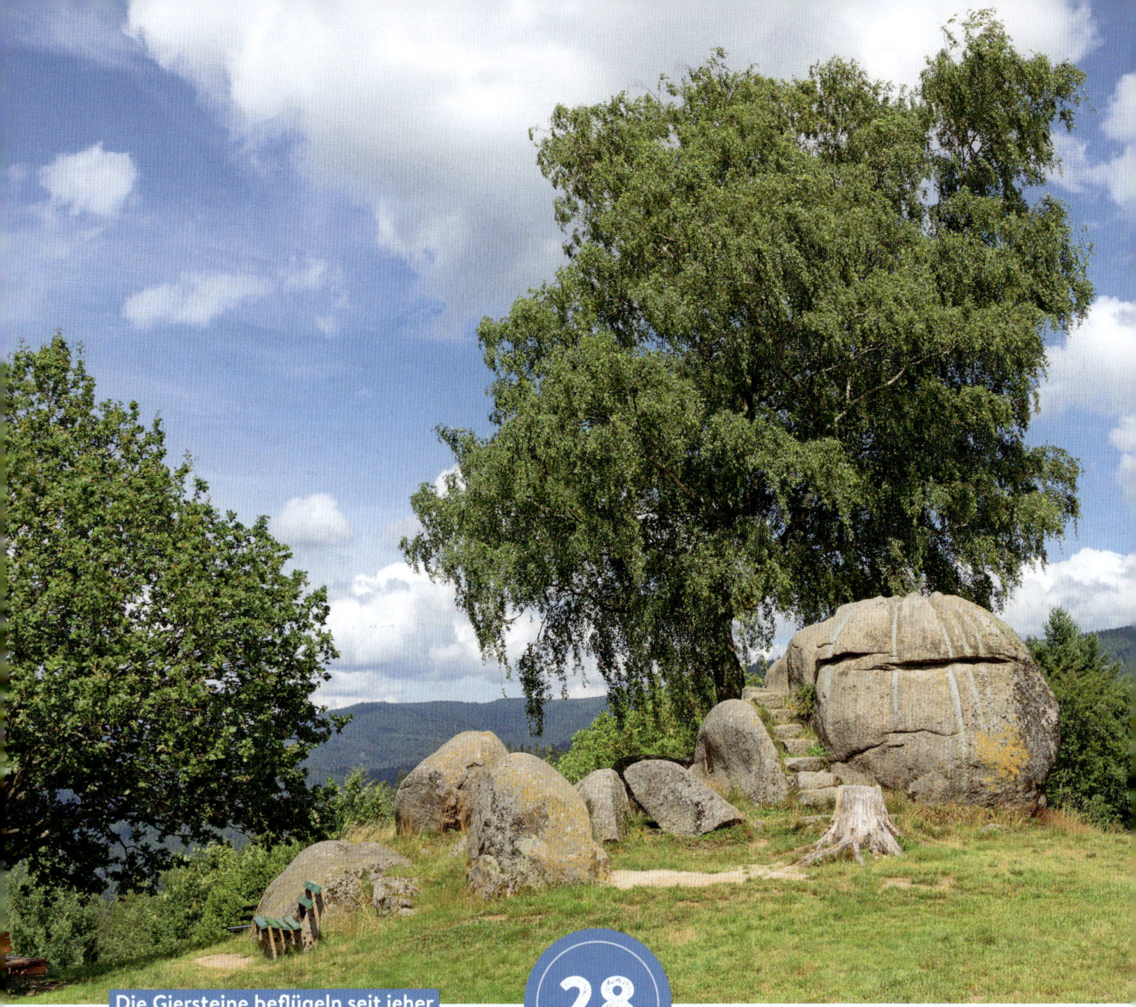

Die Giersteine beflügeln seit jeher die Fantasie der Menschen.

28

GIERSTEINE ÜBER DEM MURGTAL

Lockere Runde ab Forbach über Bermersbach

Als Giersteine sind eine Gruppe markanter Granitblöcke über dem Murgtal bekannt. Zwei der Steine regen durch unnatürlich wirkende Vertiefungen die Fantasie der Menschen an. Auf dem Weg dorthin eröffnet uns die Runde malerische Aussichten über Bermersbach.

START IN FORBACH Wer mit der Murgtalbahn anreist, überquert zunächst nahe dem **A Bahnhof von Forbach** die Murg. Rechts mündet die Friedrichstraße in die B 462 ein. Von dort werden wir später zurückkehren. Wir gehen die Runde also im Uhrzeigersinn, womit wir den Fußweg zwischen der **1 Sporthalle** und der Klingenbachschule hoch zur Hauptstraße nehmen. Rechts ab passieren wir mit dem Hallenparkplatz den alternativen Ausgangspunkt. An einer Verbindung zur Friedrichstraße vorbei biegen wir beim Wegweiser Klingenbach zunächst in Richtung der Giersteine ab, wechseln dann aber beim **2 Christuskreuz** links in die Braidstraße. Nachdem wir im Anstieg Forbach verlassen haben, führt der Wanderweg durch eine mit Wiesen, Obst und Sträuchern reich gegliederte Landschaft an den Waldrand. Auf dem Weg dorthin laufen wir bei der Kreuzung mit dem Läbergweg und Sänger-Wegl geradeaus weiter, um uns bei der folgenden Gabelung rechts in Richtung Black Forest Safari Lodge zu halten.

AUF DEM BIRKET-KIRREN-RUNDWEG ... Am Waldrand treffen wir auf den Birket-Kirren-Rundweg, dem wir erst westlich, dann durch mehrere Kurven hindurch bis zum Berührungspunkt mit dem Hölleweg folgen. Links ist der **3 Antoniusbrunnen** bald erreicht. Geradeaus führt der Birket-Kirren-Rundweg weiter durch den Wald über den Wegweiser Alter Sportplatz zum **4 Rastplatz Alter Sportplatz**. Wer groß gewachsen ist oder einen günstigen Standort findet, sieht hier erstmals über die Dächer von Bermersbach zu den Wäldern jenseits der Murg. Ansonsten können wir gleich rechts zum neuen Sportplatz abbiegen und der Zufahrt am Wassertretbecken vorbei zur Ebet-Mühle folgen.

ÜBER DIE EBET-MÜHLE ... Einen Steinwurf oberhalb der **5 Ebet-Mühle** bekommen wir über die Seitentäler der Murg den schönsten

↓ Fachwerkjuwel am Sersbach

↘ Hier geht es hoch zum Wassertretbecken von Bermersbach.

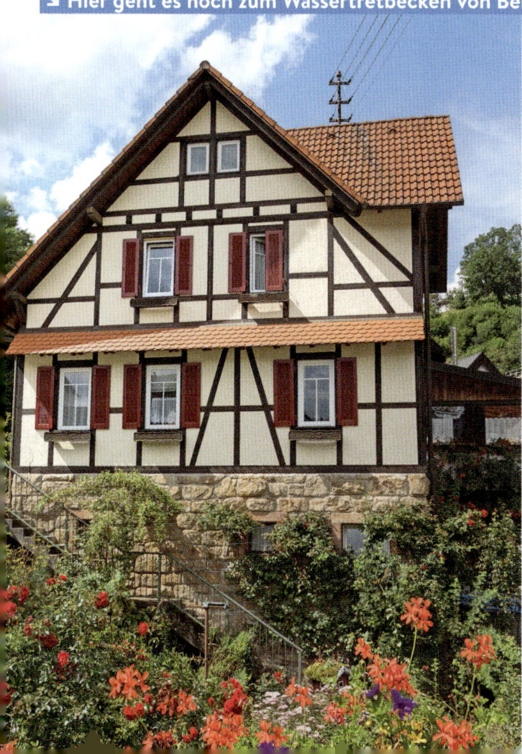

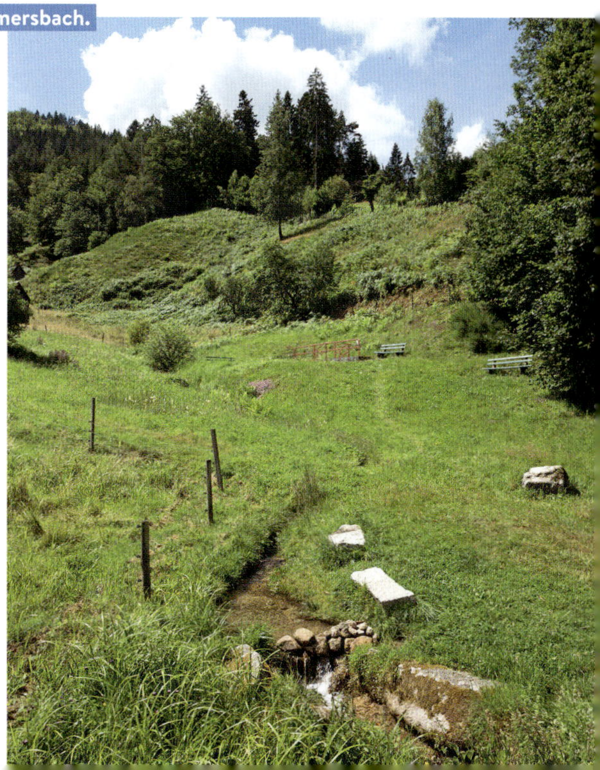

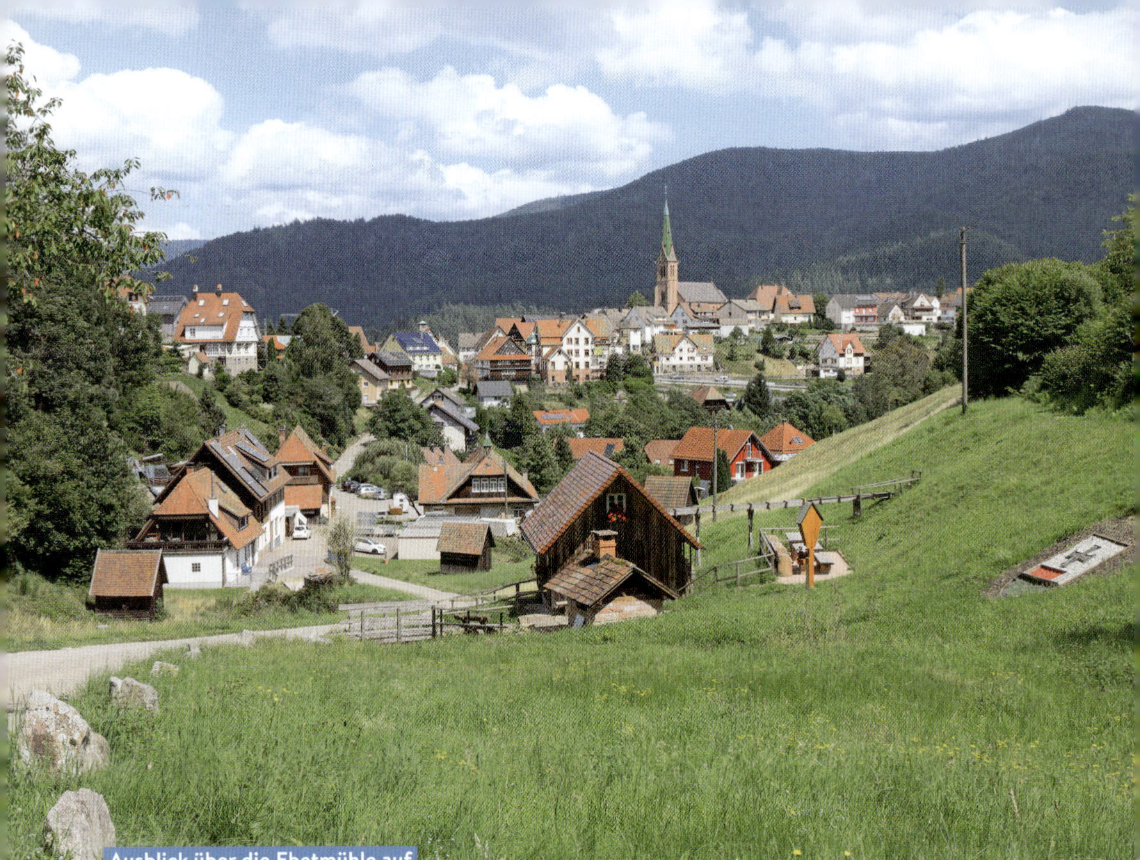

Ausblick über die Ebetmühle auf das malerisch gelegene Bermersbach

Blickwinkel auf den historischen Ortskern von Bermersbach. Bestimmt wird die Kulisse durch die 1895 fertiggestellte Pfarrkirche St. Antonius. Mit der im Jahr 2004 errichteten Ebet-Mühle erinnert der Heimatverein Bermersbach an die lange Tradition des Orts mit mehreren Säge-, Öl- und Mahlmühlen. Die heutige Mahlmühle im Gebäude stammt von einem Bauernhof in Tennenbronn, wo sie in den 1920er-Jahren im Einsatz war. Als Wanderer finden wir bei der Ebet-Mühle einen schönen Platz für eine längere Rast.

...ZU DEN GIERSTEINEN Weiter geht es auf dem Mühlweg hinunter nach Bermersbach. An der Ecke mit dem Dorfladen Pusteblume kreuzen wir die Luisenstraße, ehe wir direkt vor dem mit Trinkwasser gespeisten Bloobrunnen rechts in die Kirchstraße abbiegen. An der Kirche sowie dem 6 **Murgtalmuseum** vorbei verlassen wir den Ortsteil wieder. Wo die Straße bei einem Bildstock einen Linksbogen beschreibt, nehmen wir geradeaus den Abstecher durch die im Sommer farbenprächtige Dahlienallee zu den 7 **Giersteinen**.

UNGEWISSER URSPRUNG DER GIERSTEINE Der mit 13 Metern Umfang größte Granitblock ist seit 1905 mit einer Leiter zugänglich. Um die Entstehung der Vertiefung zirkulieren mehrere Theorien. Am spannendsten ist eine Sage, die von der Ankunft christlicher Missionare im Murgtal erzählt. Weil es dem Teufel nicht gelang, seinen Bannkreis zu behaupten, habe er vor Wut tiefe Rillen in das harte Gestein gerissen. Eine zweite Erklärung handelt ebenfalls vom Teufel. Demnach soll der Unhold im großen Felsen Suppe gekocht haben. Als ihm diese überkochte, soll der ablaufende Sud Rillen im Granit hinterlassen haben. Auch wird in den Felsen wahlweise eine keltische Opfer- oder auch altgermanische Kultstätte gesehen. Einzig an handfesten Belegen mangelt es.

DEN ÜBERBLICK BEWAHREN Zurück beim Bildstock führt uns der Birket-Kirren-Weg um die Freizeitanlage herum. Durch mehrere Kurven mit wechselnden Aussichten über das Murgtal vereint sich 500 Meter weiter der von links kommende Heimatweg mit unserem Weg. Nochmals 200 Meter weiter trennen sich die Wege jedoch wieder. Zunächst biegt der Birket-Kirren-Rundweg links, dann der Heimatweg rechts ab. Wir indes laufen beide Male geradeaus weiter, womit wir auf den Ziegenpfad gelangen. Dieser führt uns schließlich entspannt zurück nach Forbach sowie über den Sersbach hinweg an die Friedrichstraße. Links kommen wir zurück zum **E Bahnhof**. Wer bei der Sporthalle geparkt hat, kann in der Linkskurve über den Verbindungsweg zum Parkplatz abkürzen.

Tipp

BERMERSBACHER GLÜCKSWEG

Der Glücksweg richtet sich in erster Linie an Familien mit jüngeren Kindern. Doch auch ältere Semester werden an der vier Kilometer kurzen Runde ihre Freude haben. Als eine von 33 Touren stellen wir den Glücksweg im Bruckmann-Wanderführer »Wander Dich glücklich Nördlicher Schwarzwald« vor.

INFO

TOURENCHARAKTER

Barrierefreie Runde auf Forst-, Wald- und landwirtschaftlichen Wegen, die einem vor allem ab dem Sportplatz einige schöne Aussichten eröffnen.

AUSGANGS-/ENDPUNKT

Bahnhof Forbach
GPS 48.6803, 8.3615 (Bahnhof)

48.6813, 8.3580 (Sporthalle)

ANFAHRT

ÖPNV: Mit der Murgtalbahn zum Bahnhof Forbach
Auto: Über die B 462 Rastatt–Freudenstadt bis Forbach, dort auf die Schifferstraße zum Bahnhof abbiegen. Alternativ über die Hauptstraße zum Parkplatz bei der Sporthalle abbiegen.

Leicht | **6,4 km** | **300 Hm** | **2.30 Std.**

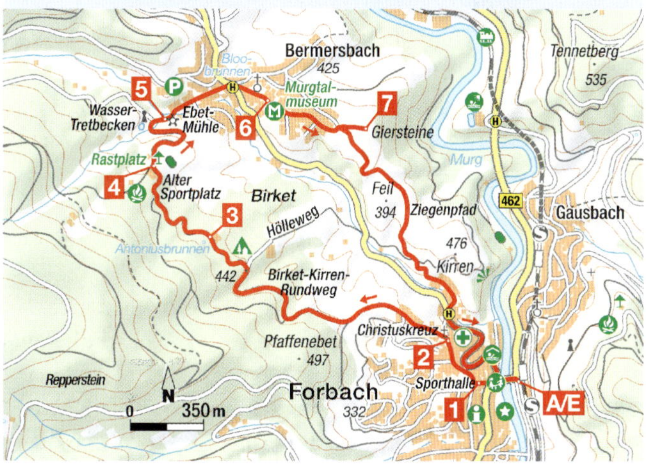

EINKEHR

Auf der Strecke keine, jedoch schöne Rastmöglichkeiten, Gastronomie in Forbach

INFORMATIONEN

Touristinfo Forbach,
Tel. 07228/390, www.forbach.de

DER KLEINE VOLLER LEGENDEN

Sagenweg von Gausbach

Mit knapp vier Kilometern besitzt Gausbach den Zwerg unter den Sagenwegen. Umso erstaunlicher ist es, dass der Weg neben den zu erwartenden Legenden eine Fülle malerischer Aussichten über das Murgtal bietet. Freuen wir uns also auf spannende Geschichten und herrliche Panoramen!

29

Aussicht vom Gausbacher Panoramaweg auf Forbach

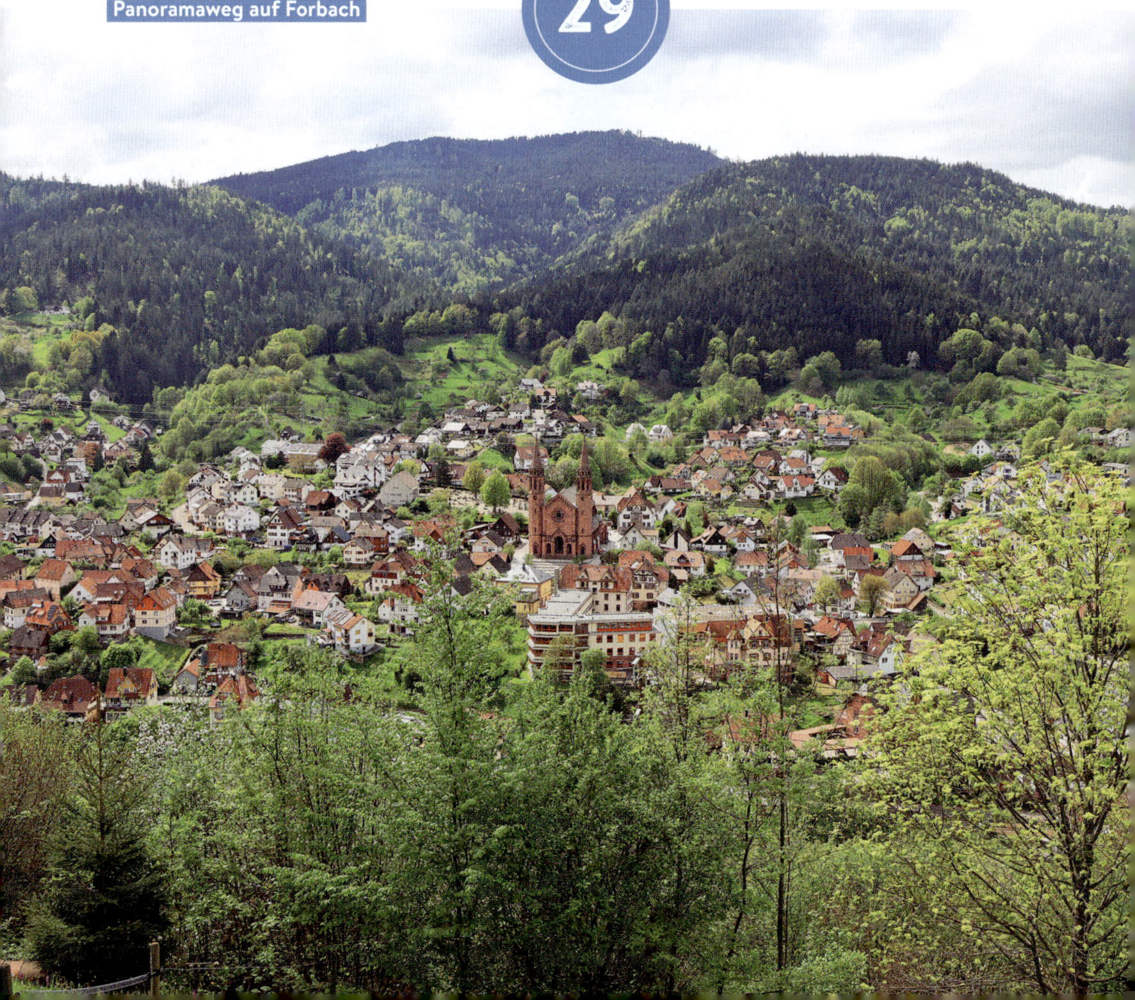

NICHT BEIRREN LASSEN Ab der Haltestelle in **A Gausbach** geht es auf dem Fußweg hoch zur Murgtalstraße. Links folgen wir der Durchgangsstraße kurz, um bei der ersten Einmündung rechts in die Fürholzstraße abzubiegen. Wo diese knapp 150 Meter weiter eine scharfe Rechtskurve beschreibt, laufen wir schnurstracks geradeaus über das Betriebsgelände einer Baufirma. Vor Ort erwartet man eigentlich keinen Wanderweg. Erst am Ende der Fläche fällt ein Wegweiser mit der Beschriftung »Sagenweg« auf. Er weist den Weg vom Mühlbächle über einen gemähten Wiesenstreifen den Hang hinauf. Am oberen Ende biegen wir rechts ab, passieren eine Heuhütte und kommen zu einer markanten Felsformation. Dort laufen wir geradeaus weiter, sodass wir auf dieser Seite des Bachs bleiben und kurz in den Waldrand eintauchen.

VON HEXEN UND FLIEGENDEN SCHULMEISTERN Bald öffnet sich die Sicht wieder, womit ein malerischer Blick über das vom Mühlbächle und Kauersbach sowie mehreren Heuhütten geprägte Tal einhergeht. Über den Kauersbach kommen wir zum **1 Hexenbesen**. Er erinnert an dunkle Zeiten, als die Menschen im Murgtal an Hexen und allerlei Teufelswerk glaubten. Heute lädt der auf einem Granitbrocken befestigte Besen zum Probesitzen ein. Oberhalb davon nutzen wir links den Weg zurück zum **2 Kauersbach**. Vor Ort schildert eine Sage, wie der Schulmeisterfelsen zu seinem Namen kam. Demnach stritt seinerzeit der Schulmeister Blasius ab, dass es Geister gebe. Die Angst der Menschen vor der »finsteren Klinge«, eine von bösen Geistern, Gewürm und Ungeziefer behauste Bergöffnung zwischen Gausbach und Langenbrand, konnte er folglich nicht teilen. Dies änderte sich, als er zu später Nacht vom rechten Weg abkam und wie von Geisterhand auf die Spitze eines unzugänglichen Felsens gehoben wurde.

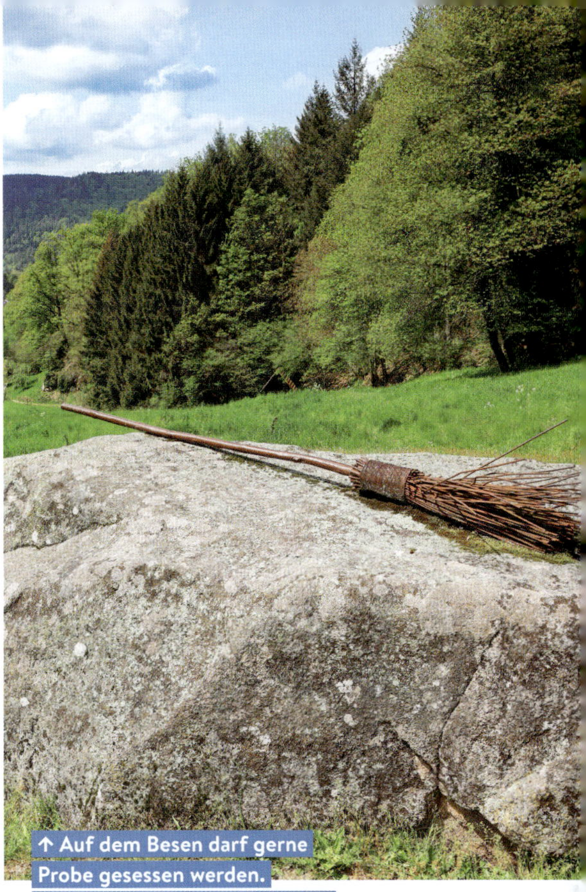

↑ Auf dem Besen darf gerne Probe gesessen werden.

↓ Die Teufelstele am Gausbach

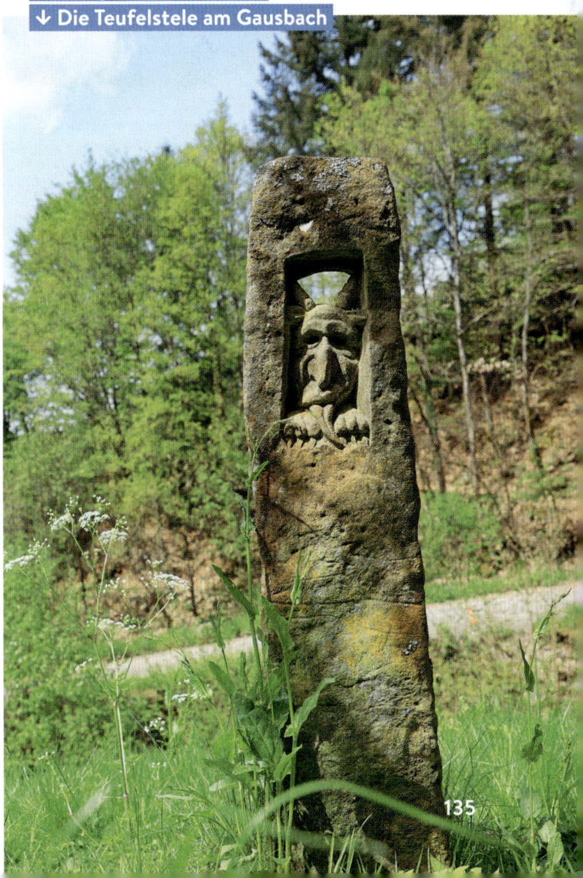

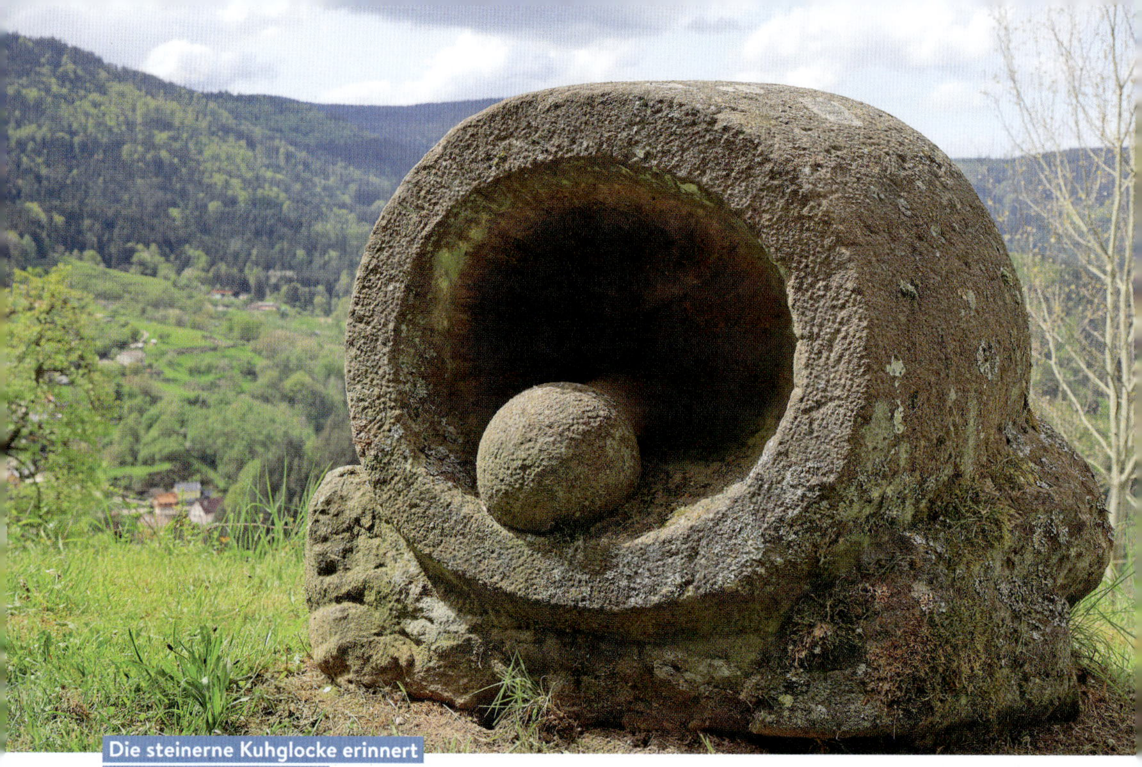

Die steinerne Kuhglocke erinnert an die Hörnerich-Sage.

VOM HEXENBRUNNEN ZUR TEUFELSSTELE Nach dieser schaurig-schönen Geschichte geht es rechts auf die Murgleiter hinunter zum Hexenbrunnen. Er entstand im Jahr 2000 zum 100-jährigen Jubiläum des Westwegs und ist mit einer zufrieden dreinblickenden Hexe verziert. Gleich nach dem Brunnen biegen wir links auf die Winterhardtstraße ab. Einen Katzensprung weiter trennen sich die Wege: die Murgleiter – und auch der Westweg – biegen rechts ab. Von dort werden wir später hierher zurückkehren.

Um die einzelnen Stationen des Sagenwegs in der vorgesehenen Reihenfolge abzuklappern, passieren wir geradeaus den Grill- und Sportplatz. Wer mit dem Auto anreist, findet dort einen alternativen Startpunkt (GPS 48.6837, 8.3696). Wenige Meter oberhalb der Freizeitanlage beschreibt der Wirtschaftsweg eine Schlaufe um die **3 Teufelsstele** herum. Sie ist einem Berthold aus Gausbach gewidmet, mit dem dunkle Mächte des Nachts Schabernack getrieben hatten, bis sich der arme Kerl hoch oben auf dem Latschigfelsen wiederfand.

SICHT UND AUSSICHT BEIM KAPELLELE

Oberhalb der Stele tauchen wir in den Wald ein. Wo die Forststraße eine zweite Schlaufe beschreibt, orientieren wir uns rechts. Der Sagenweg verläuft hier auf der Eckkopfstraße zum **4 Kapellele**. Die aus wenigen Streben errichtete Konstruktion erinnert an ein Mädchen, Hermine, das als Dreijährige erblindet war. An dieser Stelle soll sie bei einem Spaziergang mit ihrer Oma das Augenlicht wiedergefunden haben. Aus Dank für das Wunder errichteten ihre Eltern hier eine Kapelle, die jedoch nach deren Ableben bald wieder verfiel. Während des Ersten Weltkriegs wurde sie derart beschädigt, dass sie nach nur wenigen Jahren abgerissen werden musste. Heute lohnt es sich, an den Hang zu treten, wo sich die Sicht über das Murgtal bis nach Bermersbach öffnet.

VON KUHGLOCKEN UND ZIELSTEINEN

Der nächste Abschnitt des Sagenwegs führt in südlicher Richtung am Hochbehälter Siederseck vorbei zur **5 Kuhglocke**. Sie zeugt von der Hörnerich-Sage, bei welcher der Mayer-Ernst von Gausbach loszog, um in Freudenstadt billige Schuhe zu kaufen. Als auf dem Rückweg die Nacht über das Murgtal hereinbrach, wurde auch er Opfer eines teuflischen, wenn auch nicht allzu bösen Streichs. Nach weiteren Aussichten auf die Kirche von Gausbach sowie über die Murg hinweg in das Scheerbachtal und nach Bermersbach tauchen wir abermals in den Wald ein. Wo die Eckkopfstraße eine Linkskurve beschreibt, zweigt der Sagenweg rechts auf einen Pfad ab. Am unteren Ende treffen wir wieder auf die Murgleiter, der wir nun rechts durch attraktive Wiesen zu den **6 Zielsteinen** folgen. Sie mahnen eindringlich davor, derartige Steine heimlich zu versetzen, um die eigene Ackerfläche zu vergrößern. Wir folgen der Murgleiter zurück zum Grill- und Sportplatz. Ab dort erfolgt der Rückweg über die Winterhardtstraße wieder hinunter in den Ort **E Gausbach**, wo wir beim Friedhof rechts die Verbindung weiter bergab zur Murgtalstraße nahe unseres Startpunkts nutzen.

Tipp

LATSCHIGFELSEN

Ab dem Hexenbrunnen führen der Westweg und die Murgleiter hoch auf den Latschigfelsen bzw. zum Pavillon auf dem Latschig. Nach dem Aufstieg durch den Wald eröffnet einem die Felskanzel weitreichende Aussichten über das Murgtal zu den umliegenden Kuppen. Vom Hexenbrunnen aus sind es gut 2,5 Kilometer und 360 Höhenmeter bis hoch zum Felsen.

INFO

TOURENCHARAKTER

Der Zugang zum eigentlichen Sagenpfad erfolgt über einen Wiesenweg. Danach technisch leichte und aussichtsreiche Runde auf breiten Wegen und angenehm zu laufenden Pfaden

AUSGANGSPUNKT/ENDPUNKT

S-Bahnhaltepunkt Gausbach
GPS 48.6850, 8.3644

ANFAHRT

ÖPNV: Es bestehen S-Bahnverbindungen zum Haltepunkt in Gausbach.
Auto: Von der B 462 bei Gausbach auf die Murgtalstraße abfahren. Parkmöglichkeiten bestehen oberhalb der Festhalle in der Winterhardtstraße.

EINKEHR

Auf der Strecke keine, schöne Rastmöglichkeiten

INFORMATIONEN

Touristinfo Forbach, Tel. 07228/390, www.forbach.de

Leicht	3,9 km	130 Hm	1.30 Std.

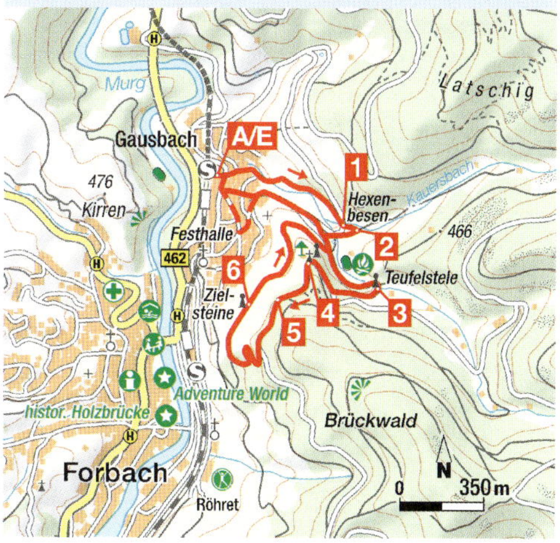

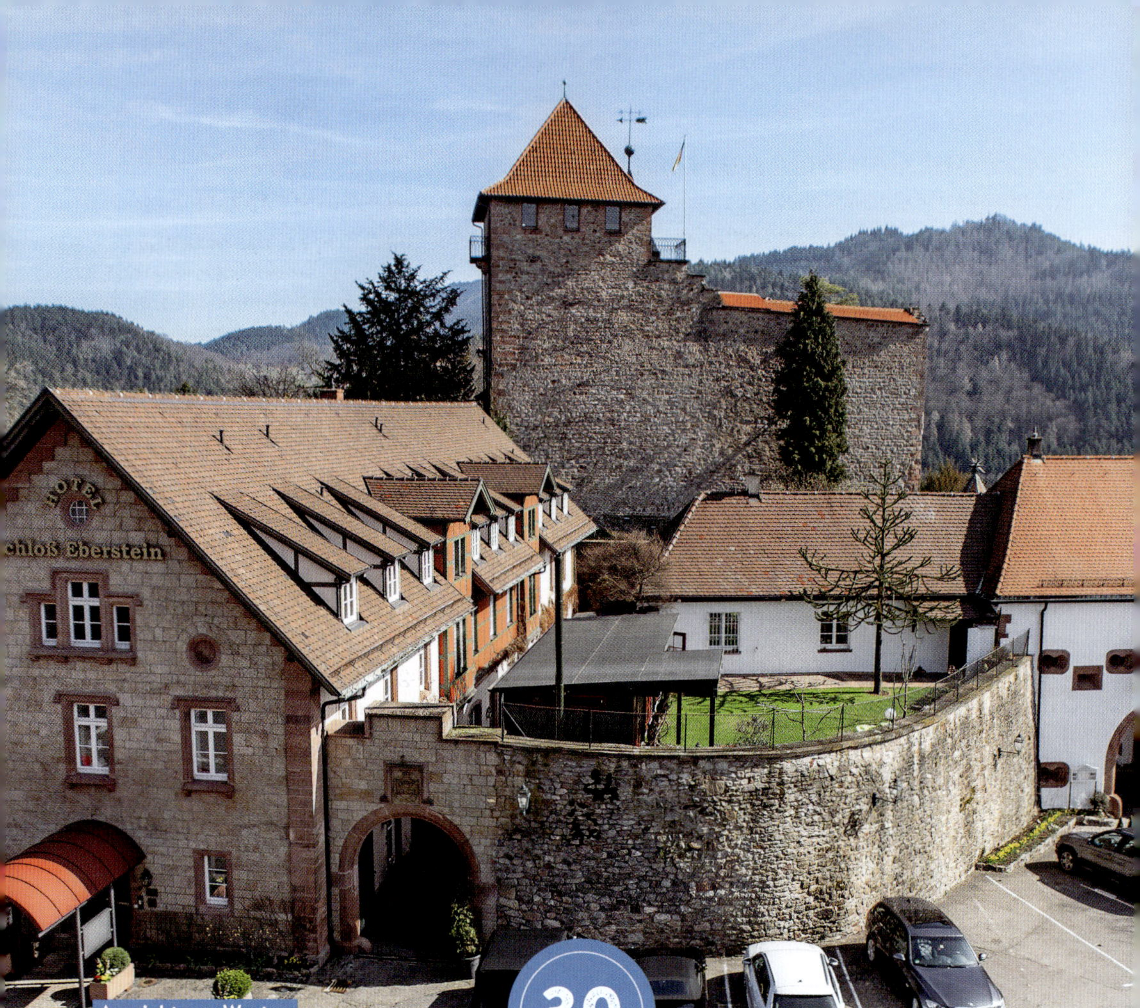

Aussicht von Westen auf das Hotel Schloss Eberstein

30

VON ENGELN UND GRAFEN

Auf dem Gernsbacher Sagenweg

Das Wappen der Gernsbacher zeigt eine Rose. Das ist passend gewählt. Denn im unteren Murgtal haben die Menschen seit jeher eine blühende Fantasie. Mit ihren Versuchen, Naturerscheinungen zu erklären, nährten sie Sagen und Legenden. Einige von ihnen vereint der Gernsbacher Sagenweg.

VERLEGTER STARTPUNKT Beim offiziellen Startpunkt des Gernsbacher Sagenwegs gibt es weder Parkmöglichkeiten noch eine Bushaltestelle. Als Wanderer nehmen wir daher den Zuweg ab der Haltestelle Gernsbach Mitte bzw. dem Kurpark über die Murginsel. Am Ende der Ebersteinbrücke passieren wir links den Wohnmobilstellplatz und kommen zur A **Klingelkapelle**. An dieser Stelle soll die Klause eines Einsiedlers gestanden haben. Heute lernen wir hier die erste der Sagen des Rundwegs kennen. So soll eines Nachts ein »junges, hübsches Weib« bei dem Eremiten um Einlass gebeten haben. Der fromme Mann war nicht abgeneigt, doch sollte er zuvor das Kreuz von seiner Behausung nehmen. Während der Einsiedler mit seinem Gewissen rang, erscholl aus einer nahen Eiche der Silberton eines Glöckchens. Augenblicklich verschwand das verführerische Antlitz der Frau. Aus Dankbarkeit baute der Einsiedler eine Kapelle. Die heutige Klingelkapelle ließ Leopold, Großherzog von Baden, im Jahr 1852 errichten.

Tipp

DIE ROSE DER EBERSTEINER

Der Überlieferung zufolge erhielt der Graf von Eberstein vom Kaiser den Auftrag, eine wichtige Botschaft nach Rom zu bringen und bekam vom Papst als Dank eine Rose aus glänzendem Gold. Als er seine heimische Burg wieder betrat, erwachte die Rose zum Leben. So beschloss der Graf, die prächtige Pflanze in sein Wappen aufzunehmen.

PREDIGT VON DER ENGELSKANZEL Ab der Kapelle folgen wir dem Symbol eines Teufelchens, passieren erst einen Grillplatz, dann eine Wassertretstelle und biegen links ab. Auf schmalem Zickzackweg gelangen wir so zur 1 **Engelskanzel**. Sie zeugt ebenfalls vom Versuch des Teufels, die Menschen vom rechten Weg abzubringen. Als er einige Bewohner in seinen Bann gezogen hatte, erschien auf dem Felsen ein Engel. Dessen

↓ Bei der Klingelkapelle startet der Sagenweg offiziell.

↘ Blick in das liebevoll instand gehaltene Innere der Kapelle

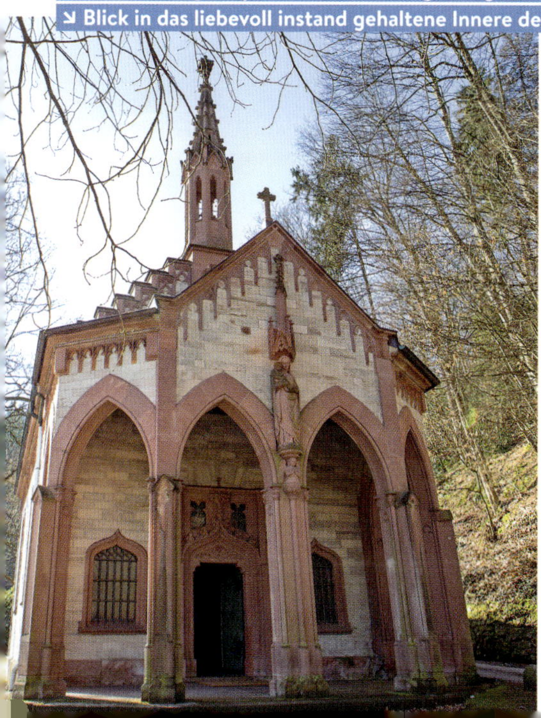

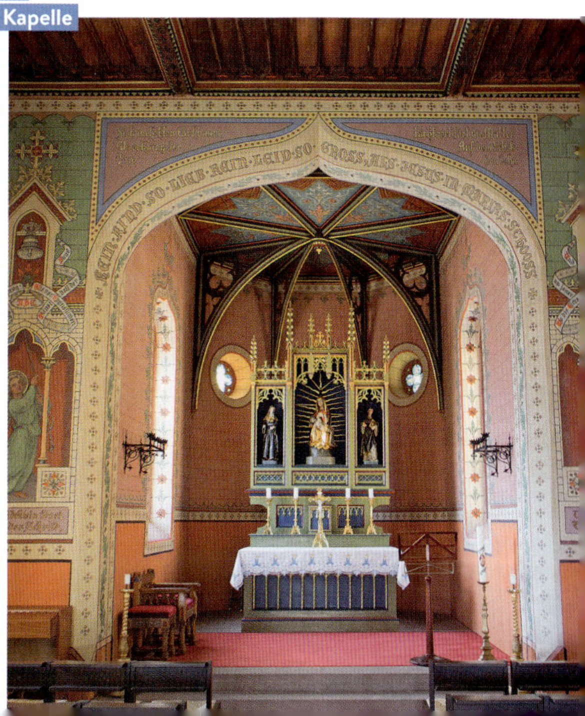

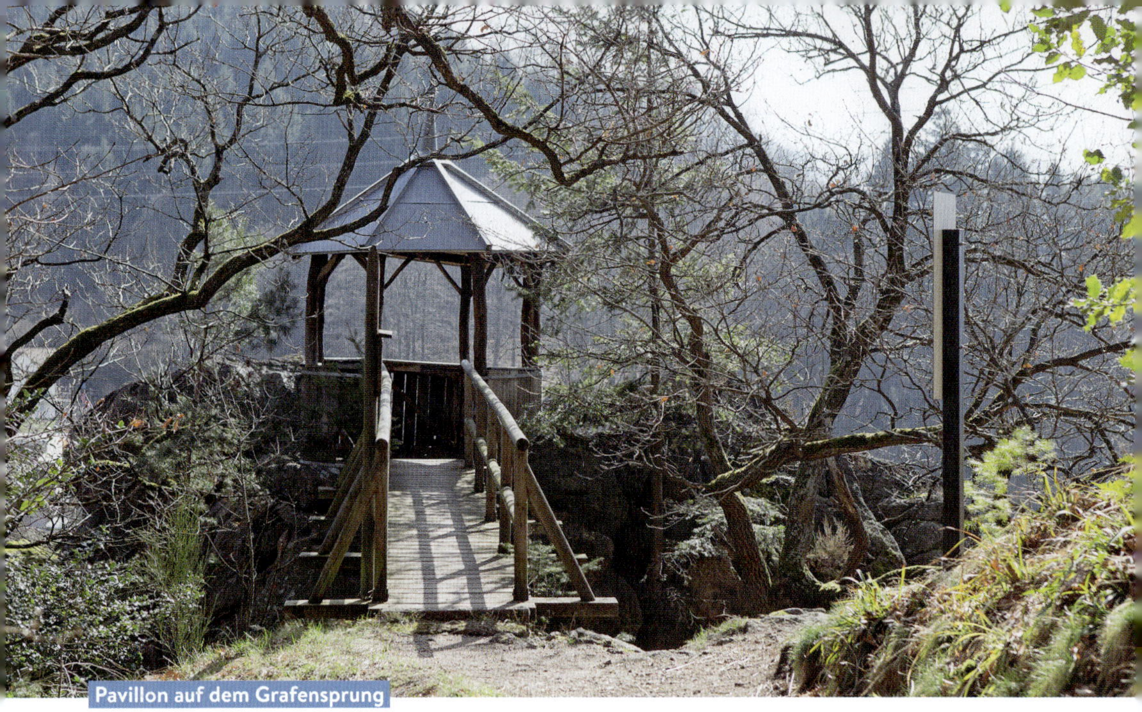

Pavillon auf dem Grafensprung

Predigt versetzte den Teufel derart in Rage, dass er auf der anderen Talseite mit Steinblöcken um sich warf und die Worte des Engels im tosenden Lärm untergingen.

ABSTECHER ZUM GRAFENSPRUNG Auf weiterhin schmalen Pfaden führt uns der Weg durch den Mischwald zur **2 Luisenruhe**. Wir biegen links auf die Murgleiter ab und folgen dem Fernwanderweg bis zum Wegweiser Wachtelweg. Dort bietet sich ein Abstecher über den 1545 errichteten Wachtelbrunnen zum **3 Grafensprung** an. Um diesen ranken sich gleich mehrere Legenden. So soll dem Grafen von Eberstein einst die Flucht vor seinen Belagerern gelungen sein. Eine zweite Sage berichtet von einem Grafen zu Neueberstein, der gegenüber zwei Rittern die Existenz Gottes bestritt. Um den Streit zu beenden, ritten alle dreimal von hier die Murg hinab und wieder hinauf. Zweimal gelang die schwierige Passage allen drei Reitern, dann stürzte das Pferd des Grafen in die Tiefe und wurde mitsamt seinem Reiter zerschmettert. Eine dritte Geschichte handelt von der Liebschaft eines Edelknaben. Ihm hatte der Graf von Eberstein die Hand seiner Tochter versprochen, wenn er über die Felswand hinunter an die Murg reite. Ohne Furcht gab er seinem Pferd die Sporen, versank aber nur wenig später im Fluss. Später wurde auch die junge Gräfin hier tot aufgefunden.

SCHLOSS EBERSTEIN Den Kopf voll tragischer Ereignisse kehren wir zurück zum letzten Abzweig, wo wir nun links abbiegen und durch den Wald zu den Aussichtspunkten am Hildaweg sowie dem Murgtalblick hinaufsteigen. Einen Steinwurf weiter erreichen wir die Schlossmauer. Vorbei an seltenen Ziergehölzen geht es erst rechts, dann linksherum bis zum Eingangsportal von **4 Schloss Eberstein**. Das 1272 erbaute Schloss ging im 17. Jahrhundert an die Markgrafen von Baden und befindet sich seit dem Jahr 2000 im Privatbesitz. In der Schlossschänke finden wir einen schönen Platz für eine Pause im stilvollen Ambiente. Daneben bietet die Platanenterrasse einen tollen Ausblick über den Weinhang ins Murgtal.

PALAST DER ERDMÄNNLEIN Anschließend haben wir die Wahl: Wer leichte Wege bevorzugt, spaziert auf dem Ortenauer Weinpfad über den Wegweiser Ochsenkopfweg zum Zehnacker. Alle anderen laufen ein paar Schritte entlang der Kreisstraße, um dann mit dem Sagenweg zuerst links und nur einen Katzensprung weiter scharf links abzubiegen. Ein Abstecher führt zu einem Aussichtspunkt mit gutem Weitblick oberhalb der Schlossanlage.
Danach geht es in westlicher Richtung durch den Wald bis zum Wegweiser Am Zehntacker. Rechts ab kommen wir als Nächstes zur **5 Erzgrube**. Angeblich bildet der Stollen den Zugang zu einem Palast der Erdmännlein, die tief im Berg einen Gold- und Silberschatz hüten. Überprüfen können wir es nicht, der Stollen darf wegen Einsturzgefahr nicht betreten werden.

KEINE SCHÖNE AUSSICHT FÜR DIE GRÄFIN Ohne zu plötzlichem Reichtum gelangt zu sein, setzen wir unsere Wanderung auf dem Erdmännlespfad zum Forlenkopf fort. Ab dort führt der Sagenweg rechts hinunter und kreuzt beim **6 Straßendenkmal** die Obere Schlossstraße. Beim gleichnamigen Wegweiser biegen wir erneut rechts ab, sodass wir am Hambrechtsbrunnen vorbei zur **7 Schönen Aussicht** gelangen. Der Blick geht hier nach Südosten über die Murg zum Rockertwald. Diesen hatte sich einst die Gräfin von Eberstein mit einem betrügerischen Schwur angeeignet. Glücklich wurde sie mit dem begehrten Stück Wald nicht, weshalb ihr Geist wenig später ruhelos am Rockert spukte. Nach dieser letzten schaurig-schönen Geschichte kehren wir zum Wegweiser Schöne Aussicht zurück und folgen der gelben Raute wieder hinunter zur **E Kapelle**.

INFO

TOURENCHARAKTER

Der Sagenweg nutzt überwiegend Waldwege und -pfade mit geringen Anforderungen. Für Kurzweil sorgen die Geschichten am Rande und Ausblicke.

AUSGANGS-/ENDPUNKT

Klingelkapelle von Gernsbach
GPS 48.7607, 8.3399 (Igelbachstraße)

ANFAHRT

ÖPNV: Es bestehen S-Bahn-Verbindungen zur Haltestelle Gernsbach Mitte, ab dort der Beschilderung erst zum Kurpark, dann über die Murginsel folgen.
Auto: Von der B 462 bei Gernsbach abfahren und den Straßen entlang der Murg zum Parkplatz nahe dem Kurpark folgen. Der Zuweg zum Startpunkt erfolgt über die Murginsel und Klingelstraße.

EINKEHR

Schloss Eberstein, täglich ab 12 Uhr,
www.hotel-schloss-eberstein.de

INFORMATIONEN

Touristinfo Gernsbach, Tel. 076593/644 44,
www.gernsbach.de

Leicht	6 km	300 Hm	2.00 Std.

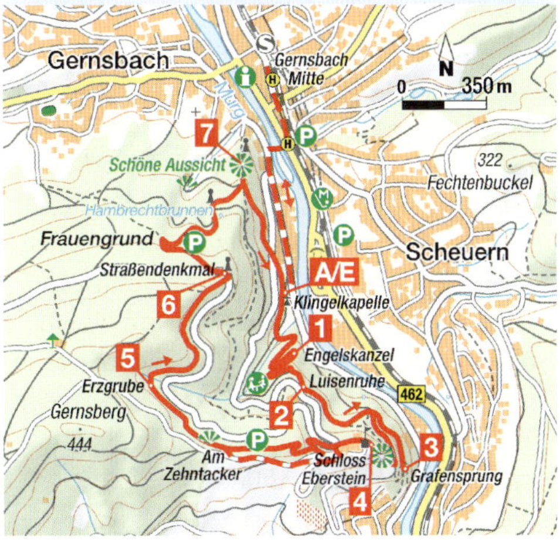

XANDERKLINGE UND WALDECK

Wildbach und Burgruine über der Nagold

Am Ostrand des Schwarzwalds hat die Nagold ein enges Tal geschaffen. Weil ihre Zuflüsse deutlich weniger Wasser führen, schreitet die Erosion dort langsamer voran. Dadurch sind zumeist kurze, aber spektakuläre Schluchten wie die Xanderklinge entstanden. Danach geht's zur Waldeck.

31

Die Burgruine Waldeck kann einmal komplett umwandert werden.

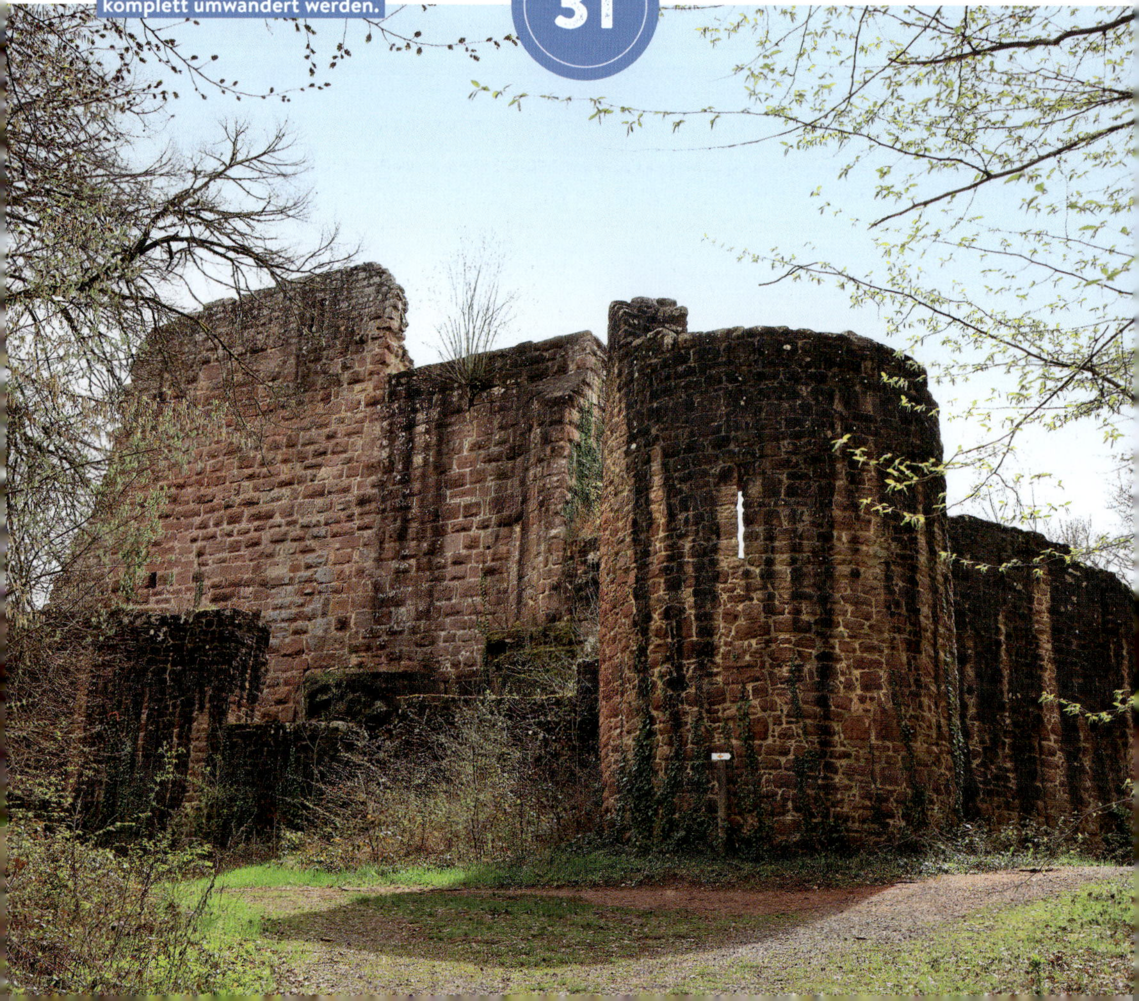

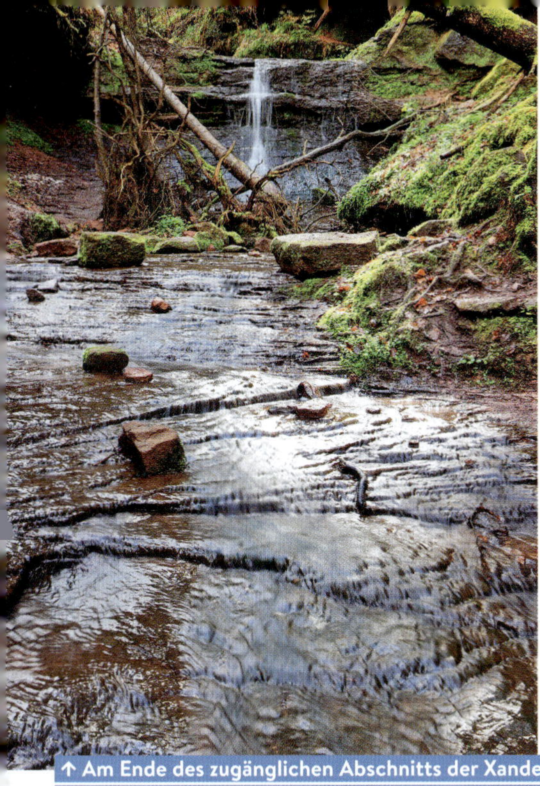

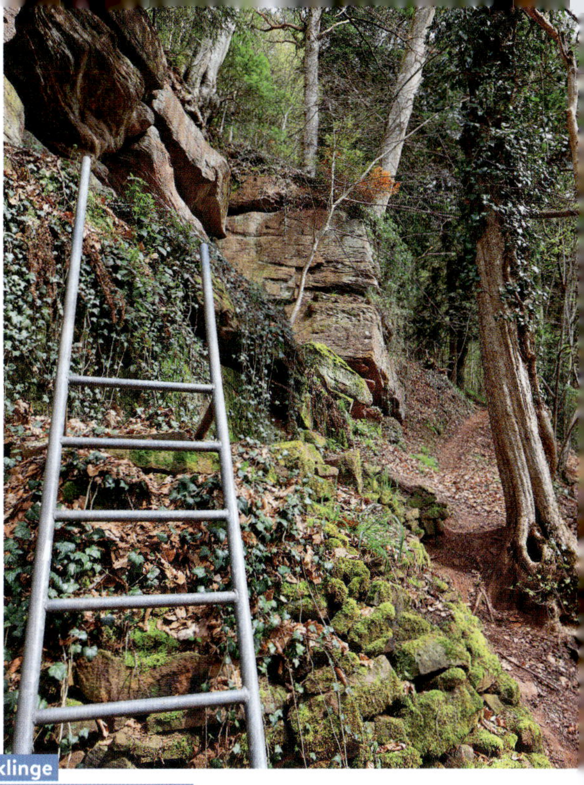

↑ Am Ende des zugänglichen Abschnitts der Xanderklinge
↗ Unterhalb vom Dickener Schlössle ermöglicht eine Leiter den Abstieg.

VORSICHT IST ALLER TOUREN ANFANG Ab dem A **Parkplatz Seitzental** geht es auf der Zufahrt zurück zur Gaststätte Talmühle. Links ab können wir jenseits der Nagold eine aufwendig gebaute Fischaufstiegshilfe bewundern. Erneut links verläuft der Wanderweg zwischen der B 463 und dem Werksgelände der Talmühle. Dann kreuzen wir die Bundesstraße und die Trasse der Nagoldtalbahn, um beim Wegweiser Bahnhof Talmühle links auf die gelbe Raute zur nahen 1 **Xanderklinge** zu wechseln.
Den Hinweis am unteren Ende der Schlucht sollten wir ernst nehmen: Nach oder während eines Wolkenbruchs kann das Wasser im Bachbett rasch ansteigen. In dem Fall wird von einer Begehung der Xanderklinge abgeraten. Ein zweites Schild betont, dass die Begehung in »absoluter Eigenverantwortung« erfolgt. Auch dies nehmen wir zur Kenntnis, folgen dann aber dem Pfad ans Bachbett.

ABENTEUER XANDERKLINGE Tatsächlich erreichen wir nach wenigen Schritten eine Passage, die leicht abschüssig ist. Stellenweise ist der Pfad an der Seite abgebrochen. Ebenfalls noch im unteren Teil ermöglicht ein mit gelber Raute markierter Pfad den frühen Ausstieg aus der Schlucht. An anderen Stellen ist das Bachbett zugänglich, was Fotografen ungewohnte Standorte und Blickwinkel eröffnet. Geradeaus weiter ist das Bachbett bis kurz vor dem ersten größeren 2 **Wasserfall** begehbar. Um diesen einsehen zu können, müssen wir auf eine Buntsandsteinplatte treten. Anschließend geht es auf dem mit »Ausstieg« bezeichneten Pfad zum oberhalb verlaufenden Wanderweg.

SCHATZTRUHE AM BACHBETT Etwa zwei bis drei Minuten weiter lohnt sich der kurze Abstecher zu einer 3 **Plattform**. Zurück auf dem Wanderweg nähern wir uns allmählich der Kreisstraße. Dort, wo links bereits die

Leitplanke zu sehen ist, biegen wir mit der gelben Raute rechts zum Bach hin ab. Anstelle weiterer Hindernisse erwartet uns diesmal eine Schatztruhe am Rand vom Bachbett. Im Idealfall sollte diese mit Bier sowie auch einer Auswahl nicht alkoholischer Getränke gefüllt sein. Darauf verlassen sollte man sich aber nicht. So fiel unser Blick in die Kiste eher ernüchternd aus. Eine schöne Idee bleibt es. Am Ende des Pfads biegen wir links auf den Forstweg ein. Auf diesem verlassen wir den Wald, passieren das Klärwerk und kommen zum Wegweiser Riemenwiesen. Wer eine nur kurze Runde laufen möchte, kann rechts nach Holzbronn abbiegen und anschließend der Beschilderung zurück zur Talmühle folgen.

Tipp

BURG WALDECK

Erstmals erwähnt wird die Burg Waldeck im Jahr 1140, die ältesten erhaltenen Mauerreste wurden jedoch erst nach 1200 errichtet. Im 13. Jahrhundert gelang es den Herren von Waldeck, ihren Einflussbereich stark auszuweiten. Begünstigt wurde der wirtschaftliche Aufschwung durch die Nähe zu den Silberminen Neubulachs. Mit dem Reichtum wuchs der Neid ihrer Lehnsherren, den Grafen von Hohenberg. Auf die erste Belagerung der Waldecker Burgen im Jahr 1279 folgte nur fünf Jahre später eine zweite Belagerung, diesmal mit Unterstützung durch Truppen von Rudolf von Habsburg, und die Zerstörung der Burgen. Neuer Besitzer wurde Albrecht von Hohenbaden. Er ließ die Burgen wieder aufbauen und setzte die Herren von Waldeck als Vögte ein. Ein Fehler: Die Waldecker verbündeten sich mit den Herren von Baden und besiegten 1287 die Hohenberger. Nach dem Aussterben der Waldecker Linien in den Jahren 1417 bzw. 1553 ging die Burg an Württemberg. Nach historischen Berichten gab es fünf Burgen auf dem Bergsporn oberhalb der Nagold. Drei lassen sich westlich der erhaltenen Ruine nachweisen. Bei der fehlenden fünften Burg dürfte es sich um einen einzeln stehenden Turm handeln, der ebenfalls westlich auf einem Felsklotz stand.

BAIERSBACH, HIRSCHLOCH, TOTENWEG Alle anderen laufen geradeaus weiter bis zum Wanderparkplatz an der Ortsdurchfahrt. Links ab folgen wir der gelben Raute erst entlang der Straße, dann über eine zweite Kreisstraße hinweg und schließlich rechts zur **4 Haltestelle Holzbronn-Bildhaus**. Dort biegen wir links ab, sodass wir die einzeln stehende Kastanie ebenfalls links passieren. Beim Wegweiser Bildhaus treffen wir auf den Gäurandweg. Auf diesem geht es zum **5 Baiersbach**. Links besteht dort die Möglichkeit, zum unteren Baiersbach abzukürzen. Ansonsten bleiben wir bis zum Wegweiser **6 Hirschloch** auf dem Gäurandweg und biegen erst dort links ab (blaue Raute). Vor Ort warnt ein Schild vor alpinen Gefahren. Dem zum Trotz bewegen wir uns auf einem Forstweg. Als man sich schon vor so viel Vorsicht wundert, wechselt die blaue Raute auf einen Pfad. Von Nadeln bedeckte Wurzeln und das hangseitig abschüssige Terrain erfordern tatsächlich Trittsicherheit und Umsicht. Über eine Leiter gelangen wir zu einer Felsgruppe im Wald. Vom unteren Ende des Pfads geht es dann auf dem **7 Totenweg** ebenfalls zum unteren Baiersbach.

BURGRUINE WALDECK Vom unteren Ende des Totenwegs folgt rechts ein kurzer Abschnitt entlang der B 463 sowie über die Nagold bis zur Seniorenresidenz Waldecker Hof. Oberhalb davon kreuzen wir den asphaltierten Rad- und Fußweg und biegen beim nächsten Wegweiser links zur **8 Burgruine Waldeck** ab. Um das alte Gemäuer führt ein Rundweg, über den auch Teile der inneren Festung erreichbar sind. Der Zugang zum Bergfried ist indes versperrt. Weiter geht es mit der gelben Raute in westliche Richtung an Mauer- und Treppenreste vorbei zum **9 Rastplatz Geigerle**. Besonders schön ist dieser Abschnitt im Frühling, wenn das Kleine Immergrün grün-blaue Blütenteppiche auf dem Waldboden bildet. Ab dem Rastplatz trennen uns nur noch knapp zwei Kilometer, zunächst auf dem Forstweg, dann links abzweigend auf einem Pfad, vom **E Parkplatz Seitzental** bei der Talmühle.

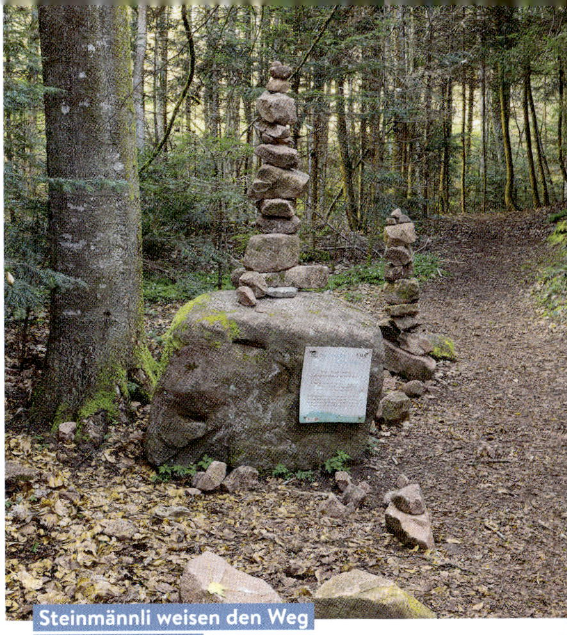

Steinmännli weisen den Weg zur Xanderklinge

INFO

Mittel/Schwer | **10,5 km** | **300 Hm** | **3.30/4.00 Std.**

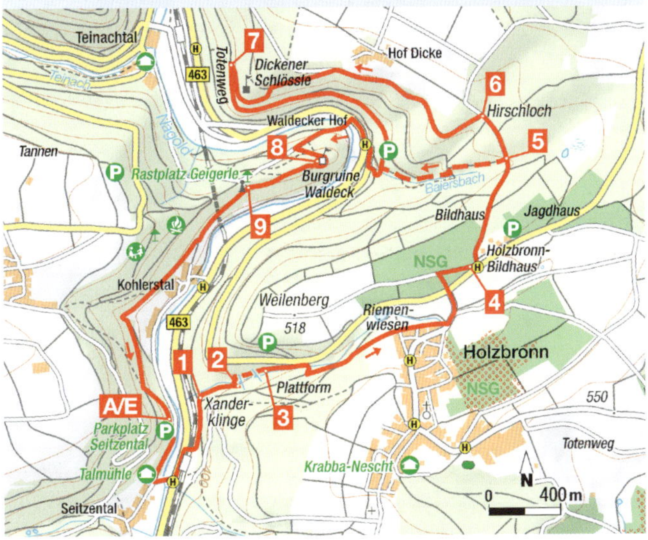

TOURENCHARAKTER

Die Xanderklinge ist hochwassergefährdet, mit Erdrutschen ist zu rechnen. Auf dem Pfad zum Totenweg werden Wurzeln gerne von Nadeln verdeckt, womit der Abschnitt erhöhte Aufmerksamkeit erfordert.

AUSGANGS-/ENDPUNKT

Parkplatz Seitzental nahe der Talmühle
GPS 48.6588, 8.7264

ANFAHRT

ÖPNV: Ab dem Bahnhof Bad Teinach/Neubulach mit dem Ruftaxi CW1 zur Haltestelle Neubulach Talmühle B 463, Calw, Tel. 07051/96 88 55
Auto: Von der B 463 Pforzheim–Horb am Neckar zwischen dem Bahnhof Bad Teinach/Neubulach und Bad Wildberg zur Talmühle abfahren. Beim Gasthaus rechts zum Parkplatz abbiegen

EINKEHR

Gaststätte Talmühle, Do–Di ab 10 Uhr, Tel. 07053/74 15

INFORMATIONEN

Teinachtal Touristik, Tel. 07052/920 50 40, www.teinachtal.de

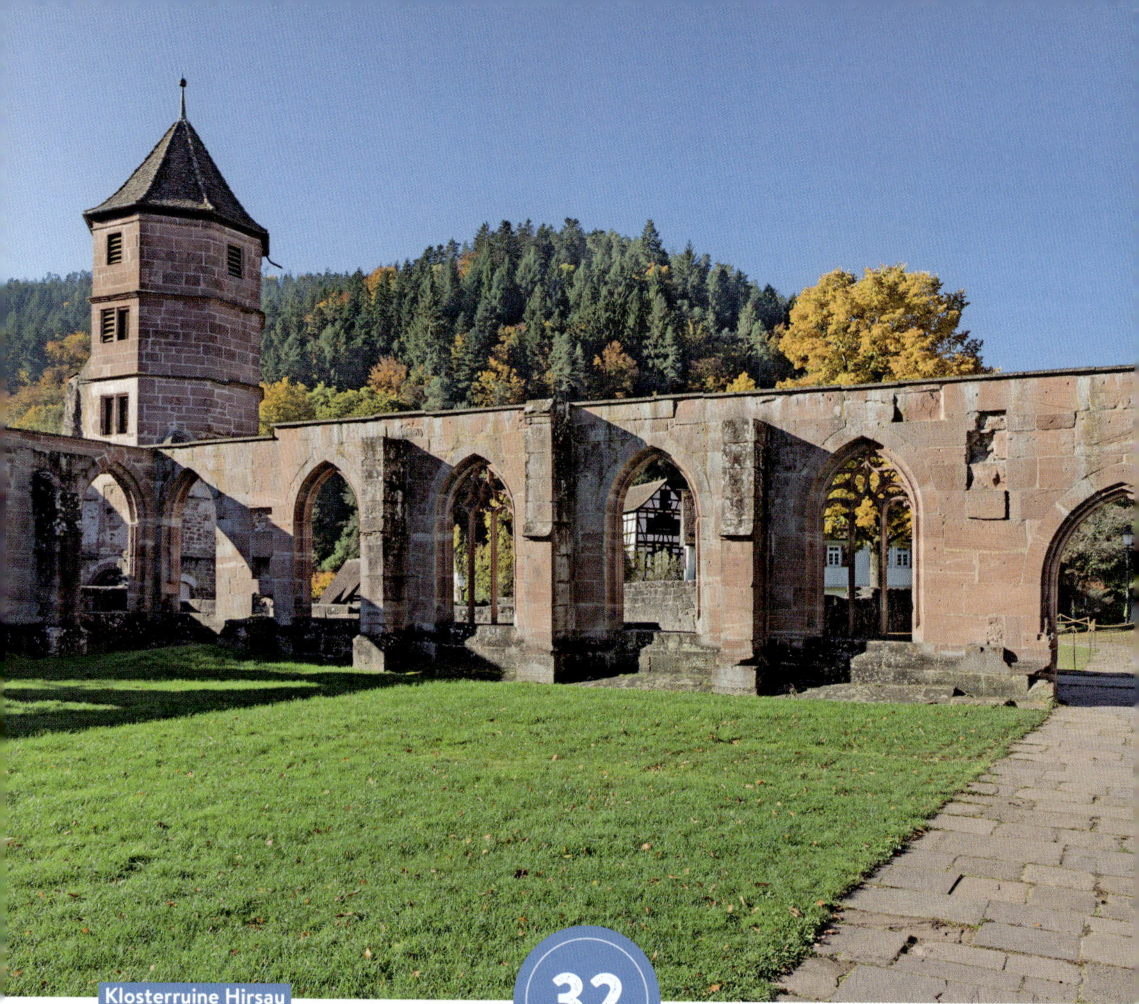

Klosterruine Hirsau

32

RIESEN UND RUINEN ÜBER DER NAGOLD

Von Hirsau nach Bad Liebenzell

Im Mittelalter erfolgten in Hirsau drei Klostergründungen. Insbesondere mit der dritten Anlage besaß die Abtei großen Einfluss im Römischen Reich. Weiter flussabwärts wacht die Burgruine Liebenzell über dem Kurort und der Nagold. Die Ruine gilt als eine der schönsten von Württemberg.

FROMMER AUFTAKT Ab dem **A Parkplatz Kirche** führt der Ostweg am Klostermuseum und der Kirche St. Aurelius – hier erfolgten um 830 sowie Mitte des 11. Jahrhunderts die ersten beiden Klostergründungen – über die Nagoldbrücke zu den Häusern am linken Flussufer. Wer keinen Besuch des Museums oder des Klostergärtleins bei der St.-Aurelius-Kirche plant, sollte den Umweg am Spielplatz Flößerwasen unternehmen. In dem Fall unterquert man zunächst die Brücke, bevor es über die Nagold zur **1 Klosterruine Hirsau** geht. Der Zugang erfolgt zwischen dem Klosterkeller und dem Finanzamt. Das Kloster entstand ab 1082 und wurde den Aposteln Peter und Paul geweiht. Abt Wilhelm entwickelte dort die Reformen der französischen Abtei Cluny weiter. Neben Askese und Gehorsam forderte er ein Leben in Armut und brüderlicher Gemeinschaft. Mit Erfolg: Von der Benediktinerabtei ausgehend wurden über 120 Klöster reformiert. Im Zuge der (großen) Reformation wurde die Abtei aufgelöst. Die Zerstörung der alten Gebäude und des jüngeres Jagdschlosses erfolgte im Pfälzischen Erbfolgekrieg durch französische Truppen.

AUFSTIEG ZUR BRUDERHÖHLE Nach dem Rundgang über das Klostergelände folgen wir dem Fußweg am Klostercafé vorbei zum Ausgang beim oberen Klosterhof. Wenige Schritte weiter biegen wir rechts in die Brudersteige ab und halten uns beim Conventrain links. Damit folgen wir der gelben Raute in den Wald zur **2 Bruderhöhle**. Vom Wanderweg führt ein Pfad zur Höhle, die um das Jahr 1480 von einem Einsiedlermönch bewohnt gewesen sein soll. Neben dem Steintisch und einer gemauerten Wand zählt hierzu ein Kamin, der als Rauchabzug gedient haben soll.

ÜBER DIE ERNSTMÜHLER PLATTE ZUM BADHAUS Zurück auf dem Wanderweg biegen wir am Ende der Brudersteige rechts ab und halten uns bei der folgenden Gabelung ebenfalls rechts, sodass wir auf den als Radweg 5 ausgewiesenen Hohrißweg kommen. Mit zunehmend besserer Sicht steigt dieser weiter bergan bis zu einer offenen Rasthütte auf der Ernstmühler Platte. Danach beschreibt der Weg eine Linkskurve, an deren Ende wir beim Wegdreieck geradeaus laufen, eh wir bei der folgenden Gabelung mit der gelben Raute rechts abzweigen. Damit geht es wieder bergab über den Wegweiser Lützenhart zur **3 Kollbachbrücke**. Ab dort folgen wir der blauen Raute durch das Kollbachtal

Tipp

DER RIESE ERKINGER

In der Burg Liebenzell hauste einst ein vier Meter großer Riese und versetzte die Menschen in Angst und Schrecken. Bei Hochzeiten stahl er die Bräute und fraß sie – wie auch andere Menschen – oben in seinem Turm. Die Gebeine der Unglücklichen warf er zum obersten Fenster hinaus, sodass sie eine Viertelstunde später immer auf derselben Stelle landeten und mit der Zeit der heutige Ortsteil Beinberg entstand. Alle Versuche der Bürger, sich des Ungeheuers zu erwehren, scheiterten. Erst als sie sich an den Markgrafen von Baden wandten, wendete sich das Blatt. Dieser verbündete sich mit dem Pfalzgrafen Rupprecht und sie marschierten mit vereinten Heeren vor die Burg Erkingers. Der Riese hatte sich in seinen Turm zurückgezogen und die Belagerer verspottet. Alle würde er sie verprügeln, wenn sie nicht bald wieder von dannen zögen. Doch des Nachts ließ der Markgraf den Zugang zumauern, sodass Erkinger in seinem eigenen Turm gefangen war. Weil er sich weder ergeben noch verhungern wollte, soll er sich vom obersten Fenster aus in den Tod gestürzt haben.

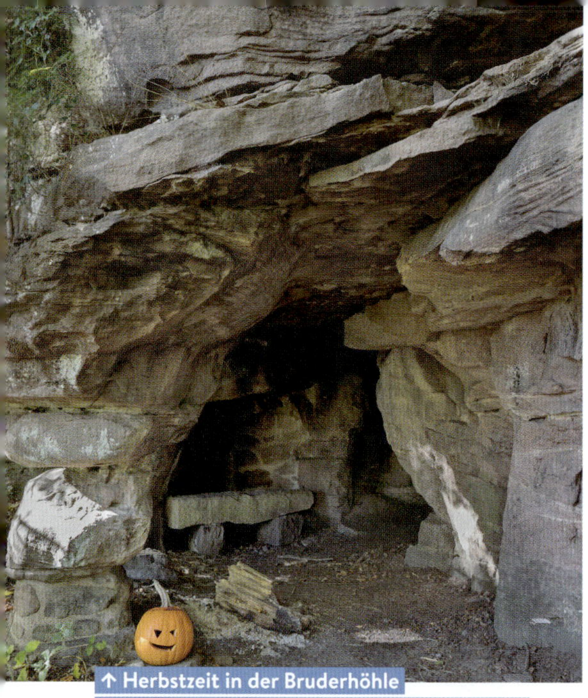

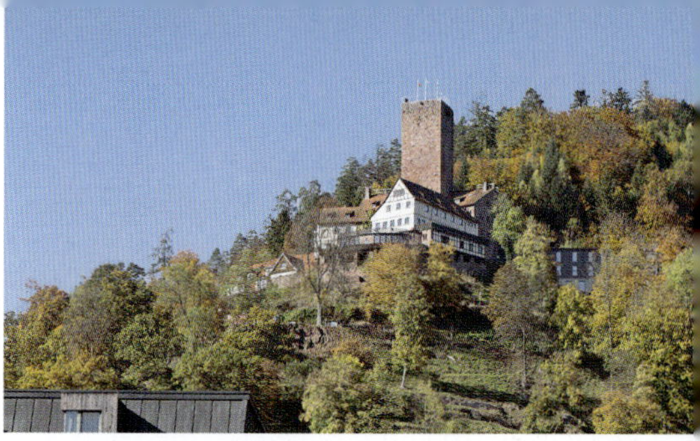

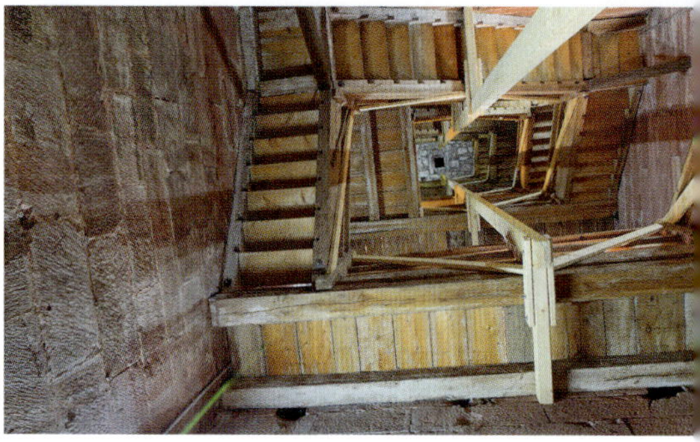

↑ Herbstzeit in der Bruderhöhle
↗ Blick hoch zur sagenumwobenen Liebenzell
→ Schwindelerregende Treppenkonstruktion im Bergfried

zum Mineralbrunnen. Jenseits der B 463 verführt das **4 Badhaus von 1897** zum Schwelgen im Ambiente vergangener Zeiten.

AN DER NAGOLD Unterhalb vom Badhaus überqueren wir die Nagold und folgen der blauen Raute weiter flussabwärts durch den fantastisch gestalteten Sophi-Park zum Thermen-Hotel. Dort treffen wir wieder auf den Ostweg. Wer die Runde abkürzen möchte, gelangt auf diesem über die Nagoldtalbahn zum Badweg. Alle anderen folgen dem Ostweg flussabwärts erst durch den Apothekergarten, dann über die Nagold zum Pavillon mit dem **5 Allee-Brunnen**. Weiter geht es auf dem Ostweg am Kurhaus vorbei zur Lengenbachmündung. Ab dort gelangt man links mit der blauen Raute über die B 463 zum Haus Bürkle – einer alten Zollstation – sowie am Alten Schulhaus vorbei zum Wegweiser Ochsen. In etwa geradeaus führt die blaue Raute durch die Kirchstraße, dann auf wenige Meter durch die Burgstraße, bevor links eine Gasse durch die Stadtmauer hoch zur **6 Burg Liebenzell** ansteigt. Die im 12. Jahrhundert erbaute Festung geht auf die Markgrafen von Eberstein zurück, wurde von diesen jedoch Anfang des 16. Jahrhunderts verlassen und dem Verfall preisgegeben. 1692 zerstörten die Truppen Ludwigs XIV. die Burg. Dank des Wiederaufbaus in den 1950er-Jahren können wir heute wieder durch den überdachten Wehrgang schreiten, eh es auf der hölzernen Treppenkonstruktion hoch auf den Bergfried geht.

RÜCKWEG ÜBER MARKGRAFENBRÜCKE UND DEN KAISERSTEIN Nach dem Burgbesuch kehren wir zum Wegweiser Unter der Burg zurück. Ab dort geht es nun mit der gelben Raute hinunter zur **7 Markgrafenbrücke**, wo wir ein letztes Mal die Nagold überqueren. Es folgt ein weiterer Abschnitt auf dem Ostweg bis zum Wegweiser Forchenhalde. Weiter geht es wieder mit der gelben Raute über den Sonnenrain und Waldfriedhof zum Haugstetter Berg. Bei dem Wegweiser zweigen wir halbrechts ab, sodass wir wieder bergab zum **8 Kaiserstein** wandern.

Direkt vor dem Gedenkstein erfolgt der weitere Abstieg über den Abzweig Ottenbronn (scharf rechts) zum Wegweiser Badweg sowie ab dort der Nagold entgegen an der Sonnenquelle vorbei zum Wegweiser Köhlerei. Für den letzten Abschnitt haben wir die Wahl: Geradeaus ginge es weiter entlang der Nagold. Wenn die Bedingungen passen, ist es schöner, den Schlenker durch den unteren Teil der **9 Wolfsschlucht** mitzunehmen. Beim Ottenbronner Berg treffen beide Varianten wieder zusammen. Ab dort trennen uns noch 800 Meter vom ehemaligen Aureliuskloster und dem **A Parkplatz** in Hirsau.

INFO

TOURENCHARAKTER

Die Runde nutzt außerhalb der Orte überwiegend sparsam gekennzeichnete Pfade und Wege.
Die Wolfsschlucht lässt sich umgehen.
Bei Nutzung der Bahn Aufteilung in zwei Touren gut möglich.

AUSGANGS-/ENDPUNKT

Parkplatz bei der Gemeinde Gottes an der B 463
GPS 48.7362, 8.7361

ANFAHRT

ÖPNV: Mit der Nagoldtalbahn bis Hirsau
Auto: Die Anfahrt erfolgt über die B 463 Pforzheim – Calw.
Der Parkplatz befindet sich direkt an der Bundesstraße nahe dem Abzweig zur B 296 ins Enztal.

EINKEHR

Gastronomie in Hirsau und Bad Liebenzell

INFORMATIONEN

Touristinformation Calw,
Tel. 07051/167399,
www.calw.de

Mittel | 18 km | 600 Hm | 5.00/6.00 Std.

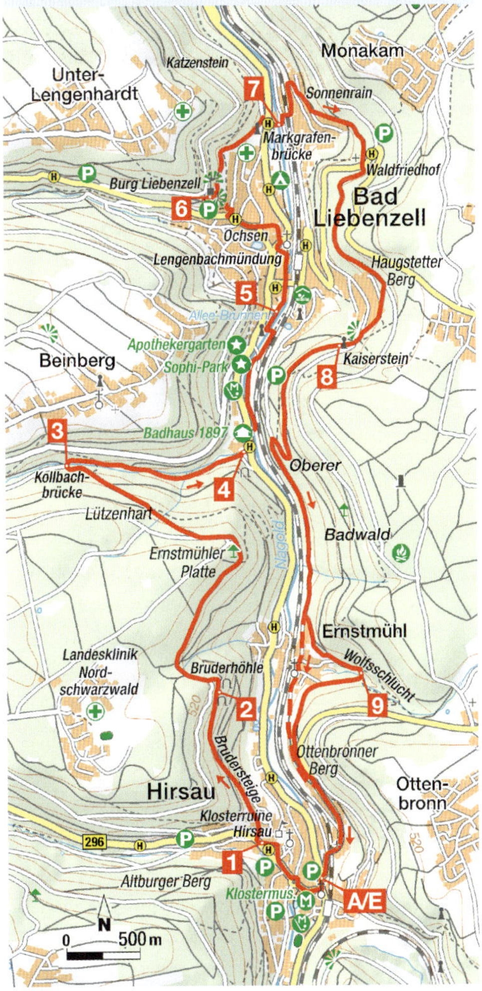

BERNSTEIN UND MAHLBERGTURM

Aufstieg ab Bernbach

Unser letzter geheimnisvoller Pfad führt zunächst steil bergan auf den Bergzug zwischen Alb und Murg. Nach dem Ausblick vom Bernstein geht es auf einem historischen Grenzweg zum Mönchkopfsattel. Oberhalb davon bildet der Mahlbergturm eine zweite bemerkenswerte Landmarke.

Der Mahlbergturm ermöglicht eine weite Sicht in das Murgtal, rechts ist die Hornisgrinde zu erkennen.

33

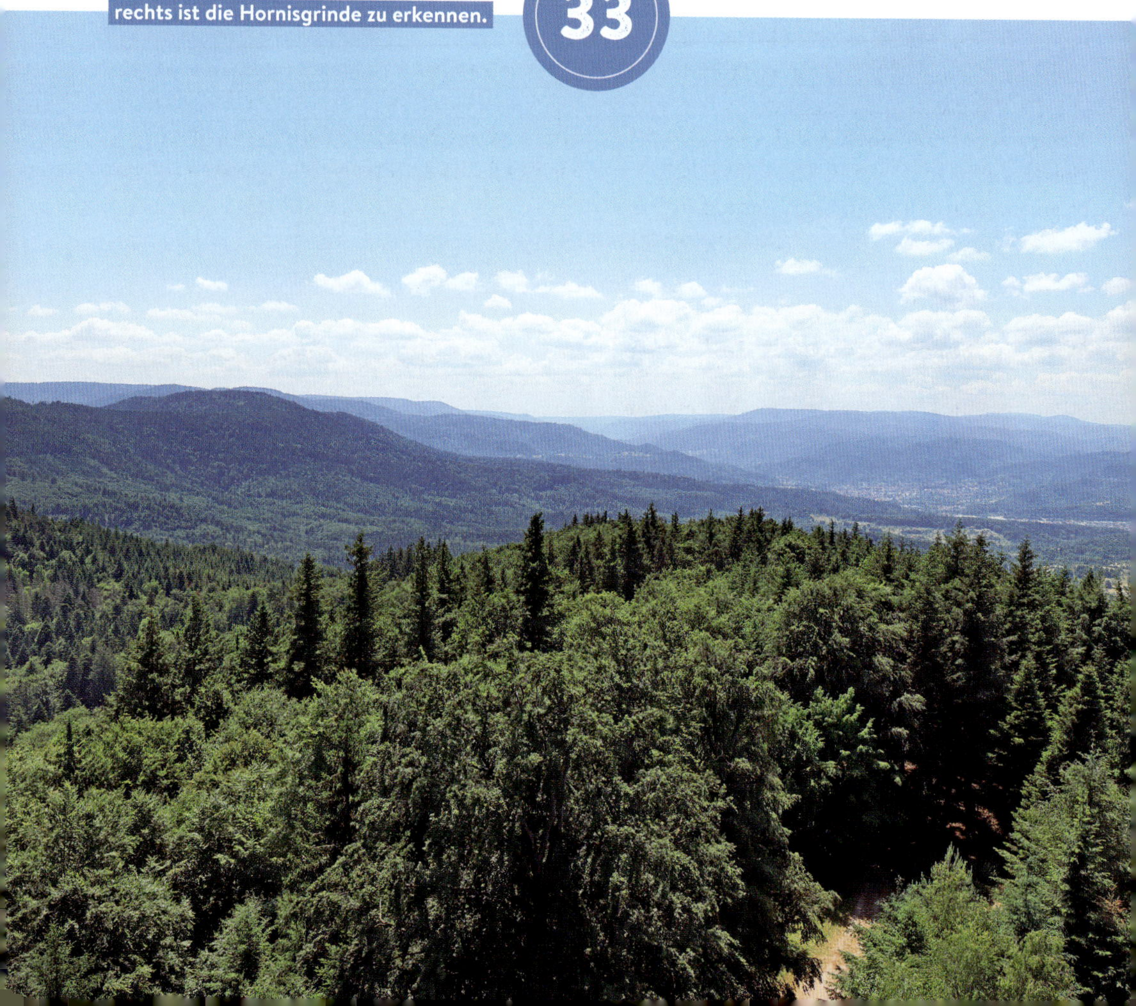

IN DER HAUPTSACHE BERGAUF Ab der **A Festhalle** erfolgen die ersten Schritte auf der Frauenalber Straße zur Backstube von Bernbach. Solange sich die Öffnungszeiten nicht ändern, können wir uns hier auch sonntags bereits ab 8 Uhr mit Proviant eindecken. Dann überqueren wir die Ortsdurchfahrt und passieren die Kirche zum Wegweiser An der Heck. In etwa geradeaus weiter wählen wir die kürzere Strecke zum Mauzenstein, sodass wir einen Katzensprung weiter in den Wald eintauchen. Sobald wir im Anstieg eine Forststraße gekreuzt haben, wird der Weg steiler und zugleich steiniger. Beim Wegweiser unterm Mauzenstein haben wir die Wahl: Wem der Anstieg nun doch zu steil ist, der kann links in Richtung Drachenflugrampe abbiegen. Ab dem Wegende geht es dann rechts zum Mauzenstein. Gegenüber dem Aufstieg geradeaus verteilen sich die Höhenmeter auf eine dreimal so lange Strecke. Der **1 Mauzenstein** befindet sich etwas südlich vom Wegweiser. Auf der Felsoberfläche des Buntsandsteinfelsens sind kreisförmige Strukturen zu erkennen, die auf menschliches Wirken zurückgeführt werden. Es wird daher angenommen, dass der Mauzenstein früher der Verehrung von Himmelskörpern als Gottheiten (Astralkult) diente.

HISTORISCHER GRENZWEG Ab dem Mauzenstein folgen wir dem Verlauf der ehemaligen Grenze zwischen dem Großherzogtum Baden und dem Königreich Württemberg in südlicher Richtung bis zum Wegweiser am Mauzenberg. Dort biegen wir mit dem historischen Grenzweg rechts zum **2 Bernstein** ab. Der Name des zerklüfteten Mittleren Buntsandsteins erinnert an die im Nord- und Ostseeraum verbreiteten Schmucksteine aus Harz, hat damit aber nichts gemein. Stattdessen wird davon ausgegangen, dass sich der Name des Felsens vom Althochdeutschen »Bero« ableitet, was Bär bedeutet. Bis ins 18.

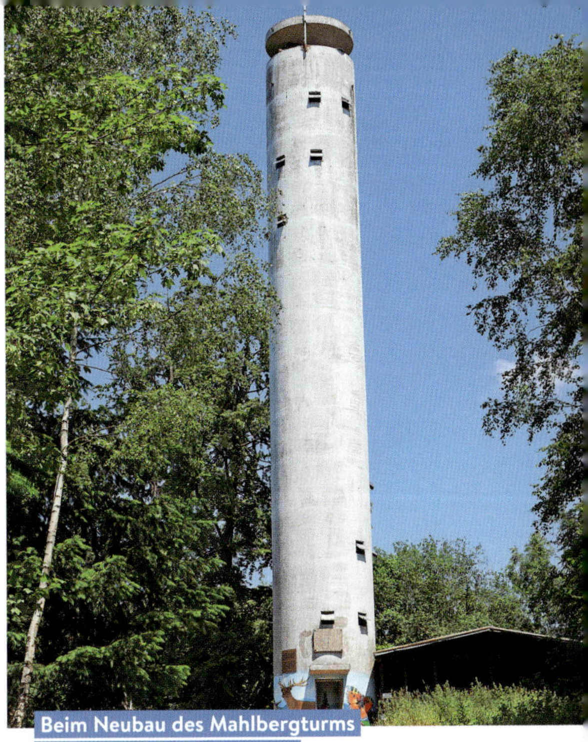

Beim Neubau des Mahlbergturms war Beton schwer in Mode.

Jahrhundert hinein lebten Braunbären im Schwarzwald. Und in den Felsen des Bernsteins befinden sich Aushöhlungen, die sich als Unterschlupf für einen Braunbären eignen.

Tipp

TÜRME AUF DEM MAHLBERG

Den ersten Aussichtsturm auf dem Mahlberg errichteten Mitglieder der Sektion Karlsruhe des Badischen Schwarzwaldvereins im Jahr 1896. Vier Wochen vor dem Ende des Zweiten Weltkriegs in Deutschland wurde der von der Wehrmacht als Funkstelle genutzte Turm durch Artilleriebeschuss so schwer getroffen, dass er 1961 abgetragen werden musste. Im Sommer 1962 erfolgte der Neubau des bis heute bestehenden 30,5 m hohen Mahlbergturms aus Stahlbeton. Der Mahlberg ist die höchste Erhebung im Landkreis Karlsruhe.

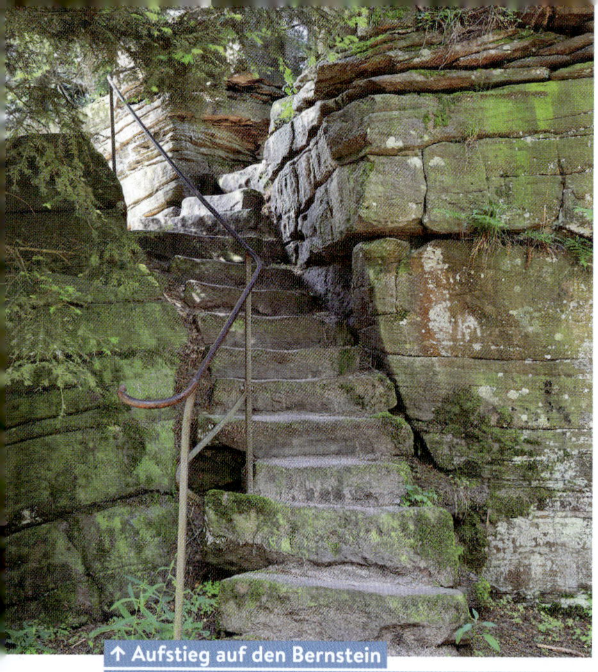

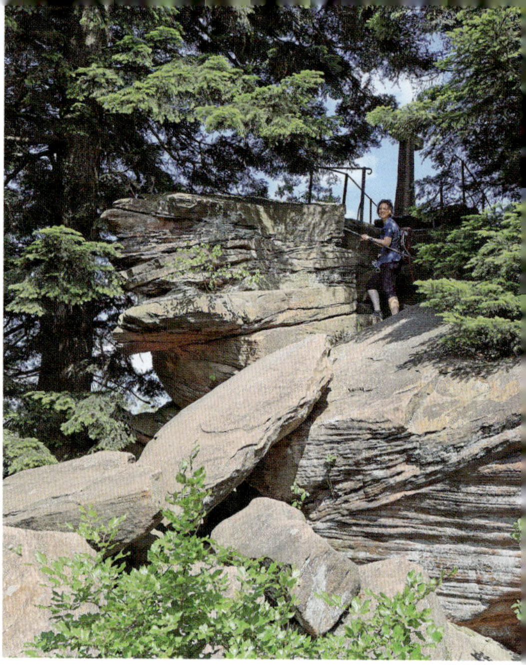

↑ Aufstieg auf den Bernstein
↗ Unsere Autorin Annette auf dem Weg zur Aussicht.

AUSSICHT VOM BERNSTEIN Von den umliegenden Gemeinden wird der als Naturdenkmal geschützte Bernstein als Hausberg genannt. Wer die grob in den Fels gehauenen Stufen hinaufsteigt, erkennt warum. Denn obwohl der Bernstein mit nur 694 Metern Höhe deutlich niedriger ist als die bekannten Aussichtsberge im Nordschwarzwald, eröffnet einem das Felsplateau eine imposante Aussicht. Zu unserer Linken lassen sich weite Teile des unteren Murgtals überblicken. Wenden wir uns nach rechts, so sind dort der Mahlberg und die Seitentäler der Alb zu sehen. Bei optimalen Bedingungen reicht die Fernsicht im Norden von den Bergen im Pfälzerwald über die Rheinebene und die Mittelvogesen bis zu den Hochvogesen im Süden. Das Panorama erstreckt sich im Idealfall über eine Länge von 180 Kilometern. Am hinteren Eck des Plateaus hilft die Bernsteinplatte, die Orte und Berge bis zu einer Entfernung von 18 Kilometern treffsicher zu bestimmen.

ÜBERS GELDLOCH ZUR WASENHÜTTE Sowie wir uns sattgesehen haben, wechseln wir zwischen dem Bernstein und der Schutzhütte auf den mit blauer Raute markierten Pfad zur Wasenhütte. Dieser führt uns über drei Kehren hinunter auf einen Forstweg. Dort biegen wir erst rechts ab, ehe wir uns bei der nahen Gabelung links halten. Rund 400 Meter weiter passieren wir das **3 Geldloch**. An dieser Stelle soll ein Herrenalber Klosterbruder Schätze des Zisterzienser Ordens vergraben haben. Doch der Schaffner des Klosters erhielt davon Kunde, weshalb er nachts mit seinem Sohn loszog, den Schatz zu bergen. Seine Freude währte kurz, denn beim Rückweg war der Bub plötzlich auf Nimmerwiedersehen verschwunden. Beim Geldloch schwenkt der Grenzweg nach Norden und führt weiter sachte bergab zur **4 Wasenhütte**.

MÖNCHKOPFSATTEL UND MAHLBERG
Mit der blauen Raute durchschreiten wir beim Wegweiser eine alte Landesgrenze – hier befand sich bis 1835 eine Zollstation – den tiefsten Punkt zwischen Bernstein und Mahlberg. Geradeaus steigt der Weg nahe der heutigen Kreisgrenze zwischen Rastatt und Calw zum **5 Mönchskopfsattel** an. Auf dem Sattel kreuzen wir den alten Wallfahrtsweg von Michel-

bach nach Moosbronn. Zunächst geradeaus halten wir uns anschließend bei der Gabelung links und folgen der blauen Raute bergan an zwei Soldatengräbern vorbei über die Kreisgrenze nach Karlsruhe zum **6 Mahlbergturm**. Der Aufstieg zur Plattform entschädigt mit einer schönen Sicht über das Murgtal zum Hohloh, der Hornisgrinde und der Badener Höhe.

AUSLAUFEN IM TAL DER MOOSALB Der spätere Abstieg erfolgt mit der blauen Raute über den Hildebrandbrunnen bis zum Friedhof von Moosbronn (Richtung Waldparkplatz Freiolsheim). Dort wechseln wir auf die gelbe Raute nach Moosbronn. Nachdem wir im Ort die Wallfahrtskirche Maria Hilf passiert haben, biegen wir beim nächsten Wegweiser links ab. Der Wanderweg nimmt hier einen Umweg über den Lindenbrunnen und führt entlang der Straße bis an den Wald sowie rechts zum **7 Naturfreundehaus Moosbronn**. Ab dort erfolgt der weitere Rückweg entlang des Walds – wo dieser deutlich zurücktritt quer über die Wiese – bis zum Wegweiser Bruchäcker. Rechts und beim Wegweiser Schneebach abermals rechts können wir dann bei der **E Festhalle** auf eine schweißtreibende, aber spannende Runde zurückblicken.

INFO

TOURENCHARAKTER

Ein Großteil der Höhenmeter ist auf den ersten 2 km auf teils ausgewaschenen Pfaden zu bewältigen. Danach angenehme Höhenwanderung.
Der Rückweg ab dem Naturfreundehaus zieht sich ein wenig in die Länge.

AUSGANGS-/ENDPUNKT

Festhalle Bernbach
GPS 48.8259, 8.4205

ANFAHRT

ÖPNV: Ab Karlsruhe mit der S1 Richtung Bad Herrenalb bis zur Kullenmühle, weiter mit der Buslinie 113 bis zur Haltestelle Bernbach Rathaus nahe der Kirche.
Auto: Die Anfahrt erfolgt über die L564 Gernsbach–Ettlingen. Bei Bad Herrenalb Kullenmühle nach Bernbach, im Ort in die Frauenalber Straße abbiegen.

EINKEHR

Hotel Restaurant Mönchhof, Di–So ab 10 Uhr, Tel. 07204/619, www.hotel-moenchhof.de;

Mittel | 13,1 km | 500 Hm | 4.30 Std.

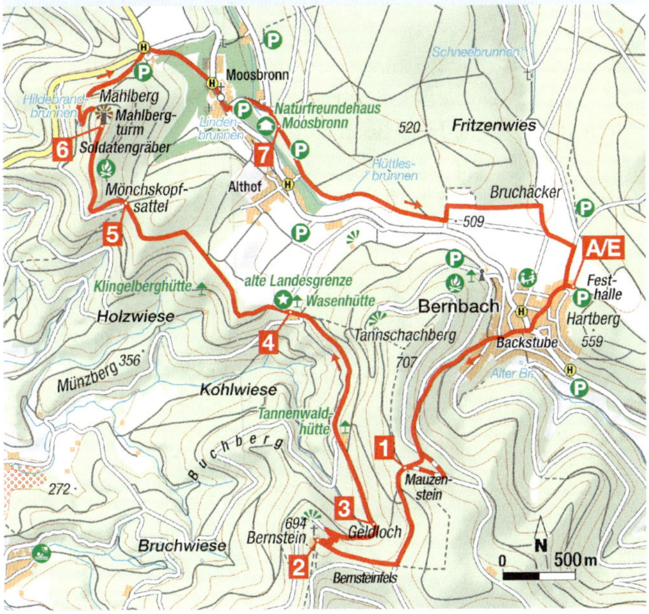

Naturfreundehaus Moosbronn, an den Wochenenden, Tel. 07204/228, www.naturfreunde-karlsruhe.de

INFORMATIONEN

Tourismus Bad Herrenalb, Tel. 07083/50 05 55, www.badherrenalb.de

PS:

SEIT EINIGEN JAHREN sind wir für den Bruckmann Verlag im gesamten Schwarzwald unterwegs. Ging es uns zunächst darum, stets mehrere Sehenswürdigkeiten in einer Runde zu vereinen, so rückten bald die Geschichten der vom Menschen immer wieder veränderten Landschaft ins Blickfeld. Einige dieser Sagen haben wir bereits in den Büchern »Mystische Pfade« und »Vergessene Pfade« im Schwarzwald vorgestellt.

UNSERE ZIELE

Eines unserer Ziele ist es, von uns beschriebene Wege und Pfade bei nachfolgenden Projekten zu meiden. Dies ist natürlich nur bedingt möglich. Tatsächlich aber führt uns dies in immer wieder andere Ecken des Schwarzwalds. Damit gehen wildromantische Schluchten, versteckt gelegene Burgen sowie auch wenig besuchte Felskanzeln einher. Selbst hinter manch einem Feldkreuz oder Bildstock verbirgt sich eine Geschichte, die nur darauf wartet, weitergetragen zu werden.

Damit legt sich ein immer dichteres Netz über das größte und höchste der deutschen Mittelgebirge. Neben den offenkundigen Dingen verfangen sich darin auch stets Geschichten, Legenden und Sagen. Diese reichen von wundersamen Rettungen über den Traum vom plötzlichen Reichtum bis hin zu teuflischen Streichen und den Missetaten gesetzloser Schurken und Diebe.

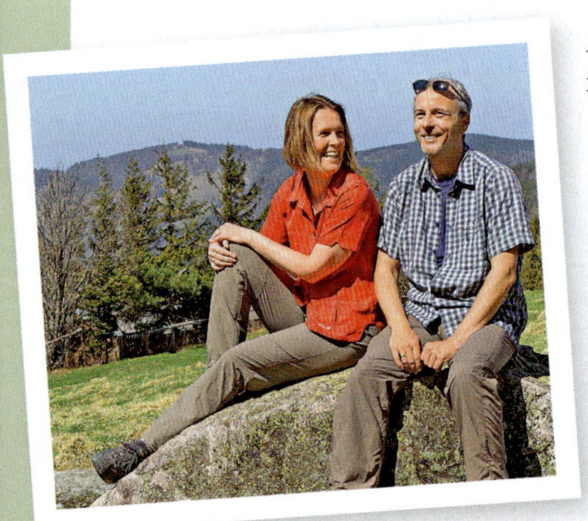

All diese Überlieferungen sind Ansporn, immer tiefer in den Schwarzwald vorzudringen. Im Mittelpunkt der »Geheimnisvollen Pfade« stehen erneut die Schicksale der Menschen. Zugleich förderte die Recherche einige weitere spannende Begebenheiten zutage, die aus Platzgründen außen vor blieben und nur darauf warten, von Ihnen entdeckt zu werden.

Herzliche Grüße

Annette und Lars Freudenthal

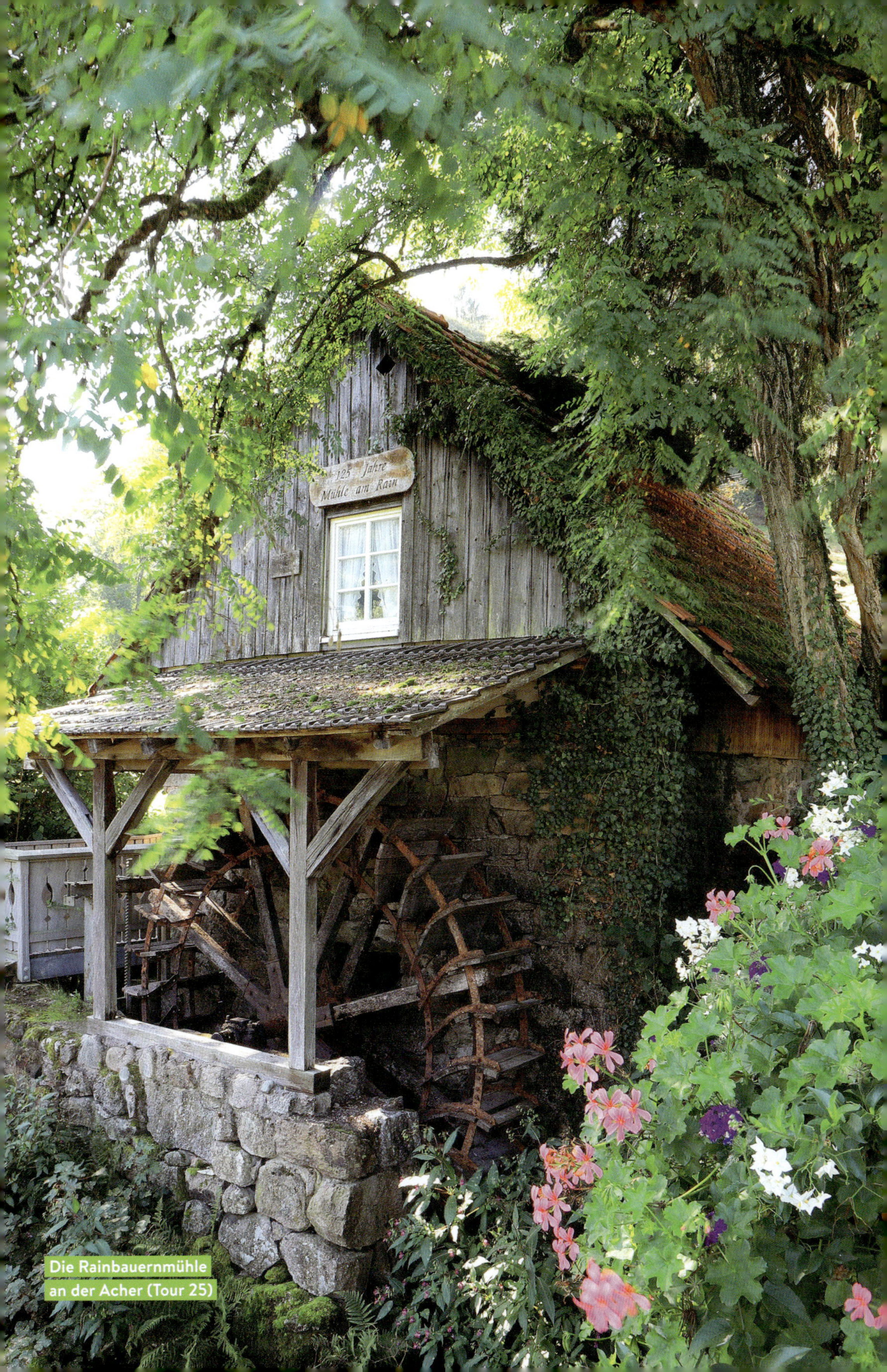

Die Rainbauernmühle
an der Acher (Tour 25)

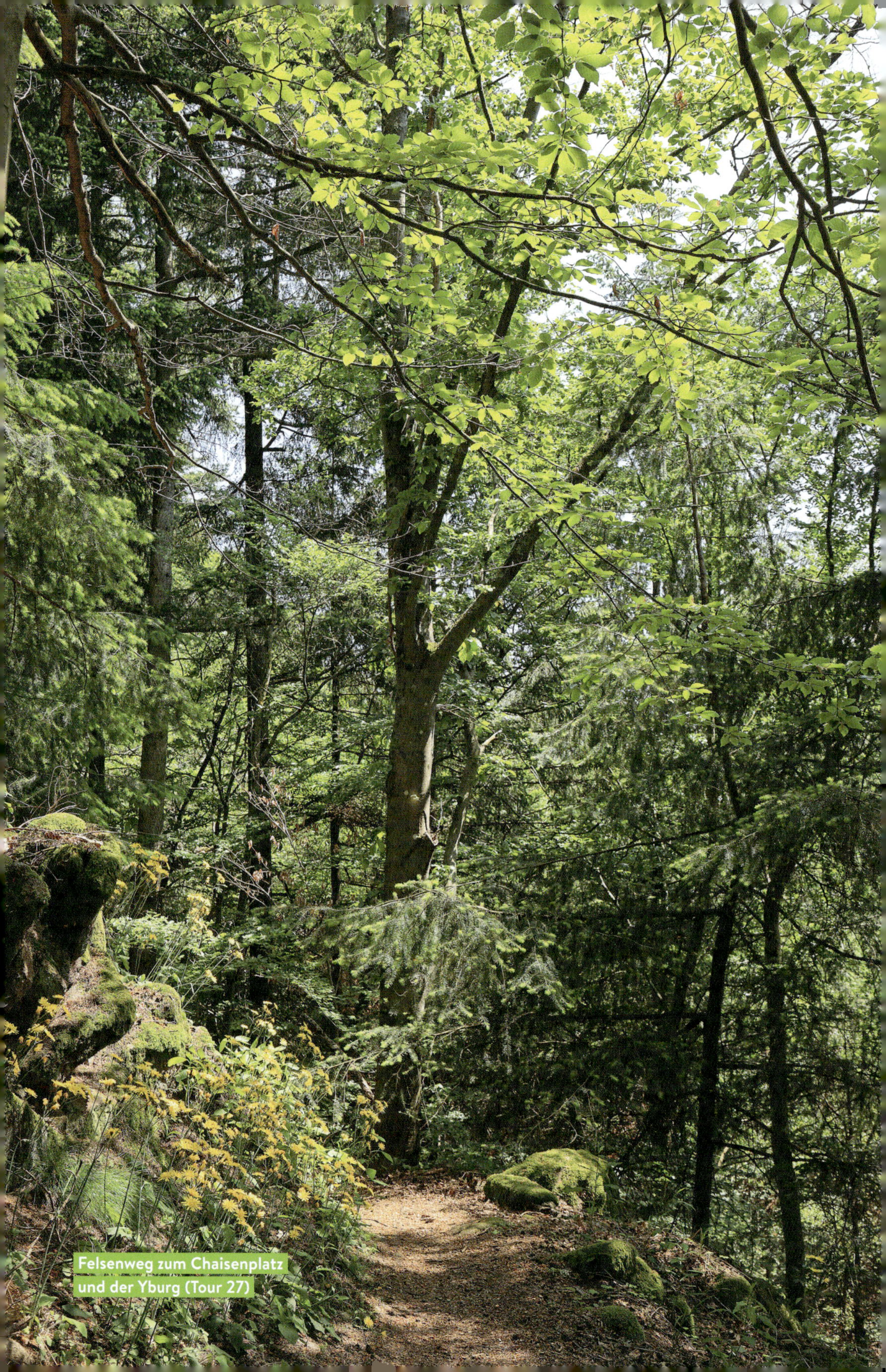

Felsenweg zum Chaisenplatz
und der Yburg (Tour 27)

REGISTER

Ebenfalls erhältlich ...

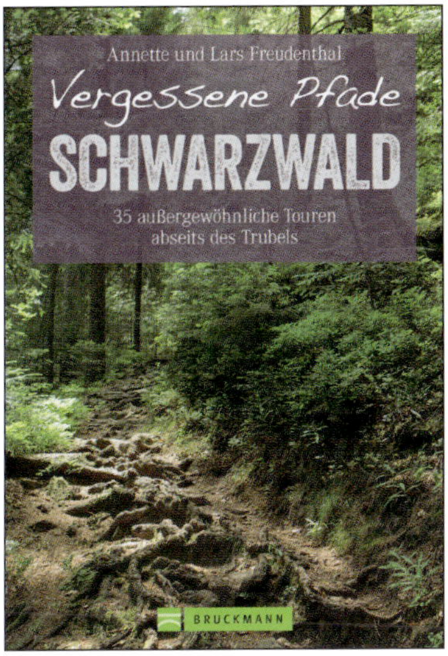

ISBN 978-3-7654-6803-2

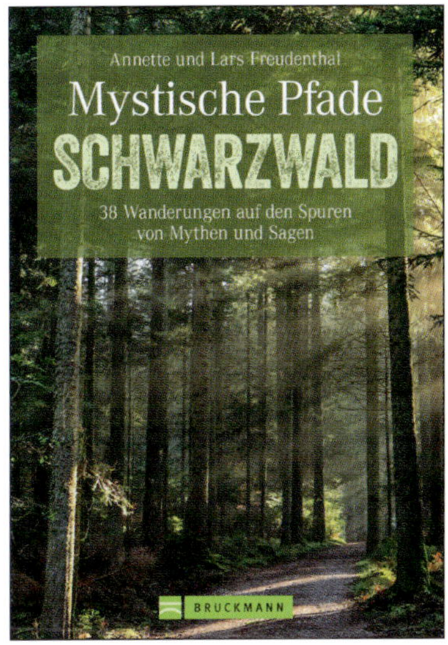

ISBN 978-3-7654-8264-9

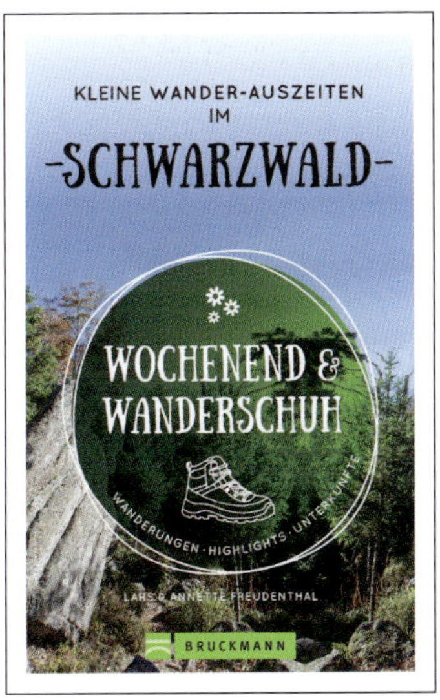

ISBN 978-3-7343-2344-7

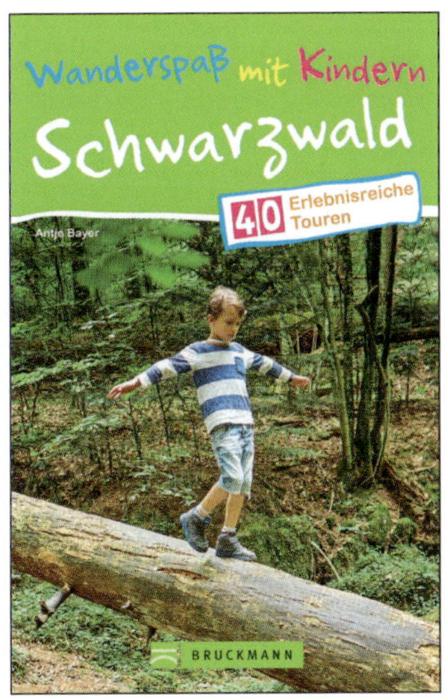

ISBN 978-3-7343-1348-6

BRUCKMANN

www.bruckmann.de

IMPRESSUM

Verantwortlich: Julia Vogl
Redaktion, Lektorat und Satz: mcp concept GmbH
Layout- und Reihengestaltung: Mathias Frisch
Covergestaltung: Rudi Stix
Korrektorat: Christiane Gsänger
Repro: LUDWIG:media
Kartografie: Bruckmann Verlag GmbH, Heidi Schmalfuß
Herstellung: Alexander Knoll
Printed in Poland by CGS Printing sp. O.o.

Exklusiv für Sie als Leser:

MIT GPS-DATEN ZUM DOWNLOAD

unter: gps.bruckmann.de

Sind Sie mit diesem Titel zufrieden? Dann würden wir uns über Ihre Weiterempfehlung freuen.
Erzählen Sie es im Freundeskreis, berichten Sie Ihrem Buchhändler oder bewerten Sie bei Onlinekauf. Und wenn Sie Kritik, Korrekturen oder Aktualisierungen haben, freuen wir uns über Ihre Nachricht an Bruckmann Verlag, Postfach 40 02 09, D-80702 München oder per E-Mail an lektorat@verlagshaus.de.

Unser komplettes Programm finden Sie unter www.bruckmann.de

Alle Angaben dieses Werkes wurden von den Autoren sorgfältig recherchiert und auf den neuesten Stand gebracht sowie vom Verlag geprüft. Für die Richtigkeit der Angaben kann jedoch keine Haftung übernommen werden, weshalb die Nutzung auf eigene Gefahr erfolgt. Insbesondere bei GPS-Daten können Abweichungen nicht ausgeschlossen werden. Sollte dieses Werk Links auf Webseiten Dritter enthalten, so machen wir uns die Inhalte nicht zu eigen und übernehmen für die Inhalte keine Haftung.
In diesem Buch wird aus Gründen der besseren Lesbarkeit das generische Maskulinum verwendet. Weibliche und anderweitige Geschlechteridentitäten werden dabei ausdrücklich mitgemeint, soweit es für die Aussage erforderlich ist.

Empfehlung der Redaktion
Sie sind auf der Suche nach weiterführender Literatur? Dann empfehlen wir Ihnen den Titel *Vergessene Pfade Schwarzwald* von Annette und Lars Freudenthal. Oder Sie werfen einen Blick in die Zeitschrift *BERGSTEIGER*. Hier werden Sie bestimmt fündig.

Bildnachweis: Alle Bilder im Innenteil und auf der Umschlagrückseite stammen von unseren Autoren.
Umschlagvorderseite: Panorama im Schwarzwald (Shutterstock/Corri Seizinger)
Umschlagrückseite: Die magischen Giersteine (Tour 28)

Die Deutsche Nationalbibliothek verzeichnet diese Publikation in der Deutschen Nationalbibliografie; detaillierte bibliografische Daten sind im Internet über http://dnb.d-nb.de abrufbar.

Infanteriestraße 11a
80797 München

ISBN: 978-3-7343-2832-9